U0721774

虚拟与现实交融下的游戏社群认同

以狼人杀游戏社群为例

康 宁◎著

中国文史出版社

目　　录

1

插图清单

附表清单

前　言

随着全球化、现代化进程的深入和数字媒介对现实生活领域的嵌入，流动成为人们当前的主流生存状态，社群成为人们发展社会关系、构建情感归属与认同的重要途径之一，社群与空间、媒介之间呈现出的复杂、多元的交互关系意味着人们生活、互动的现实空间不仅没有在现代化进程中消失，反而呈现出了全新的意义与价值，而社群通过城市坐标在整个社会、文化结构中定位自身身份也表现出了当前社群建构与重塑认同的新特征与路径。因此，突破网络与现实世界的二元对立，分析社群的城市认同实践，无论是对于把握当前时代背景下社群认同的变化趋势，还是对于理解未来媒介、城市、社群的发展趋向都有着重要的意义和价值。

在这样的背景下，本书尝试基于虚拟与现实空间交融的视角，以狼人杀游戏社群作为研究对象，运用田野调查、深度访谈等质性研究方法，结合地方理论，从狼人杀游戏社群的地方化社会互动、地方语境下群体的认同建构两个方面展开实证研究，以梳理和揭示狼人杀游戏社群互动与认同的实质，以及狼人杀游戏社群实践对社群、城市文化的形塑及影响，试图全方位地展现当前时代背景下社群的互动与实践、构建群体身份的社会情境与内在机制。本书从社会互动的视角出发，通过对狼人杀游戏社群跨媒介、跨空间的互动及实践进行梳理，探讨了社群在不同社会背景下形成、发展的过程，阐述城市在狼人杀游戏社群形成、发展及运营中起到的作用和影响。狼人杀游戏社群呈现出了"线上+线下"的实践模式，城市是社群形成、组织群体实践及展开社会交往的地理坐标和互动空间。狼人杀游戏社群与城市的互动主要体现为社交互动和竞技互动两种基本类型。这种"线上+线下"的实践模式不仅可以使成员在同城化的交往中建立起长期、稳定、深层次的社交关系，也可以将城市、社群、相关游戏行业联系在一起，狼人杀游戏社群对当地举办与参与赛事、人才培养、电竞专业化与规范化发展、电竞服务与体验起到重要的推动作用。同时，本书结合地方语境，论述了社群的地方化互动、地方性实践对社群认同的形成机制，详细探讨了狼人杀游戏社群群体、城市认同的建构过程。狼人杀游戏社群与城市之间的关系并不是简单的实践空间、场地的提供，而是涉及一系列社群对与城市有关的地方文化、意涵的接纳和塑造过程。一方面，狼人杀游戏社群会在群体互动中根据城市来划定"我们"与"他们"的区分，通过强化差异、群际比较、竞争与合作的方式来生成以城市为代表的地方价值体系，在丰富、多元的互动中形成充满变动和弹性的群际关系，并以此来凝聚群体成员、强化群际边界，起到维系、巩固群体认同的作用，构建以城市意义为核心的群体认同；另一方面，狼人杀游戏社群内部会建构起一整套与城市有关的表征与话语形式，成员会在群体的社会与空间实践中建构地方性，不断明确自身与地方的关系，通过实际的空间实践来表达对不同城市的地方性理解，并在社群的地方实践中不断重塑、强化城市认同。此外，狼人杀游戏社群也是在陌生城市环境中寻找、发展当地社会关系，获得心理、情感陪伴及社会资源、资本的重要途径，对成员的城市融入、归属和认同都有着积极的影响。

本书认为，虚拟与现实空间之间的界限逐渐消弭，城市地方意义的凸显也为重建社群边界、强化甚至重塑群体认同提供了新的机会与可能。游戏社群呈现出了新的通过地方化互动和地方性实践来建构认同的社会机制，共同的城市归属感、荣誉感和责任感已经成为游戏社群划定群体边界的重要依据，游戏社群也成为人们线下聚集、融入城市的新路径。狼人杀游戏社群可以通过群体互动和实践衍生出一系列新的社会关系、人际关系，而这些关系也可以拉近人与城市的距离，建构出新的人—地依恋关系。这种人—地依恋关系的形成既是狼人杀游戏社群从最初的游戏、社交等功能向社会与文化功能的递进，也是群体社会资本的衍生与再造、群体生活体验的回归以及认同的建构等一系列过程综合作用下的结果。同时，本书对社群与地方关系、社群与电竞区域化、本地化等未来研究的可能性进行了阐述，并结合有关政策，对当前城市视角下的游戏产业发展和社群治理进行了讨论，为相关政府部门、机构及游戏企业提出了应对策略。

笔者深知，社会生活具有复杂性和多样性，对于社会问题的研究往往会超出个人的学识及能力范围。对于社群认同、社群与城市的关系、城市社群治理等问题，仅以狼人杀游戏社群作为研究对象，总结出的理论具有一定的特殊性，很难涵盖、解释社会生活中纷繁复杂的社群互动、认同构建的特点及现状。作为一名年轻的研究者，笔者同样处于一种不断发现、不断学习和实践的过程。因此，笔者真诚地期望读者能对本书中存在的缺点和不足给予批评和指正，笔者也会在后期学习、工作的过程中进一步强化自己的学术功底，不断完善、拓展自己的研究领域。此外，笔者希望本书的研究发现，也能为后续相关领域及问题研究的不断深入和完善提供一定思路。

这本书从构思到成文，离不开众多师长、亲友的帮助。在本书即将出版之际，感谢中国文史出版社。感谢我的恩师黄少华老师的耐心教导和帮助。感谢《狼人杀官方》赛事运营及记者团的伙伴们，感谢逍遥派、武林门、津门派、新月派、醉杀派、轩辕派、南枪派等多个城市、门派的朋友们。感谢我的家人对我一如既往的呵护，我的父母给予了我最大的理解和支持，特别感谢我的丈夫，谢谢你一如既往的爱与陪伴，用温柔和耐心化解了我所有的负面情绪，也是你的尊重和体贴，让我可以有足够的时间和精力来从事教学和研究工作。

记得小时候，父亲在他的办公室里问我：你长大之后想成为什么样的人？我害羞地在一张纸条上写下"作家"两个字。就是这样一个小小的细节，父亲记了很多年。如今，当出版自己的作品时，我终于可以坦然地面对那个小女孩，告诉她：勇敢地去吧，尽管骑着单车向前冲吧，未来的你会踏上一条很有意义的路。

二〇二四年三月于大连

第一章　绪　　论

一、研究背景与问题

作为一个游戏爱好者，笔者曾在《倩女幽魂》中绞尽脑汁只为修炼、在王者峡谷里和小伙伴们为了上星一"肝"到底、在恋语市中真金白银地氪过金、在洛圣都里四处漫游只为了看日出日落的变化……也曾在《魔兽世界》纪念服开启时和朋友们共忆往昔、Uzi 退役时真情实感地在弹幕中刷上祝福、会热情接待来自己城市旅游的游戏好友……在开启这个研究之前，作为一名游戏玩家，笔者自认为已经能够做到理解游戏世界、掌握遍布网络的游戏梗和体会游戏玩家的内心。但是当接触到狼人杀游戏之后，看到了一群不同于以往我熟悉的游戏玩家，他们用自身对游戏的热爱、信念和坚持，向我呈现出了一个全新而广阔的游戏世界。

2017 年 11 月，笔者在杭州市偶然遇到了一个狼人杀俱乐部。让笔者感到好奇的是，狼人杀，这个曾经活跃在笔者高中和大学时代的游戏，在经历了一阵火爆之后，随着城市中大大小小桌游吧的关闭，似乎已经消失在大众的视野之中。然而，在这个俱乐部中却呈现出了完全不同的景象：不大的商用平层被分隔成了四个不同的房间，专门用于组织狼人杀游戏。四个房间中设有圆桌，圆桌通过号码牌分为 12—15 个不同的座位，每个座位前都放着一个狼人形状的面具。房间的正前方放着

1

一个像讲台的平台，上面放着话筒和操作面板。每个房间也被装修成了不同的风格：有随着《盗墓笔记》兴起的墓室风、有星空主题的银河房、有神秘的欧洲古堡风格及改编自《小红帽》的黑暗童话风格。虽然当天下着雨，而且已经是晚上 8 点之后，但大厅中仍旧坐满了等待着组局的狼人杀玩家，人员到齐的玩家已经在工作人员的组织下开始游戏。原来，这个曾经陪笔者度过无数大学时代周末的狼人杀游戏并没有消失，反而有着比当时更加专业的俱乐部继续经营着这款游戏。更让笔者感到惊喜的是，依然有着大量玩家被这款游戏所吸引，聚集在一起体验着狼人杀游戏的乐趣。

事实上，这个狼人杀俱乐部的生意火爆并不是偶然，在它背后有着无数热爱狼人杀游戏的玩家。而狼人杀之所以能够再次火爆，依托的是整个手机游戏产业的高速发展和狼人杀文化产业的热度。中国互联网络中心发布的第 45 次《中国互联网络发展状况统计报告》显示，截至 2020 年 3 月，我国网络游戏用户为 5.32 亿人，手机网络游戏用户达到 5.29 亿人，占手机网民比例的 59%。① 随着《饭局狼人杀》《God Lie》《Killing Man》等狼人杀综艺、直播节目点燃 2017 年度的各大视频、直播平台之后，狼人杀游戏行业迎来了重大发展机遇，与狼人杀相关的文化产品表现出了非常高的热度和强大的生命力。此时各大直播平台、游戏大厂、创业公司都对狼人杀这一游戏表现出了较高的关注度，迅速推出了大量的狼人杀产品。② 在这样的背景下，以纯语音、"语音+视频"形式出现的各种狼人杀游戏 App 层出不穷。通过对手机应用市场中的狼人杀游戏 App 整理和统计发现，在安卓手机应用市场中共搜索出 69 款与狼人杀有关的手机游戏 App，其中下载量最高的三款狼人杀游戏 App 分别为《饭局狼人杀》《狼人杀》《狼人杀官方》，总下载量达到 3376.1 万次。

---

① 中国互联网络信息中心．第 45 次中国互联网络发展状况统计报告 ［R］.
2020：51.

② 人民网．狼人杀官方获千万融资下一步会走向何方 ［EB/OL］. 2017-05-03.
https：//www.sohu.com/a/138008550_ 114731.

截至 2020 年 12 月 31 日，通过对苹果 IOS 应用下载系统的分析可以发现，《狼人杀官方》自 2017 年 10 月 18 日上线以来，ASO（App Store Optimization）① 指数为 22278，呈上升趋势，单日下载量均值为 9133 次，② 评分为 4.8 分。在安卓应用系统中，小米应用商店下载量为 884.6 万次，评分 4.2 分；华为应用商店下载量为 2040 万次，评分为 3.7 分，③ 在同类型手机应用中表现出较高的下载量和评分。综合以上数据可以发现，《狼人杀官方》有着较广泛的影响力和用户基础。《狼人杀官方》是网易公司旗下的游戏 App。网易公司于 2017 年 9 月宣布代理由西安云睿网络科技有限公司旗下的狼人杀（海南）文化传媒有限公司开发的"狼人杀"手机游戏应用，并正式定名为《狼人杀官方》。该游戏旗下拥有狼人杀教学节目《悍跳学院》、微信公众号"狼人杀英雄榜"、狼人杀英雄联赛（WPL）及由多名狼人杀主播和互娱公司共同创办的华山论剑狼人杀职业联赛。在对微博官方账号和超话进行统计后发现，《狼人杀官方》和狼人杀超话共有粉丝 21.6 万人，狼人杀超话共有 1.8 亿次阅读量，体现出较高的粉丝关注度和活跃度。从新手教学到社群培育，再到全国范围内的大型专业狼人杀赛事，狼人杀游戏已经从最初的线下小众聚会游戏成长为综合型的狼人杀文化体系，④ 在汇集百万名游戏爱好者的同时也构建出了一个综合游戏生态链，无论是

---

① 注：ASO 指数是指提升 App 在各类 App 电子市场排行榜和搜索结果排名的过程。按照应用商店的自定义逻辑和权重比，App 排名越靠前，曝光度越高，产品的下载量就越大，进而获得更多的用户。https：//zhidao. baidu. com/question/2011844150253559988. html? fr = iks&word = aso% D6% B8% CA% FD% CA% C7% CA% B2%C3%B4%D2%E2%CB%BC&ie=gbk.

② 注：数据来源 https：//www. chandashi. com/apps/downloadestimate/appId/1281434850/country/cn. html.

③ 注：在华为应用商店中，同类型的狼人杀游戏 App《狼人杀（趣味社交推理）》评分为 2.6 分，《狼王狼人杀》评分为 2.9 分，《太空狼人》为 3.4 分。https：//appgallery. huawei. com/#/search/%E7%8B%BC%E4%BA%BA%E6%9D%80?1610184032508.

④ 网易游戏. 网易宣布代理《狼人杀官方》官方开启预约［EB/OL］. 2017-09-26. https：//ent. 163. com/game/17/0926/11/CV8NLOD100318P2J. html.

3

线下桌游还是线上游戏、大型赛事还是游戏综艺、直播，狼人杀游戏已成为当前手机网络游戏中不可或缺的游戏类型，形成了具有一定规模的狼人杀游戏社区，积累了大量的游戏爱好者。

除了线上狼人杀游戏、大型狼人杀赛事、游戏直播及综艺之外，《狼人杀官方》还非常重视对狼人杀游戏社群的开发和培育。从《狼人杀官方》正式上线至今，狼人杀游戏已经从最初朋友聚会用来休闲、娱乐的"派对游戏"转化为拥有从线上游戏到线下竞技、从电竞比赛到新手教学的完整产业链的游戏产品，不仅备受当前年轻手游玩家追捧，同时填补了当前国内游戏类型的空白。狼人杀游戏社群的迅速成长和崛起，离不开《狼人杀官方》手机游戏中对虚拟社区的开发和对跨平台、跨空间游戏社群培育的重视。在《狼人杀官方》中，狼人杀虚拟社群主要是以狼村中的门派系统形式存在的玩家自发组织的游戏趣缘群体，玩家可以在门派中实现合作、聊天、交易等互动行为，门派中会定期发放成员福利，成员也需要完成日常任务等门派贡献，具有网络游戏公会的特征。然而，在智能手机不断发展、狼人杀游戏自身特点和用户需求变化等因素的作用下，狼人杀游戏门派又呈现出与传统网络游戏公会——"脱域的共同体"——不同的发展规律、互动模式和特征。随着网络媒介的高速发展和人们互动方式的多样化特征，人们在网络游戏中的交往、互动往往不再局限于虚拟社群之中，而是不断地向现实世界扩散，与人们现实中的日常生活和实践联系起来。对于狼人杀游戏玩家来说，狼人杀游戏中的虚拟社群并不仅仅是传统意义上为成员提供组织线上游戏、门派活动的渠道，而是一个联结城市、玩家与游戏之间社会互动的桥梁。在狼人杀游戏社群中，虚拟与现实空间之间的界限被打破，网络空间的脱域性正在逐渐消解，城市的意义也随之凸显出来：在和玩家的交流中，不同的城市名称是最频繁出现的词汇；虚拟社群中的成员不仅会通过手机 App 在线上大量组织游戏活动，也会在线下有规律地组织集体面杀^①活动；虽然网络空间为人们提供了更广阔的互动空间，但狼人杀游戏玩家更愿意以真实城市区位作为形成游戏虚拟社群的依据，通过真实的地理坐标定位寻找游戏好友、建立游戏社群及加入所在城市的社群参与群体活动；在狼人杀游戏世界中，成员除了将自己视为某个门派的成员之外，更愿意将自己视为某个城市的玩家，即使是在虚拟的游戏社群中，玩家也会根据所在城市寻找门派、加入同城门派之中，并将所在城市作为自己游戏身份的重要象征；对于狼人杀游戏玩家来说，他们会背负着所在城市的集体荣誉去参加全国联赛；虽然狼人杀游戏已经逐步向职业化电竞行业发展，但更多的城市战队是靠着成员"用爱发电"，自掏腰包承担比赛报名费用、协调自己的工作时间去参加全国性的比赛……无数的玩家在网络中会聚，形成一个个各具特色的游戏门派，而这些门派又在现实世界中生根开花，成为狼人杀游戏爱好者的精神家园。

通过对现有资料的梳理发现，狼人杀游戏社群会围绕城市这一真实坐标组织比赛、成立游戏社群、开展社交等活动。从组织比赛来看，狼人杀游戏社群会以城市为单位组织城市交流赛，如代表北京与上海高配玩家之间进行的狼人杀京沪大战、代表上海与杭州高配玩家之间进行的狼人杀沪杭大战，以及由某个在狼人杀游戏圈中具有一定影响力的城市举办的邀请赛，如北京举办的京城大师赛、杭州举办的杭城大师赛等。此外，由网易游戏推出的专业狼人杀赛事 WPL 也会在不同城市中，以门派为单位举办城市预选赛，并在比赛中设置了城市赛的选拔环节。除了围绕城市组织比赛之外，狼人杀游戏社群也会以城市为单位组建城市门派，如杭州逍遥派、成都醉杀派等，这些门派呈现出了线上与线下共存的游戏社群特征。截至 2022 年 12 月 29 日，在《狼人杀官方》App 中，共有 870 个门派，遍布国内主要城市及海外地区。同时，为了进一步促进线下桌游吧与玩家之间的交流，举办更专业的趣味社交活动及城

---

① 注：在现实空间中以玩家实际在场的方式参与狼人杀游戏。

市联赛、城市授权赛等赛事，狼人杀官方会联合全国各大城市发起狼人杀桌游吧联盟，并在每年度评选最佳桌游吧。① 此外，玩家之间也会借助 QQ、微信、豆瓣等社交媒介，通过建立同城群、发布同城招募帖的方式组织线上、线下游戏。以微信群为例，杭州市逍遥派微信群"ooi 狼人剧本杀"1 群、2 群中分别有 498、386 名群成员，② 群管理员会定时发布线上游戏房间链接及线下游戏组局信息，召集群友参与线上、线下的狼人杀游戏活动，群内成员也会组织剧本杀等游戏、社交活动。可以看出，当前的狼人杀游戏社群已经与城市这一真实地理坐标紧密联系在一起，是具有社交、游戏、竞技功能的综合体，而这种以城市为背景展开的游戏可以有效地帮助城市中的陌生人在线下空间中聚集，将城市、群体与玩家联系在一起。③

从狼人杀游戏社群中的互动可以看出，在当前的时代背景下，虚拟与现实空间之间的边界正在逐渐消弭，诞生于网络空间的虚拟社群不再是"脱域的共同体"，而是与成员日常生活和实践的城市紧密相连。在互联网和数字技术的发展下，虚拟与现实空间正以一种前所未有的方式融合在一起。从客观社会事实来看，现代社会生活早已是由建筑、都市领地、社会实践及多种媒体互动之间的复杂构造过程形塑而成，④ 互联网逐渐嵌入日常生活，网络媒介也成为理解与构建人们日常生活方式、身份认同的途径之一。作为当前最受关注的网络媒介之一，网络游戏近几年在社交化的趋势下催生了众多以沉浸体验、语音交流为特色的爆款游戏。其中，以《狼人杀官方》为代表的社交型手机游戏吸引了大量

① 狼人杀英雄榜. 群狼聚首，年终狂欢！2022 狼人杀官方社群年终盛典圆满结束 [EB/OL]. 2022-12-29. https：//baijiahao. baidu. com/s？id＝17535636308130 44380&wfr＝spider&for＝pc.

② 注：数据源自杭州市逍遥派微信群 2019 年 10 月 20 日群聊信息。

③ CHAN D. Convergence, Connectivity, and the Case of Japanese Mobile Gaming [J]. Games&Culture, 2008, 3（1）：13—25.

④ 吴玮，周孟杰. "抖音"里的家乡：网红城市青年地方感研究 [J]. 中国青年研究, 2019（12）：70—79.

城市青年参与，成为当下流行的网络游戏类型。在移动网络媒介的发展及《狼人杀官方》游戏厂商对同城社交功能的开发和推广下，玩家线上的社交、游戏参与形式逐渐向线下渗透，形成了围绕城市这一真实地理空间展开的一系列游戏、社交、社群和社群文化创作实践形式，而这些社会互动与实践也将玩家们生活的城市空间与线上游戏社群联系起来，形成了一种跨平台、跨空间的游戏、人际交往和社群互动模式。这种新的网络化城市生存样态不仅影响着人们参与网络游戏中的游戏、社会互动及情感体验，同样能体现出在网络媒介时代背景下城市青年群体在趣缘群体实践、城市空间实践、城市活动参与、城市与社群文化塑造以及日常生活的动态变迁。基于上述背景，本文尝试以狼人杀游戏社群为主要研究对象，将研究目标定位在对以下问题的实证分析和解释：

（一）在网络媒介对现实生活的嵌入下，狼人杀游戏社群是以什么样的形式存在于虚拟与现实空间的？不同空间中的狼人杀社群是如何通过社会互动相互交融的，这种交融体现出什么样的特征？狼人杀游戏社群是如何与城市产生关联的？

（二）城市对狼人杀游戏社群的身份意义是如何体现出来的？狼人杀游戏社群是如何接纳城市意义，并将其作为自身的身份象征的？狼人杀游戏社群通过哪些方式来开发、创造城市文化和意义？这种社群文化与城市存在着怎样的关系？

（三）狼人杀游戏社群中个体通过何种方式将自己的身份与城市联结？狼人杀游戏社群是如何建构城市认同的？狼人杀社群中城市认同的实质是什么？这种城市认同与狼人杀游戏社群中的个体和群体有什么样的关联？

二、文献综述

（一）社会互动、认同与游戏社群

从社区（community）概念的发展来看，学界对社区的研究呈现出了从消失的社区向幸存的社区的转变，又从幸存的社区转向了解放的社区。其中，消失的社区是古典社会学中的主流观点，主张社区在现代化进程中已经逐渐走向消亡，被更大的社会所替代；社区幸存论认为，现代化进程虽然消解了传统生活方式中的社区结构，但在现代化的城市领地中仍然有以同事、家庭等关系构成的社区。而在社区幸存论中，社区则是从具体的区域中"解放出来"，在更大的地域中组织起社会成员的社会网络。这种社会网络，是一种"社群网络"的概念，更多的是以共同的兴趣、爱好、价值观念、人际关系形成的特定群体，即社区不再是邻里社区和地域性团结的传统社区观念，而是以一种网络的视角将社区看成是个体社会网络的建构。在这样的视角下，社区更多以人的"聚集"体现出来，是个体出于获取机会、资源、表达意愿、沟通交流为目的构建的跨越传统血缘、业缘、地缘的社会关系网络，而社会互动则是构建社区结构、人际网络和社区边界的方式。人们可以参与到社区的交往和实践之中，通过人际、群际交往实现社会互动过程，满足自身的社交、归属等需求。

由于我国的研究通常将社区作为具体的居住地和基层的组织单位概念，而本研究中涉及的概念更多的是倾向于以共同兴趣、爱好为基础形成的社会联系，这种联系具有社会结合纽带的性质，包含"情感""信任""认同感""共同精神"，带有强烈的价值内涵①的"共同体"概念。本研究认为，社群（community）能更好地反映本次研究对象的特征，于是将以社群作为研究中的核心概念。其中，社会互动普遍存在于日常生活之中，是构成社会群体、社会组织及其他各种社会单位的基本形式，② 而社群能够促进成员之间的社会活动和社会交流，有着重要的

① 刘玉东. 社区概念在中国语境下的实质内涵——兼论中西方释义差异之根源 [J]. 江西师范大学学报（哲学社会科学版），2011，44（03）：114—120.

② 朱力. 社会学原理 [M]. 北京：社会科学文献出版社，2003：31.

社会属性。① 早期有关城市组织结构和社会关系形成的研究将城市中的社群作为理解城市中社会互动方式、人际关系形成与社会结构建立的关键。社群是由具有共同习俗、价值观的人组成的，对内成员之间关系密切、富有人情味，对外则有着明确的界限，是有着一定排外性的社会关系团体。20世纪70年代，美国社会学家费舍尔（Claude S. Fischer）提出"社会解放论"（Community Liberated）。该理论认为在现代化的城市生活中，存在一种城市性亚文化关系。市民能够基于共同兴趣爱好、价值观等人际关系形成一个特定的群体。② 一般来说，地域是形成社群的核心，其中特定的地域、人群、社群组织、社群中的各种社会活动及人际互动关系是形成社群的主要因素。随着网络技术的发展，以共同兴趣、爱好、目标为纽带的社群开始在现实和虚拟空间中大量出现，不仅成为培养个体的集体意识，构建、维护亲密关系的重要途径之一，也起到了社会整合的作用。③ 虚拟社群（Virtual Community）是存在于网络空间之中，是由共同价值取向、信仰、目标和爱好的社会共同体组织，体现出亲密、互助、互相信任的人际关系和互动方式，具有匿名性、个体性、超时空性、流动性与弹性等特征。④ 虚拟社群的出现打破了时空、地域、社会分层等现实因素对交往的限制，⑤ 不同地区、城市、国家的人根据共同的兴趣、爱好、经验，通过电子邮件、新闻群组、社交

① 罗伯特·普特南. 独自打保龄球：美国社会资本的衰落与复兴 [M]. 北京：北京大学出版社，2011：115.

② FISCHER C. Toward a Subculture Theory of Urbanism [J]. American Journal of Sociology, 1975, 80.

③ 徐明宏. 城市休闲的社会整合与管理创新研究——以杭州趣缘群体为例 [J]. 浙江社会科学，2015（12）：82—88+157—158.

④ 黄少华. 论网络空间的社会特性 [J]. 兰州大学学报（社会科学版），2003（03）：62—69.

⑤ 黄少华. 青少年网民的网络交往结构 [J]. 兰州大学学报（社会科学版），2009，37（01）：70—78.

媒体及论坛等网络媒介①形式在网络虚拟空间中组成了进行信息交换、知识传播、情感抒发等行为的社群。互联网不受时间、空间限制的特征提升了个体获取信息及交往互动的便捷性，这种组织能够超出居住范围的局限，建立更广泛的人际关系，形成一个个由不同社会关系组成的小圈子，这种圈子能够扩展个体的社会网络，形成"脱域的共同体"（Disembedded Community）。②在网络空间中，人们处于同一社群的意义在于促进彼此精神上的接近，虚拟社群与空间之间的关系更多地体现在熟悉、彼此习惯的空间能帮助人们形成"共同的思想信念"，这种交往、互动的空间与地理空间分离也使得网络社群的形成不局限于现实空间的接近，虚拟社群的空间也成为人们依托网络媒介进行交往、建立社会关系网络的场域，不具有真实的地理意义。③

目前，网络游戏也成为当前构建非正式、非制度化社会群体的重要载体之一。在网络游戏中，游戏社群通常以游戏公会（guild）的形式存在，不同游戏中公会有着不同的称呼，如血盟、门派、联盟、部落等。游戏社群通常以玩家对游戏的爱好为基础，通过不断的交往和沟通形成的互助及合作关系，是玩家之间组织集体游戏、经验交流、装备交易及社交娱乐的线上组织。④早期的游戏社群是一个相对松散的群体，由游戏玩家自发组织而成。随着网络游戏的发展和游戏玩家群体的壮大，游戏社群逐渐向专业化、制度化的方向发展，成为具有层级区分、角色定位清晰的线上组织。在游戏社群中通常有一个领袖，几个不同层

① 王俊秀. 虚拟与现实——网络虚拟社区的构成［J］. 青年研究，2008（01）：35—43.

② 夏建中. 现代西方城市社区研究的主要理论与方法［J］. 燕山大学学报（哲学社会科学版），2000（02）：1—6.

③ 陈福平，黎熙元. 当代社区的两种空间：地域与社会网络［J］. 社会，2008，｛4｝（05）：41—57+224—225.

④ CHEN C H, SUN C T & HSIEH J. Player Guild Dynamics and Evolution in Massively Multiplayer Online Games［J］. CyberPsychology & Behavior, 2008, 11 (3): 293—301.

级的管理人员和众多社群成员，社群可以通过吸纳正式成员、提升成员等级、虚拟物资分配等方式来鼓励成员加入、参与社群内部的集体活动，从而提升社群的等级和经验，为成员提供更多的游戏优势和资源。同时，这些集体活动也可以根据成员的不同目标、群体环境及社群需要以多种方式进行组织，如不同成员按照等级、游戏角色、资源等进行组队。因此，游戏社群中的社会互动往往涉及复杂的领导与下属、下属与下属及领导与领导之间的关系，会产生丰富的角色分工，而游戏社群中的层级领导结构和特定的规章制度也成为维持公会运转、成员顺利参与游戏的保证。黄少华等通过对《魔兽世界》玩家的调查发现，在游戏社群中存在着一些规章制度，这些制度通常遵循现实社会中约定俗成的道德准则和社交礼仪；同时，成员也会集体通过一些由大多数玩家赞同的合理提议来制定非正式的游戏规则，当有成员破坏、违反规则时，就会受到其他成员的排斥。[①]

作为一种具有一定强度社会互动、情感联结的社群形式，游戏社群中的成员可以以匿名和身体不在场的方式自由地进行交往。现有研究认为，游戏社群中有着丰富、多样的社会互动，成员可以在游戏社群中进行在线聊天、结识朋友、团队合作、获取信息、虚拟物品交易等互动交往。其中，社交是成员在游戏社群中的主要互动形式之一。成员可以通过在线聊天的方式进行社群内部的闲聊、任务交流、私信交流等。虽然游戏社群内部的聊天与完成游戏任务、获得游戏胜利相关，但成员间的交流通常以情绪化的情感交流为主，这些情感交流有助于增进彼此之间的了解和联系，维系成员之间的关系。[②] 同时，游戏社群也是成员结识朋友、扩展社会关系网络、发展亲密友谊形式的理想人际关系场所。在

① 黄少华，杨岚，梁梅明. 网络游戏中的角色扮演与人际互动——以《魔兽世界》为例 [J]. 兰州大学学报（社会科学版），2015，43（2）：93—103.

② PENA J & HANCOCK J T. An Analysis of Socioemotional and Task Communication in Online Multiplayer Video Games [J]. Communication Research, 2006, 33 (1): 92—109.

游戏社群中，成员可以重构和体验与原始游戏社群完全不同的经验和关系，除了现有的游戏社群成员关系之外，也会发展出多种人际关系形式，如情侣、队友、朋友等。① 此外，成员也可以通过游戏社群来强化、维护现有的人际关系，并划分出不同强度的人际关系网络。② 事实上，良好的社交互动和人际关系对游戏社群的运转有着积极的意义，反之则会影响社群的运转，甚至导致社群解散。③ 此外，网络游戏社群也为成员提供了一个体验团队合作的线上互动空间。在游戏社群中，成员可以通过发布和接收组队信息、队内公告及小组组队等方式共同完成群体任务，这种团队之间的配合不仅可以使成员之间建立相互信任、依赖的合作关系，也可以促进成员对团队合作的理解，提升游戏体验和乐趣。④

现有研究认为，社群与认同之间存在着紧密的关系。社群的实质在于为成员提供认同（identity），这也成为社群得以形成的重要前提。⑤ "认同"一词源于拉丁文 idem，意为相同、同一，后来发展为同一性、认同、身份等。目前学界对认同的研究主要分为两种研究范式，一种是从社会学的视角出发，通过考察自我在社会互动中寻找自身在社会网络中的所属位置，实现主体对其身份或角色的确认；另一种则以社会心理学的视角，通过分析人们之间存在的相似性及集体成员以某种集体特质

① SNODGRASS J G, BATCHELDER G, EISENHAUER S, HOWARD L, DEN-GAH H F & THOMPSON R S, et al. A Guild Culture of Casual Raiding Enhances its' Members Online Gaming Experiences: A Cognitive Anthropological and Ethnographic Approach to World of Warcraft [J]. New Media & Society, 2016, 19 (12): 101—117.

② KOWERT R, DOMAHIDI E & QUANDT T. The Relationship Between Online Video Game Involvement and Gaming-Related Friendships Among Emotionally Sensitive Individuals [J]. Cyberpsychology Behavior & Social Networking, 2014, 17 (7): 447.

③ WILLIAMS D. Groups and Goblins: The Social and Civic Impact of an Online Game [J]. Journal of Broadcasting & Electronic Media, 2006, 50 (4): 651—670.

④ MUNN N J. The Reality of Friendship within Immersive Virtual Worlds [J]. Ethics & Information Technology, 2012, 14 (1): 1—10.

⑤ 黄少华. 网络空间的族群认同——以中穆 BBS 虚拟社区的族群认同实践为例 [D]. 兰州: 兰州大学, 2008.

作为自身身份归属，从而获得认同的过程。因此，认同既是"个人在某个社会关系网中确切的身份"，拥有特定身份的个体在社会行动中会通过"充分利用这些规范、特权与责任来确定自己在社会中的位置"；①也是建立在"某些社会现象或群体特征一致性之上"的社会共识，是人们对某一地位、团体、民族及国家产生的群体中的个人所在感，而这也成为人们基于群体归属而产生认同的前提。可以看出，认同指涉的是与个体相关的社会关系如何对个体认知产生的影响等问题，用于解释人们关于"我是谁"的身份确认。

在游戏社群中，成员往往会通过社会互动界定自我身份，成员之间的社会互动不仅能够帮助个体在群体中形成社会关系网络，增进彼此的了解和联系，也可以为成员提供社会支持、归属感及认同。其中，游戏社群是成员获得工具性支持和情感性陪伴的渠道之一。对于成员来说，游戏社群是一个获得有价值建议和帮助的平台，社群中成员之间的交流不仅是为了实现游戏目标和任务，也会涉及日常生活中的事件，成员会通过在线倾听、陪伴的方式帮助彼此，也会在相互理解的基础上提供相应的建议和策略，帮助彼此应对、解决游戏和生活中所遇到的问题。这种长期、积极的社会互动能够使成员获得较好的情感体验，使成员愿意经常相互沟通和交流，建立彼此信任、稳定的互动关系，强化内群成员的团结，这种集体意识、成员间的积极评价和亲密关系也能够帮助成员在人际互动中建构彼此的认同，提升群体内部的有机团结，培养群内成员的群体归属感和认同感。② 同时，游戏社群中的团队合作与互助可以带给成员归属感，这种对群体的归属感有助于增强成员对游戏社群的责

---

① A·吉登斯.社会的构成：结构化理论大纲［M］.李康等译.北京：生活·读书·新知三联书店，1998：161—162.

② COLE H & GRIFFITHS M D. Social Interactions in Massively Multiplayer Online Role-Playing Gamers［J］. Cyberpsychology & Behavior, 2007, 10（4）：575.

任心、集体荣誉感，使得游戏中的社会交往成为自我认同的重要组成部分。① 此外，成员对游戏社群的归属感也可以使社群具有一定的凝聚力，可以有效地提升社群内部集体游戏行为的效率和质量，而这种高效的集体游戏行为也可以提升成员的愉悦和满意程度，从而进一步地提升对社群的认同感。②

(二) 虚拟与现实空间中的游戏社群

游戏社群在虚拟与现实空间中的关系并不是完全割裂的。早期研究通常将游戏社群的线下互动视为社群从虚拟向现实空间的延伸。有研究认为，线上游戏社群形成的人际关系可以通过其他社交媒介和面对面的形式得到进一步的发展。其中，亲密的线上关系往往会带来现实世界中的互动交往。在现实生活中，游戏社群成员之间会形成熟人、友情、浪漫关系等形式的"泛亲关系"，③ 而这种更加亲密的关系也会加深成员对游戏社群的情感联结，形成对游戏社群的归属感和认同感。因此，为了维系游戏社群的稳定，凝聚内部成员，一些游戏社群也会定期组织线下见面活动。Lessig 通过对线上游戏社群规范和组织模式的研究发现，线上游戏社群中会举办一些诸如经验分享、聚餐、聊天会等线下聚会活动来促进成员之间的了解，强化成员之间的联系。④ 然而，这种研究路径虽然通过对线上、线下社会互动的考察讨论了游戏社群在虚拟与现实空间中的关系，反映出游戏社群在不同空间中的群体实践对社群的身份认同塑造和组织关系建构，但这种研究倾向于将虚拟与现实空间分离开

① CHEN C H, SUN C T & HSIEH J. Player Guild Dynamics and Evolution in Massively Multiplayer Online Games [J]. CyberPsychology & Behavior, 2008, 11 (3): 293—301.

② 钟智锦. 网络游戏玩家的基本特征及游戏中的社会化行为 [J]. 现代传播 (中国传媒大学学报), 2011 (01): 111—115.

③ 钟智锦. 网络游戏玩家的基本特征及游戏中的社会化行为 [J]. 现代传播 (中国传媒大学学报), 2011 (01): 111—115.

④ LESSIG L. Code and Other Laws of Cyberspace [M]. New York, NY: Basic Books, 1999: 117.

来，未能体现游戏社群在不同空间中实践、互动对群体组织机制的深层次影响。同时，虽然游戏社群通过群体交往、互动建立了虚拟与现实空间的联结，但这种联结并未体现出当前游戏社群与城市之间的交互关系。在信息技术、游戏厂商及相关城市的合力推动下，当前的游戏产业已经成长为跨越虚拟与现实界限的综合型娱乐形式，游戏社群的形成、发展及互动也越来越多地与城市勾连在一起，呈现出复杂的线上、线下交互关系。本研究将在现有研究的基础上，通过文献梳理呈现当前游戏社群的发展现状及相关研究视角，从而进一步明确本次研究的理论与方向。

1. LBS 游戏、游戏社群与城市

随着移动通信技术、4G 技术的发展和移动终端的普及，游戏厂商借助 LBS（Location-based Service，基于位置的服务）① 技术将游戏内容与特定坐标联系在一起，使得当前游戏呈现出了"线上+线下"的游戏、社交及社群模式。近年来，手机游戏厂商通过在游戏设计中使用固定位置数据库或兴趣点（POI）数据将游戏内容与特定坐标联系起来，对 LBS 的应用与结合主要集中在提升玩家的游戏与社交体验上，主要为结合 LBS 功能设计游戏玩法、结合 LBS 功能开发社交功能及在游戏中引入真实的地标三类。其中，结合 LBS 功能设计游戏玩法主要体现在游戏中的玩法、关卡设计是基于地理位置实现的，如《倩女幽魂》中开发了需要玩家真实定位才能参与的游戏副本。同时，一些游戏会在游戏的进程中结合真实的地图进行组织排列，如《Pokémon GO》中借助"LBS+AR"技术，利用城市真实地图引导玩家在不同的现实空间和场所中进行宝物收集，探寻新的场所。② 结合 LBS 功能开发社交功能主要

① S·J·Barnes. Developments in the M-Commerce Value Chain［J］. Geography，2003，88（4）：277—288.

② EVANS L & SAKER M. The Player and Pokémon Go：Examining the Effects of Locative Play on Spatiality and Sociability［J］. Mobile Media & Communication，2019，7（2）：232—247.

是利用了 LBS 的定位特点,通过引入其他玩家的地理位置与其产生互动,如《阴阳师》设立了根据真实城市区域划分的游戏帮会,引导玩家根据自身定位加入同城帮会,与同城的玩家进行交往和互动。在游戏中引入真实的地标主要是指游戏中出现真实的建筑、地名、景点等内容,如《倩女幽魂》的游戏背景为金陵城,《王者荣耀》会通过采集玩家的真实定位,按照行政区域进行排名,推出区级、市级、全国等级的排行榜等功能。

在这样的背景下,当前游戏对城市定位和现实空间资源的开发所带来的城市交互和现实参与度,不仅可以使玩家在游戏过程中通过杂糅的虚拟化身与物质实体将社交网络与多种资源相结合,增强玩家间交流的可能性,产生新的社交形式、社会实践以及社会关系,也会进一步改变我们对地点、虚拟与现实共存的理解。① Chan 通过研究发现,结合了基于位置(location-based)、基于时间(time-based)的活动、社交网络和数字物品交易等功能的游戏不仅可以使游戏玩法脱离战斗的限制,也可以通过赋予玩家沟通和协作的方式将游戏转向借由社会资本流通过程建构玩家社会关系的实践之上,而这种以城市为背景展开的游戏不仅可以促使城市中的陌生人在线下空间中聚集,帮助他们形成和发展现实社会关系,也可以鼓励线下游戏社群的形成,并通过玩家之间的交往将城市、群体与玩家联系在一起。② 除了构建虚拟与现实空间中共存的游戏社群之外,长期的游戏参与过程也会作用于玩家关于现实空间的身份认知。③ 由于游戏与现实空间相结合的设置,玩家的地理位置会被整合进游戏之中,玩家不仅可以在游戏中感受到自己熟悉的环境,也可以进一步通过竞争等游戏机制来增加对所在位置、区域及城市的归属感。同

---

① GORDON E & De Souza e Silva. A Net Locality: Why Location Matters in a Networked World [M]. Boston, MA: Blackwell-Wiley, 2011: 13—21.

② CHAN D. Convergence, Connectivity, and the Case of Japanese Mobile Gaming [J]. Games & Culture, 2008, 3 (1): 13—25.

③ FRITH J. Turning Life into a Game: Foursquare, Gamification, and Personal Mobility [J]. Mobile Media & Communication, 2013, 1 (2): 248—262.

时，与现实空间相结合的游戏形式提供了将城市空间转化为游戏空间的机会，而这也可以帮助玩家重新构建、定位网络游戏中缺失的本地（local）感。① 可以看出，当前游戏发展的新趋势不仅使城市成为游戏乐趣空间的一部分，也建立了一系列全新的游戏、社交、社群组织模式，将玩家与城市联系在一起。

2. 电竞、游戏社群与城市

电子竞技（esport）是一种基于游戏又超越游戏的，集科技、竞技、娱乐、社交于一身的拥有独特商业属性与用户价值的数字娱乐文化体育产业。② 随着电竞行业的发展，网络游戏玩家对网络游戏的消费出现了电竞化的趋势，已经从最初的在"在线模式的幻想体验中创造和集体消费"转化为"超越了数字游戏的界限以及逃避现实常规生活的充满想象性"的新兴消费实践，③ 由电竞衍生出的社群、电竞直播、各类赛事不仅成为网络游戏用户参与、消费网络游戏的全新方式，也成为当前年轻群体日常休闲、娱乐的途径之一。从目前电竞行业的发展来看，电竞行业已经成为跨越虚拟和现实世界的多种相关体验的集合。作为一种体验经济，相较于传统体育，电竞体验与沉浸、教学、娱乐、电竞选手、吸引消费者参与电竞体验有关的线上和线下的实践已经构成了一个超越网络游戏本身的电竞体验综合体，游戏公司、玩家、游戏社群、管理机构以及众多相关产业的协同都为电竞体验、消费价值的提升起到了重要的作用。④ 其中，作为电竞产品的消费者和电竞市场价值共创的主体，

① HJORTH L. Games @ Neo Regionalism: Locating Gaming in the Asia-Pacific [J]. Games and Culture: A Journal of Interactive Media. 2008, 3 (1): 3—12.

② 腾讯电竞. 世界与中国: 2019 全球电竞运动行业发展报告 [R]. 2019: 3.

③ MOLESWORTH M. Adults' Consumption of Video Games as Imaginative Escape from Routine [J]. Advances in Consumer Research, 2009, 36: 378—383.

④ HAMARI J & SJOBLOM M. What is Esports and Why do People Watch It? [J]. Internet Research, 2017, 27 (2): 211—232.

游戏社群成为联结电竞参与者、游戏公司和整个电竞创新价值形式的中介。① 游戏社群不仅可以通过在共享物理环境和文化环境的现实空间（如网吧等线下游戏场所）之中举办锦标赛等活动，② 也可以借助线上、线下渠道分享电竞的教学经验及相关资源，而这也进一步地提升、改变了玩家的电竞及游戏体验。③ 同时，游戏社群也是促进电竞区域化、本地化发展的力量之一。有研究指出，与其他媒体行业变得更加数字化和全球化不同的是，电竞正朝着高度区域化的方向发展，电竞体验具有全球性和本地性的特点，而这也是电竞成功和发展的驱动力。④ 随着电竞赛事主办城市对支持电子竞技赛事的政策增加，⑤ 电竞产业通过利用数字化的工作模式扩大了城市中本地市场和新兴产业的发展。⑥ 对于电竞产业来说，分散在城市中的游戏社群组织的线上和线下活动是提升、实现电竞市场价值的重要途径。Brian 等通过对瑞典电竞城市的实证研究发现，本地游戏社群的出现为电竞参与者提供了一个具有包容性的参与电竞体验、可以在现实生活中聚会、学习与电竞有关的知识的交往空间。游戏社群会通过线下的社会化实践活动打破关于电竞的传统观念，改变对电竞的消极态度，构建电竞的文化和价值观，发展相关的机构使

① SEO Y, BUCHANAN-OLIVER-M & FAM K S. Advancing Research on Computer Game Consumption：A Future Research Agenda［J］. Journal of Consumer Behaviour, 2015, 14（6）：353—356.

② HUHH J-S. Culture and Business of PC Bangs in Korea［J］. Games & Culture, 2008, 3（1）：26—37.

③ SEO Y & JUNG S U. Beyond Solitary Play in Computer Games：The Social Practices of Esports［J］. Journal of Consumer Culture, 2016, 16（3）：635—655.

④ SCHOLZ T M & STEIN V. Going Beyond Ambidexterity in the Media Industry：Esports as Pioneer of Ultradexterity［J］. International Journal of Gaming and Computer-Mediated Simulations（IJGCMS）, 2017, 9（2）：47—62.

⑤ MURRAY T. Katowice City Council Intends to Continue Supporting Intel Extreme Master Through 2023［EB/OL］. 2018-10-01. https：//esportsobserver.com/iem-katowicecity-council/.

⑥ CUNNINGHAM S. Emergent Innovation Through the Coevolution of Informal and Formal Media Economies［J］. Television & New Media, 2012, 13（5）：415—430.

电竞合法化，以此来共同创造价值、促进和塑造城市电竞市场的发展。同时，游戏社群可以在社交等媒介上分享、发布教学、竞技、社交等内容，从而使城市在区域、全国及国际范围内获得更多的关注，扩大城市的知名度和影响力。①

（三）基于地方理论的游戏社群、城市分析视角

可以看出，当前针对游戏社群的研究已经脱离了以往虚拟与现实空间二元区分的研究视角，通过对线上、线下群体游戏、社交、电竞实践的考察分析了游戏社群的形成与发展，并探讨了游戏社群与城市之间的关系，一些研究也涉及了游戏社群构建的现实社会关系对群体认同的影响，以及对人们的城市空间感知起到的作用。然而，虽然现有研究充分肯定了游戏社群在虚拟与现实空间中开展群体实践，发展现实社会关系的意义与作用，但由于现有研究视角往往将城市视为游戏设计虚拟与现实交互机制以及玩家参与游戏、电竞等活动的背景，当前对游戏社群与城市关系的研究，通常集中在游戏社群对游戏、电竞本地化起到的积极作用，虽然也涉及了虚拟与现实空间结合的游戏机制对玩家城市归属感的影响，分析了游戏社群实践对电竞城市化、本地化的作用，但现有研究未能体现出游戏社群在城市中实践的多元意义和动态变化，以及游戏社群在能动的空间化表达中构建身份认同的过程，这种视角的实质是将城市看成了一个静态的物理空间，使得城市淡化为一个地域、本地及地点的概念。从文化地理学的角度来看，城市中的亚文化社群应被理解为一种特殊的城市文化背景和空间解码实践，是从政治意识形态向城市场景的文化转向。② 因此，为了更好地探讨网络时代城市空间的意义与游戏社群的关系，就需要建立起一种"回到地方（getting back into

① BRIAN M, KIERAN T & DINARA T. Shaping a Regional Offline Esports Market: Understanding How Jönköping, the 'City of DreamHack', Takes URL to IRL [J]. International Journal on Media Management, 2020, 22（1）: 30—48.

② BENNETT A & KAHN-HARRIS K. After Subcultures [M]. London: Ashgate, 2004: 54.

place）"的理论范式，在充分肯定城市的人文与文化意涵对主体的影响和意义的基础上，① 分析游戏社群、城市及虚拟空间的关系，探讨当前游戏社群在现代城市中的群体互动、认同建构等问题。

1. 地方、地方性与地方认同

地方是一个综合性的概念，由物质性的物理空间和非物质性的价值观念组成。早期的地理学对地方的研究大部分以客观存在的区域差别、特性为主，此时的地方等同于具体的"区域""区位"概念。随着传统地理学对地方的研究实现了"空间"到"地方"的文化转向，地方的内涵从注重空间关系的量化延伸到强调个人经验对地方创造的作用。② 在人文地理学的语境中，相比于抽象、空洞的空间（space）而言，地方是被赋予价值的空间，是人类关注的焦点与意义的中心，③ 地方概念的提出也弥补了空间只注重物质性而缺失文化属性的现象。④ 从地方的范围来看，地方包含宏观和微观两个层面。在宏观范围上，地方可以是国家、地区、大洲、城市等区域；在微观范围上，地方可以是社区、具体的房间等场所。⑤ 作为一个复杂的意义载体，地方是物理环境、人类活动和人们的心理意义的集合。因此，地方不仅是一个不断变动、发展、开放的过程性空间，也包含人们的观念和认知，凝结了群体的集体记忆与情感归属。

地方性指的是地方所具有的特殊性及可以被清晰识别的意义。人文地理学认为，地方性强调人对地方的情感意义，以及人与地方情感上的

① 徐翔. 回到地方：网络文化时代的地方感 [J]. 文艺理论研究，2011（04）：128—132.

② Tim Cresswell. 地方：记忆 想象与认同 [M]. 徐苔玲，王志弘译. 台北：群学出版有限公司，2006：14.

③ TUAN Y F. Place：An Experimental Perspective [J]. The Geographical Review，1975，65（2）：151—165.

④ RELPH E. Placelessness [M]. London：Pion Limited，1976：10—20.

⑤ TUAN Y F. Space and Place：Humanistic Perspective in Philosophy in Geography [M]. Springer, Dordrecht，1979：54—58.

恋地情节，人们在日常生活中与地方的情感联结和人对地方的经验是探讨地方性时所需要关注的核心。① 同时，地方性也涉及地方对人的吸引，是由内外部群体在互动中共同创造的。从地方性的形成来看，地方性本质上体现的是地方之间的差异，而地方之间差异不仅来源于客观存在的社会、经济现实，也包括一系列与地方有关的话语、表征、想象与行为。人们会在一定的社会情境下赋予地方丰富的文化意义，地方也因此被符号化，成为一系列情感、价值与观念的载体；同时，个人、群体也可以通过社会实践对地方所具有的的文化意义进行展演（performance），而这种基于社会成员体验所建构的地方性也会随着社会关系的变化和丰富的社会实践发生改变。② 因此，地方性是社会成员基于复杂的意义、话语和实践主观建构的产物。

地方认同（place identity）是个体认同（identity）中的一部分，是通过人们意识和无意识中的想法、偏好、情感、目标、行为趋势、价值观及技能的交互作用确定的与物理环境有关的个人认同。③ 从地方认同的特征来看，地方认同体现为个体对地方的熟悉、个体对地方产生的偏好与情感满足、地方认同对个体行为的影响和借由地方的自我表征四个方面。④ 其中，地方认同建构的核心在于自我的"惯习（habitus）"，即个体在不断重复的空间行为与体验中将地方作为自我的一部分进行内化，通过不断的地方体验和互动将地方成为定义自我的一个关键元素。⑤ 除此之外，由于地方储存着人们的情感和人际关系，人们会基于

① TUAN Y F. Place：An Experiential Perspective ［J］. The Geographical Review，1975，65（2）：151—165.

② Tim Cresswell. 地方：记忆 想象与认同 ［M］. 徐苔玲，王志弘译. 台北：群学出版有限公司，2006：14

③ PROSHANSKY H M. The Self and the City ［J］. Environment and Behavior，1978：10，147—169.

④ 胡宪洋，白凯. 拉萨八廓街地方性的游客认同建构 ［J］. 地理学报，2015，70（10）：1632—1649.

⑤ CASEY E S. Getting Back to Place：Towards a Renewed Understanding of the Place-world ［M］. Bloomington：Indiana University Press，1993：41—182.

个人体验产生对地方的情感联结，并通过情感联结将地方与自我联系起来，① 将自己视为特定地方的人，从而形塑出有别于其他地方的特性。② 作为自我认同的一部分，人们能够通过对"我在哪"的追问实现对"我是谁"的反思，地方的意义体现在人们关于地方的认知对自我认同形成产生的影响。可以看出，地方与人之间存在一种辩证关系。人为地方赋予意义，使之成为价值空间和意义中心；人们通过参与实践与其他人、群体和地方进行互动，地方通过这些实践行为对个体的心理、情感等产生影响，从而影响人们的态度，成为认同的一部分。③

2. 地方、游戏社群与城市

在人文地理学的语境中，城市是一个复杂的意义载体，不仅具有区域、区位的物理环境概念，也是人类活动和人们心理意义的集合。随着游戏中虚拟与现实空间的相互嵌入，将城市作为游戏的背景不仅会影响现代人在城市中的社会交往模式，也会改变人们对城市空间的感知，成为人们理解、认识城市空间的方式之一。④ 通过文献梳理发现，当前关于游戏与现代人城市流动的研究往往集中在玩家借助游戏在不同城市场景（如商场、公园）中的切换与聚集，⑤ 未能呈现出玩家在更大空间范

① WILLIAMS D R & ROGGENBUCK J W. Measuring Place Attachment: Some Preliminary Results ［C］. In L·H·McAvoy & D·Howard（Eds.），Abstracts of the 1989 Leisure Research Symposium. Arlington, VA: National Recreation and Park Association, 1989: 32.

② 庄春萍，张建新. 地方认同：环境心理学视角下的分析 ［J］. 心理科学进展，2011，19（9）：1387—1396.

③ STEDMAN R C. Toward a Social Psychology of Place: Predicting Behavior from Place - Based Cognitions, Attitude, and Identity ［M］. Environment and Behavior, 2002, 34: 561—581.

④ PAPANGELIS K, METZGER M, SHENG Y, et al. Conquering the City: Understanding Perceptions of Mobility and Human Territoriality in Location - Based Mobile Games ［J］. Proceedings of the ACM on Interactive, Mobile, Wearable and Ubiquitous Technologies, 2017, 1（3）: 90.

⑤ FRITH J. Turning Life into a Game: Foursquare, Gamification, and Personal Mobility ［J］. Mobile Media & Communication, 2013, 1（2）: 248—262.

围中的流动、迁徙过程。由于现代人日益流动的工作、生活特性，人们对地方关系和经验的理解往往是在一个更宽泛的空间范围中界定出来的，① 当人们随着游戏在区域、城市等更大的空间范围中流动时，游戏文化中所具备的地方性问题对社群自治、身份认同等议题的作用也越发凸显。② 一方面，社会成员在现实空间中的流动与地方之间可以被清晰识别、感知的地方性③密切相关，当人们决定前往某地时往往涉及这种地方差异对人的吸引；④ 另一方面，社会成员也会在特定社会情境下的社会实践中赋予地方丰富的文化内涵，并在实际的群体社会实践中构建全新的地方意义。因此，游戏社群在特定社会情境和语境中构建出的城市地方性，不仅是群体实践的产物，也是引导群体在城市中进行流动、迁徙的关键因素，对群体的社会与空间实践有着重要的意义和影响。

其次，当前的游戏社群实践已经越来越多地跨越虚拟与现实空间的边界，除了在大型电竞赛事的比赛现场、游戏展演及周边推广等线下活动中感受、体验游戏文化之外，一些游戏爱好者也会专程前往上海等城市观看比赛、参加线下娱乐活动，⑤ 而这些具有游戏、电竞特色的城市也成为年轻人线下聚集的新空间。在这样的背景下，当人们在游戏社群中的社会交往与现实生活中的实践紧密联系在一起时，城市不仅是他们日常生活、工作的空间，也成为游戏社群人际交往和社会关系的延伸和组成部分。在人文地理学的相关研究中，由于地方认同（place identity）

① MASSEY D. Space, Place and Gender [M]. Minneapolis, MN：University of Minnesota Press, 1994：146—156.

② De Souza e Silva A. From Cyber to Hybrid：Mobile Technologies as Interfaces of Hybrid Spaces [J]. Space & Culture, 2006, 9 (3)：261—278.

③ Zeng Guojun, Liu Mei, Liu Bo, et al. Research on Process to Translocal Restaurants' Culture Production：Based on the Perspective of Symbolization of Authenticity [J]. Geographical Research, 2013, 32 (12)：2366—2376.

④ TUAN Y F. Place：An Experiential Perspective [J]. The Geographical Review, 1975, 65 (2)：151—165.

⑤ 汪明磊. 互动仪式链视角下电竞用户文化研究——以英雄联盟粉丝为例 [J]. 当代青年研究, 2021 (04)：18—24.

强调人与客观环境之间的关系和行动者通过参与人际互动实践（interpersonal dramas）建构认同的过程，① 地方认同常常被作为考察人—地关系的核心概念之一。作为人类意义的中心，地方的本质在于人们基于地方性而产生的认同感，② 人们可以在群体的社会与空间实践中通过地方性体验来诠释、理解自身的身份与存在。③ 当人们在某地参与群体实践，并产生想要依附在某地的恋地情结时，社群对个体身份、归属的构建也涉及群体对地方性一整套话语、想象与表征的建构，而这种基于社会成员体验所建构的地方性也会随着社会关系的变化和丰富的社会实践发生改变。④ 从这个意义上来讲，游戏群体在线下游戏场所参与集体游戏、专程前往特定城市观看比赛等活动都是在群体社会与空间实践中构建、感受地方性的过程，而这种地方性实践也势必会对游戏群体的文化身份建构过程产生影响。对于游戏社群的成员来说，发现地方也是发现自我的过程。而城市也成为自我的一个隐喻，并在不断重复的空间行为与体验中将城市的地方意义内化为自我的一部分。⑤

再次，现有关于城市青年亚文化社群的研究认为，城市中的亚文化社群是城市青年群体进行文化实践的重要场所之一，社群也会借助城市地方文化中的符号、元素来构建社群风格，塑造、强化群体的认同

① SARBIN T R. If These Walls Could Talk：Places as Stages for Human Drama [J]. Journal of Constructivist Psychology，2005：19，203—214.

② TUAN Y F. Space and Place. The Perspective of Experience ［M］. London：Edward Arnold，1977：161.

③ HERNANDEZ B, HIDALGO M C, SALAZAR-LAPLACE M E, et al. Place Attachment and Place Identity in Natives and Non-Natives ［J］. Journal of Environmental Psychology, 2007, 27 (4)：310—319.

④ Tim Cresswell. 地方：记忆 想象与认同 ［M］. 徐苔玲，王志弘译. 台北：群学出版有限公司，2006：14.

⑤ CASEY E S. Between Geography and Philosophy：What Does It Mean to be in a Place-World? ［J］. Annals of the Association of American Geographers, 1997, 87 (3)：509—531.

感。① 然而，在目前的游戏社群研究中，很少有研究关注游戏群体文化实践与城市地方文化之间的交互机制。事实上，城市与青年亚文化之间存在着彼此滋养的"共生"关系，城市不仅为亚文化群体的文化实践提供了互动空间，城市自身的文化背景也会对亚文化的生产、传播产生影响。② 由于青年亚文化群体的存在和发展来源于其所在的地方空间，是一种能够与主流文化进行融合、补充并且共同发展的文化类型，因此，青年亚文化群体可以借助网络媒介对外传播具有地方特色的社群文化形式，如借助具有地方特色的方言、景观、饮食习惯等要素来表现地域文化、凸显家乡文化认同。③ 对于游戏社群来说，探讨社群文化实践与城市地方文化之间的关系，一方面可以通过游戏社群对城市元素的挪用、创造、传播等行为体现出社群对城市地方文化的能动性，另一方面可以通过社群对城市文化的接纳、内化过程，进一步反映出群体对城市的认同感与归属感，呈现出游戏社群与城市相互嵌入的深层次关系，从而分析游戏社群在更大范围内获得社群自治与认同的途径。

三、研究设计

（一）研究框架

通过文献梳理可以看出，网络技术对现实生活空间的嵌入使得虚拟与现实空间的界限正在逐渐融合，城市对游戏社群互动与实践产生了更深层次的作用，呈现出了超越空间限制的互动和实践形式。同时，游戏社群的地方化、本土化体现出的不仅是对人们的意识、观念、价值和行

---

① 黄骏. 影像武汉：青年亚文化群体的地方认同 [J]. 当代青年研究，2017（02）：37—43.

② BENNETT A & KAHN-HARRIS K. After Subcultures [M]. London：Ashgate，2004：54.

③ 吴玮，周孟杰."抖音"里的家乡：网红城市青年地方感研究 [J]. 中国青年研究，2019（12）：70—79.

为的影响，也体现出了当前时代背景下人们认同建构的新特征。Merrifield 认为，对当前社会与文化过程中的地方因素研究，需要从地方与个人、社会群体的关系出发，分析社会与文化变迁进程中地方性与主观性的作用。① 因此，为了探讨游戏社群在虚拟与现实空间中相互耦合的机制及其对人们的认知、态度、行动产生的影响，本研究将地方概念纳入研究范畴之中，通过狼人杀游戏社群实践梳理虚拟与现实空间的互动机制、探讨城市与群体身份认同之间的关系，以及城市对群体身份认同建构的影响。本研究认为，这样的分析框架不仅可以通过深入研究对象的游戏、社交和日常生活来发掘群体的互动与实践，也可以反映出社群在群体实践中与城市之间的关系，从而更好地分析社群在虚拟与现实空间的群体实践中建构认同的动态过程。

在当前时代背景下，虚拟与现实空间的关系不单纯是技术的问题，也是与文化、环境和社会空间之间的关系问题。② 为了进一步论证数字媒介时代背景下地方与社群的关系，就需要关注地方所具有的基础地位和重要作用。③ 首先，本研究将尝试通过狼人杀游戏社群中丰富、多元的社会互动行为将虚拟与现实空间联结，并梳理出二者之间融合的路径。本研究将以狼人杀游戏社群中复杂、多元的虚拟与现实空间中的群体互动与实践作为切入点，将存在于虚拟空间中的狼人杀游戏社群与存在于现实空间中的狼人杀俱乐部及宏观城市联系在一起，并通过梳理狼人杀游戏社群在实践中产生的情感、态度、观念和行动，反映出这种跨越不同空间形成的群体聚集与集体实践的实质，以及虚拟与现实空间中不同社会活动的组织方式和相互融合的机制。

其次，从地方的内涵及地方与主体间的关系来看，地方不仅是一个

① MERRIFIELD A. Place and Space: A Lefebvrian Reconciliation [J]. Transaction of the Institute of British Geographers, NS, 1993, 18 (4): 516—531.

② 徐翔. 回到地方：网络文化时代的地方感 [J]. 文艺理论研究, 2011 (04): 128—132.

③ 徐翔. 网络文化的地方逻辑 [J]. 宁波大学学报 (人文科学版), 2012, 25 (01): 114—118.

独立的地点概念，也是一个环境整合概念。① 在对狼人杀社群的研究和分析中，本研究将从群体的层面探讨城市与认同之间的关系。在群体互动中，主体会在参与群体互动的过程中将地方视为承载群体关系的具体情境，并会通过地方的意义来理解和诠释群体的身份。同时，由于主体的生产、生活不能脱离客观现实地方的制约、影响，社群文化表征也会受到深层的地方驱动和地方逻辑的影响，这意味着人们在构建社群文化时也将受到地方的驱动。因此，本研究在考察地方与社群的关系时会结合群体实践分析主体在建构、塑造及传播社群文化时体现出的地方特质与需求，并厘清地方作为一种人文的、文化的意涵是如何对狼人杀游戏社群产生影响。

最后，由于个人和群体对地方的情感"是依靠体验、记忆和依恋对地方产生的深厚依附感"②，为了论证群体与城市的深层情感关系，本研究将从狼人杀社群中的社会与空间实践出发，通过梳理成员在跨越虚拟与现实空间的游戏、社交和集体活动中产生的态度、情感、行为来分析狼人杀游戏社群中城市认同的建构过程。从认同的形成来看，自我的意义无法脱离社群而存在，而群体身份也会进一步地拉近个体与地方之间的联系，个体会在群体实践和日常生活的互动过程中将自己视为"特定地方的人"，并为地方赋予意义，使之成为自我认同的一部分。此外，社群也可以成为个体融入城市生活的渠道。群体不仅可以满足个体自我实现的需求，群体实践也会增加人地互动机会，个体可以通过参与群体的社会空间实践来逐步融入群体，并在人地互动中获得地方身份，从而形成地方认同和归属。

（二）研究对象

在网络社会的研究中，社群是指不同人群依据情感、兴趣、利益等

---

① 何明升. 网络文化的工具性因缘及其多样化共享问题——兼论中国特色网络文化的学理依据 [J]. 哲学研究，2010（12）：114—120.

② TUAN Y F. Topophilia: A Study of Environmental Perception, Attitudes, and Values [M]. New York: Columbia University Press, 1990: 161—175.

因素产生的聚合，是人们"基于兴趣而形成的一个个不同'圈层'，进而打破传统的业缘、血缘和地缘的社会性连接，根据'趣缘'而形成一个个圈子、社群——这是一种社会中出现的新型强关系"①。因此，基于上述社会现实及研究现状，本研究认为，狼人杀游戏社群是玩家们基于对狼人杀游戏共同的兴趣及爱好，通过手机游戏、社交媒介、线下狼人杀俱乐部等途径，以门派、战队、社团等形式在虚拟与现实空间中自发形成的狼人杀游戏趣缘群体。

本研究结合狼人杀游戏在国内的发展历史及现状，将杭州市作为选择访谈对象、开展田野调查的主要城市。从狼人杀游戏的发展状况来看，杭州与上海、北京都是国内最早接触狼人杀游戏的城市，随着近年来狼人杀电竞的崛起，大批杭州市的玩家在全国各大赛事中崭露头角，获得包括个人赛、团队赛的多项荣誉，如杭州市的战队分别在 2019 年华山论剑职业联赛中获得冠亚军②、2020WPL 冠军③等，杭州市的狼人杀门派也多次联合游戏厂商、赞助商举办城市赛、城市邀请赛等专业赛事，如由网易官方狼人杀 App、萌狼社联合主办，Rokid 冠名，杭州 ooi/疆界 CLUB、破冰狼人杀俱乐部等狼人杀俱乐部提供技术支持的第一届 Rokid 若琪·杭州萌狼杀大赛。④ 从狼人杀游戏门派的发展来看，截至 2022 年 7 月 25 日，在《狼人杀官方》App 全服门派排行榜中，上海、杭州的门派均出现在全服门派排行榜前三，其中，杭州市的武林门门派位列魅力榜第一，在狼人杀游戏圈中有着较高的人气与知名度。⑤

① 喻国明.谁掌握圈层，谁就掌握传播驱动的主控权——兼论破圈能力是主流媒介实现价值传播的关键 [J].现代视听，2021 (03)：26—29.

② 华山论剑职业联赛.2019 华山论剑职业联赛夏季赛武林盟主终于诞生！ [EB/OL].2019-09-28.https：//m.weibo.cn/7012612544/4421664710100577.

③ 狼人杀官方."逍遥派"勇夺冠军！狼人杀 WPL2020 圆满落幕！ [EB/OL].2020-12-14.https：//langrensha.163.com/news/zjs/20201214/33693_ 921594.html.

④ 狼人杀.杭州最强 第一届 Rokid 若琪·杭州萌狼杀大赛报名开启 [EB/OL].2018-04-18.https：//weibo.com/ttarticle/p/show? id=2309040423026230020271.

⑤ 注：节选自《狼人杀官方》App 中 2022 年 7 月 25 日全服排行榜数据。

同时，杭州也出现了一些经过狼人杀官方认证、具有举办专业赛事资格的狼人杀俱乐部（如杭州本地的 ooi/疆界 CLUB），一些知名连锁狼人杀俱乐部（如 JYCLUB）也先后落户杭州，① 成为广大狼人杀游戏爱好者、职业选手参与电竞赛事、日常游戏、社交的理想空间。在这样的背景下，杭州也成为全国狼人杀游戏玩家心中的"朝圣"之地，吸引了大量全国各地的职业、非职业玩家前来交流、学习，在狼人杀游戏圈中具有一定的代表性。同时，通过田野调查发现，在实际的狼人杀群际交往、互动中，一些玩家在杭州参与游戏之后，会选择加入当地的知名门派，短期或长期留居杭州，一边从事与狼人杀有关的职业，一边参与狼人杀游戏及相关电竞赛事。这些玩家一部分来自杭州周边城市（如湖州、绍兴、台州、宁波等），也有来自河南、安徽、黑龙江、新疆等多个省份的玩家，当他们加入当地游戏社群后，一些玩家也会代表杭州参加电竞赛事，并将自己视为杭州市的玩家，而杭州也成为他们的一个重要的文化身份。由于认同是一个不断变化、发展的概念，这部分玩家自身的经历也能折射出在流动的狼人杀游戏群体实践中，成员地方观念的变化与发展过程。因此，本研究也将这部分玩家纳入访谈对象之中，并以杭州作为他们的城市信息。此外，由于《狼人杀官方》是一款多人在线网络游戏，游戏中来自天南海北、世界各地的玩家可以根据不同城市和地区自发形成、加入门派。为了尽可能在更为广泛的语境下探讨城市、社群与认同之间的关系，本研究通过参与线上游戏、社交活动，报名参与大型狼人杀赛事现场观众、狼人杀俱乐部游戏及日常活动来接触、结识不同城市、地区，不同类型的游戏门派和成员，通过滚雪球、立意抽样的方法，结合玩家所在的门派、地区及在门派中所担任的角色、游戏经历和日常活动的活跃程度、对深度访谈和跟踪调查的主观配

① 滚动新闻 腾讯游戏. 狼人杀爱好者福利 顶尖 JY CLUB 正式落户杭州 [EB/OL]. 2018-02-06. https：//games. qq. com/a/20180206/016560. html.

合程度等因素，最终确定了36名深度访谈对象，其中男性受访者为24名，女性受访者为12名（见表1.1）。

从访谈对象的具体选择上来看，本次研究选择的受访者大多是长期从事狼人杀游戏相关行业的专职人员，其中包括国内杭州、上海、北京、武汉、成都、香港等城市知名狼人杀游戏门派的掌门、副掌门、战队成员及门派运营人员。由于这些受访者有着丰富的狼人杀游戏、狼人杀竞赛、战队及门派运营和社群实践的参与经验，他们已经成长为知名游戏主播、人气选手及赛事明星，在狼人杀游戏圈中具有一定影响力和代表性。因此，相较于普通游戏社群成员，出于自身在狼人杀游戏社群中所处的位置，以及所背负的期待和责任，他们对狼人杀游戏、狼人杀游戏社群、狼人杀游戏竞技有着更为深刻的理解，也会在长期举办、参加与城市有关的群体活动和比赛的过程中更为清晰、明确地意识到个体、群体与城市之间的关联性，对狼人杀游戏、狼人杀游戏社群及所在城市都有着深刻的感情。同时，他们也可以围绕自身的经验和感受，在访谈中更多地向笔者呈现出真实、鲜活的研究素材。除此之外，本研究通过滚雪球的方式，采访到一名早期在国内推广狼人杀游戏桌游、开发狼人杀线上游戏以及目前仍就职于网易《狼人杀官方》的资深从业者。在访谈中，该受访者向笔者详细地介绍了狼人杀游戏在国内的发展路径及狼人杀线上游戏开发的过程，向笔者分享了一些狼人杀官方赛事中心策划城市门派联盟、城市联赛、城市海选、选拔官方认证城市桌游吧及各大城市中大学生线下社团的标准、方法、流程等，以及一些和不同城市政府机构、主流媒介平台、品牌官方合作的经验、模式等，对笔者整理收集到的田野材料、明确研究思路有着重要的启发和帮助。同时，本研究还选择了两名资深狼人杀游戏玩家。由于这两位受访者有着多年狼人杀游戏经验，并有着国内多个城市游戏社群及跨国参与狼人杀游戏的经历，对于不同城市、地区间狼人杀游戏的打法、风格、特征有着直观的感受，并对狼人杀游戏行业有着较为深刻的理解。可以看出，在对受访者的选择上，这种对狼人杀游戏有着深层次接触的狼人杀行业从业者，以及有着多地狼人杀游戏经验的游戏玩家，一方面可以帮助笔者从多个角度折射、反映出狼人杀游戏玩家的认知、情感和行动，丰富研究样本和材料；另一方面，由于他们较早进入狼人杀游戏及相关产业之中，他们的个人经历、人际关系、情感体验与整个行业的发展息息相关。同时，从宏观的角度来看，这些受访者的经历也能反映出当前青年群体在网络时代背景下对职业、人生规划的思想变迁，体现出地缘、业缘等传统概念的动态变化，具有一定的代表性。

本研究根据狼人杀门派的线上门派人数、等级、活跃度、排名及线下俱乐部的规模、组织集体游戏和活动的频率、参与人数等因素，确定了9个狼人杀游戏门派为主要研究对象。这些受访者和门派大多分布在北京、天津、杭州、上海、成都、武汉等一、二线城市及香港，也有海外地区的中国留学生群体及门派。在狼人杀门派的具体选择上，本次研究选择了分布在我国一、二线城市，长期主办、参与各大电竞赛事的门派和有着知名狼人杀玩家的人气门派，这类门派在《狼人杀官方》中有着较高的等级和活跃度，门派中也有着较多的成员和清晰的组织结构，这样的门派配置为长期、规律的门派游戏、日常活动和人际交往等社会互动提供了保证。同时，这些门派在省市、地区及全国范围内都有着较高的影响力和知名度，在门派所在城市设有狼人杀俱乐部供当地狼人杀游戏玩家和门派成员参与线下游戏等实践活动，这些门派也经常出面牵头举办同城、城际、地区比赛，参与全国赛事、门派和游戏宣传等活动。因此，这些门派及成员也有更多的机会参与到同城、城际的大型活动之中，而这也更为直观地体现出个体与群体在丰富多样的实践活动中群体与群际、我们与他者、同质与异质文化的对比，以及在这些碰撞中他们形成的关于自我、群体、城市的观念、态度和对实践、交往等行为产生的影响。

表 1.1 受访者基本信息

编号	年龄（岁）	所在地	所在门派	是否参赛	身份信息	访谈方式
M1	27	杭州	xy	是	副掌门	线下
M2	23	杭州	XY	是	战队成员	线下
M3	22	呼和浩特	SH	是	掌门	线下
M4	26	杭州	XY	是	战队成员	线下
M5	24	杭州	XY	是	战队成员	线下
M6	28	杭州	WLM	是	掌门	线下
M7	30	杭州	XY	否	门派运营	线下
M8	29	杭州	WLM	是	副掌门	线下
M9	28	武汉	Xy	是	掌门	线下
M10	28	杭州	XY	是	战队成员	线下
M11	21	杭州	XY	是	战队成员	线下
M12	24	杭州	XY	是	战队成员	线下
M13	24	杭州	XY	是	战队成员	线下
M14	27	成都	ZS	是	掌门	线下
M15	30	天津	JM	是	掌门	线下
M16	26	上海	NQ	是	掌门	线下
M17	29	杭州	YLH	是	副掌门	线下
M18	25	杭州	XY	是	战队成员	线下
M19	19	杭州	XY	是	战队成员	线下
M20	30	杭州	无	是	独立比赛选手	线下
M21	27	杭州	XY	否	门派运营	线下
M22	22	杭州	XY	是	战队成员	线下
M23	22	杭州	XY	是	战队成员	线下

编号	年龄（岁）	所在地	所在门派	是否参赛	身份信息	访谈方式
M24	31	北京	无	否	官狼运营经理	线上
F1	25	杭州	XY	否	门派运营	线下
F2	22	海外	BLG	否	门派运营	线上
F3	25	天津	JM	是	战队成员	线下
F4	21	杭州	WLM	是	战队成员	线下
F5	20	北京	ZS	是	战队成员	线下
F6	27	香港/杭州	TLX	是	战队成员	线下
F7	22	杭州	XY	是	战队成员、运营	线下
F8	26	杭州	无	否	资深狼人杀玩家	线下
F9	30	杭州	无	是	资深狼人杀玩家	线下
F10	24	杭州	XY	否	门派运营	线下
F11	23	杭州	XY	是	战队成员	线下
F12	24	杭州	XY	否	门派运营	线下

注：M 为男性受访者，F 为女性受访者。所在门派中 XY、Xy、xy 分别为三个不同的狼人杀游戏门派。由于一些受访者的游戏 ID 在游戏圈内具有代表性，故不在受访者基本信息中呈现。

（三）研究方法

在本次研究中主要采用了深度访谈、民族志两种研究方法。在具体的运用上，本研究将在不同的章节中针对具体的研究问题结合实际的调研情况和研究需要选择恰当的研究方法，从而实现研究目的。

深度访谈是一种能够挖掘深层次信息，强调意义赋予的质性研究方法。在进行访谈前，研究者需要事先准备部分半结构的研究问题，并在访谈过程中通过访谈员针对访谈情况进行部分及大部分的改进，从而起到良好的访谈效果。因此，这种整体的访谈结果也被看作"你与你的参与者共同的产物"。同时，深度访谈需要深入事实内部，从意义的角度来看待深度访谈的实质，是对参与者在访谈时赋予自己话语意义以及参与者赋予访谈场景（包括参与者当时的衣着、神情、行动和环境）的意义的探究。① 为了更好地描述研究现象，阐述现象之间存在的那些"规律性的、合理的、稳定的关系"②，解释、说明访谈内容与社会背景中"宏观实在"和研究问题间的关系，③ 在实际的研究过程中，本研究通过文献梳理、访谈问题设计、选择预访谈对象、改进访谈问题、选择正式访谈对象、整理访谈录音、录音材料分类等方式完成了本次研究的深度访谈过程。

在研究过程中，本文先通过对目前有关社群、网络游戏、手机游戏、游戏公会、虚拟社群与现实世界关系等有关文献的梳理，对研究现状进行基本的了解和掌握，对研究方向和问题进行明确与提炼。在此基础上，本研究结合以往参与狼人杀游戏和狼人杀游戏社群的经验，以及在交往过程中对社群内部的运营、活动和成员的了解，初步制订出一个访谈大纲（见表 1.2），并在 2018 年 9 月在《狼人杀官方》游戏和杭州市狼人杀线下桌游吧、俱乐部中接触玩家，选择了 10 名玩家作为预访谈对象。在预访谈过程中，本研究发现，在问及"你有过狼人杀面杀/网杀的经历吗？如果有，你更喜欢哪种游戏方式"时，相较于线上狼人杀游戏，受访者更倾向于在条件允许的情况下参加线下狼人杀游戏。在问及"你会根据哪些原因选择狼人杀游戏门派"时，受访者在选择狼人杀门派和狼人杀俱乐部的过程中更倾向于选择同城游戏门派，并在同城游戏门派中参与线上、线下的游戏、社交活动。通过向受访者提问"你是如何了解到你所在的门派的？你所在的门派有哪些因素吸引你，让你想要成为其中的一员"这一问题发现，一方面，受访者会主动在

① 杨善华，孙飞宇. 作为意义探究的深度访谈 [J]. 社会学研究，2005 (05)：53—68+244.

② MILES M. & HUBERMAN M. Qualitative Data Analysis: An Expanded Sourcebook (2nd ed.) [M]. Thousand Oaks, CA: SAGE, 1994: 429.

③ 克利福德·格尔茨. 文化的解释 [M]. 韩莉译. 南京：译林出版社，2008：24.

QQ、微博、豆瓣等社交媒介和大众点评等信息聚合平台中搜索"同城狼人杀游戏社群";另一方面,即使在大型多人在线的《狼人杀官方》游戏 App 中,受访者普遍表示不会经常参与随机路人局,也不愿意随机进入游戏门派,而是更希望加入同时具有线下游戏场地和线上游戏社群的同城游戏社群,这样不仅可以帮助他们获得更多参加现实空间中游戏、社交的机会,结识同城好友,也可以减少随机匹配中带来的水平、方言、玩法差异,从而得到更好的游戏体验和参与感。此外,在问及"你是否有参加狼人杀电竞比赛的经历?如果有,是什么样的原因使你想要参加比赛"时,有三位受访者表示会为了群体、城市荣誉参加电竞赛事。在问及"能谈谈与狼人杀有关的让你印象深刻的事情吗"时,有五名受访者的回答都与杭州市举办的一场城市赛有关,其中一名受访者作为比赛的主办方,主动提及了自己举办城市赛、组织战队参加全国比赛的经历,并在深度访谈中分享了自己对于狼人杀游戏行业、狼人杀竞技比赛及狼人杀俱乐部运营的观点,认为本地化是狼人杀游戏未来发展的趋势,也是狼人杀俱乐部营利的关键。本次预访谈对本研究之后的研究方向和问题的进一步深化有着重要的意义,笔者意识到,探讨虚拟与现实交融下游戏社群的认同建构,不仅要关注虚拟社群与现实空间的融合路径,也要将游戏社群与城市这一更宏观的空间相联系的动态过程作为研究重点,涉及虚拟、现实社群、城市的空间功能和文化意义,以及受访者在人、地、社群互动中形成的认同实质的探究。

表 1.2　预访谈大纲

受访者信息	游戏 ID
	游戏等级
	所在城市
	年龄
	职业

访谈情境	访谈时间		
	访谈方式		
	访谈地点		
	访谈场景		
访谈问题	你是通过何种方式了解到狼人杀游戏的？		
	你大概是在什么时候开始玩狼人杀游戏的？		
	你有过其他网游的经历吗？与狼人杀游戏有什么区别？		
	狼人杀游戏最吸引你的地方是什么？		
	你有过狼人杀面杀/网杀的经历吗？如果有，你更喜欢哪种游戏方式？		
	你是否加入了狼人杀游戏门派？如果有，你会根据哪些原因选择狼人杀游戏门派？		
	你是如何了解到你所在的门派的？你所在的门派有哪些因素吸引你，让你想要成为其中的一员？		
	你觉得门派中有鲜明的等级之分吗？如果有，你认为这种等级是如何形成的？你在门派中处于什么样的等级，平时都承担哪些工作？		
	你会和其他门派成员成为存在于现实生活中的朋友、情侣等更加亲近的关系吗？你身边是否有人在门派中成为上述关系？		
	如果有一天你退游、退门派，你觉得会是什么原因？		
	你是否关注了你目前经常参与游戏的社群的微博、微信群、公众号、QQ群？你会主动转发与社群有关的信息吗？		
	你所在的门派是否举办、参加过狼人杀电竞比赛？		
	你是否有参加狼人杀电竞比赛的经历？如果有，是什么样的原因使你想要参加比赛？请详细谈谈。		
	能谈谈与狼人杀有关的让你印象深刻的事情吗？		

通过对 10 名玩家的预访谈发现，城市对受访者的现实空间游戏场所及虚拟空间游戏起到了关键的作用。本研究在随后的文献梳理中加入了地方的概念，将地方认同作为本研究的主要研究问题，在此基础上调整了大部分的访谈大纲（见表 1.3），重新分类、设计、增减了研究问题，并在 2019 年 4 月开始正式访谈，2022 年 1 月结束访谈。同时，由

于地方是一个开放的概念,为了凸显出不同城市、地区所具有的地方性,尽可能地在多个城市、地区的对比中呈现出虚拟与现实交融下狼人杀游戏社群互动、认同的全貌,在本次访谈中,本研究对受访者的选择不再集中于一个城市及周边地区,而是通过全国大型狼人杀比赛、不同城市的狼人杀地推活动、全国狼人杀游戏门派间的常规活动及门派内部日常狼人杀游戏等方式接触来自不同省、市及地区的狼人杀玩家,通过滚雪球、立意抽样的方式最终确定了 36 名受访者。这样的选择能够更加突出地方性对不同区域的玩家、门派影响以及他们之间的差异和共同点。在正式访谈中,本研究主要围绕着结构化访谈问题进行提问,并结合受访者个人的游戏和人生经历进行深度访谈,通过对他们个人实践、群体实践参与情况的访谈,考察受访者在狼人杀虚拟社群、狼人杀线下俱乐部和现实生活中人际关系、情感体验和行为,并对访谈内容进行针对性的提问,从而深入了解狼人杀游戏社群成员的心理活动、游戏与日常实践和社会交往互动。

表 1.3　正式访谈大纲

受访者信息	游戏 ID
	是否参赛
	所在城市
	年龄
	身份信息
	所在门派
访谈情境	访谈时间
	访谈方式
	访谈地点
	访谈场景

访谈问题	你是通过何种方式了解到狼人杀游戏的?
	你大概是在什么时候开始玩狼人杀游戏的?
	你有过其他网游的经历吗? 与狼人杀游戏有什么区别?
	狼人杀游戏最吸引你的地方是什么?
	你有过狼人杀面杀/网杀的经历吗? 如果有, 你更喜欢哪种游戏方式?
	你是否加入过其他游戏的公会? 在你看来, 狼人杀游戏门派和其他网络游戏中的公会有什么区别? 请详细谈谈。
	你是否加入了狼人杀游戏门派? 如果有, 你会根据哪些原因选择狼人杀游戏门派? 如果没有, 什么原因使你不想进入狼人杀游戏门派? 请详细谈谈。
	你是如何了解到你所在的门派的? 你喜欢现在所在的狼人杀游戏门派吗? 你所在的门派有哪些因素吸引你, 让你想要成为其中的一员?
	你觉得门派中有鲜明的等级之分吗? 如果有, 你认为这种等级是如何形成的? 你在门派中处于什么样的等级, 平时都承担哪些工作?
	你会根据哪些原因选择线下狼人杀俱乐部并选择长期在其中参与活动? 在你满意的狼人杀俱乐部中, 你获得了哪些独特的体验? 请详细谈谈。
	你会与你所在社群(包括线上门派、线下俱乐部)的其他成员经常交流吗? 你们会开展哪些线上、线下活动? 请详细谈谈。
	你会和其他门派成员成为存在于现实生活中的朋友、情侣等更加亲近的关系吗? 你身边是否有人在门派中成为上述关系? 请详细谈谈。
	如果有一天你退游、退门派, 你觉得会是什么原因?
	你是否关注了你目前经常参与游戏的社群的微博、微信群、公众号、QQ 群?
	你会通过社交媒介经常阅读、关注游戏社群所发布的信息吗? 你会主动转发与这些组织有关的信息吗? 为什么?
	你所在的门派是否举办、参加过狼人杀电竞比赛?
	你会在线上、线下观看门派的比赛, 并为成员应援吗?

访谈问题	你是否有参加狼人杀电竞比赛的经历？如果有，是什么样的原因使你想要参加比赛？请详细谈谈。
	你认为参加狼人杀电竞比赛，是为自己、门派还是城市而战？请详细谈谈。
	你认为狼人杀游戏圈中是否有地域之分？不同城市之间是否有等级之分？如果有，请详细谈谈。
	在你看来，不同城市之间的玩家、门派是否有区别？如果有，这些区别是什么？为什么会产生这些区别？
	在你眼中，同城门派和其他城市的门派之间有哪些区别？门派之间是否会有一些竞争、合作？如果有，请详细谈谈。
	能谈谈与狼人杀有关的让你印象深刻的事情吗？
	你认为狼人杀游戏为你带来了哪些影响和改变？请具体说说。
	你觉得你在狼人杀游戏圈中的表现和形象与现实生活中的你有没有区别？如果有，区别在哪？你觉得是什么原因造成了这些区别？
	你认为狼人杀游戏门派对你来说的意义是什么？它对你的生活有什么意义？

在具体的访谈过程中，本研究征得被访者的同意，对访谈内容录音，共进行了三轮访谈，第一轮通过结构化访谈的方式，访谈内容主要以成员基本信息为主，如玩家游戏代号、年龄、游戏经历、游戏等级等；第二轮以半结构化访谈为主，访谈内容主要以成员参与游戏的方式、进入游戏组织的方式、成员在游戏组织内部的社交及活动参与情况为主；第三轮以深度访谈为主，通过向受访者提问开放式问题，并围绕成员在参与游戏组织的个人感受、经历和体验等内容展开，通过发散性思维增加资料获取量，以保证获得信息的完整性与丰富性。在访谈结束后，本研究对录音材料进行了转写和校对，以供后期编码和论文写作，三轮访谈时长共计45—120分钟。

除了深度访谈之外，本研究也使用了民族志的研究方法。民族志是一种基于田野工作发展出来的研究方法，参与和观察是民族志的核心，这意味着研究者需要与成员一起浸入式地、长期地参与到社群和文化之中，之后通过对社会世界深度的、细节的、微妙的、历史的和文化的描述和解释，尝试理解和传递他们的现实。随着互联网的发展，网络中出现了人们的大量聚集和互动，网络空间也成了重要的民族志场所之一。① 在本次研究中，由于研究问题涉及虚拟与现实社群的关系，研究对象的社会互动和交往普遍存在于虚拟与现实空间之中，需要对狼人杀社群的线上、线下互动、组织和行动进行综合性的考察，所以采用了虚拟民族志和现实民族志两种调研方式。在田野调查场地的具体选择上，本次研究的虚拟民族志场所主要以《狼人杀官方》中的狼村社交系统（"嗷呜"社区及门派社区）、狼人杀门派的 QQ 群与微信群、门派成员的微博、微信、嗷呜等社交媒介平台为主，现实民族志场所主要以杭州市知名狼人杀门派开办的面杀道馆、大型比赛竞赛间、备采间和观战区及狼人杀社群的日常交往和生活场所为主。

在虚拟民族志的过程中，本研究主要通过《狼人杀官方》游戏 App 的方式参与游戏、结识朋友、加入游戏群体，并通过微信、微博添加好友，加入微信群和 QQ 群的方式成为狼人杀虚拟社群中的一员。在日常的交往中，本研究会通过《狼人杀官方》App 参与游戏门派中的游戏活动，也会通过游戏中跟房的方式观看其他成员和玩家的狼人杀游戏过程。同时，本研究会与其他门派成员共同观看狼人杀大型游戏比赛直播，参与游戏官方推出的投票、打榜等线上应援活动。在虚拟田野资料的搜集和整理上，本研究从 2017 年 12 月至 2020 年 12 月，主要通过截图、录音、录屏等方式保存网络空间中游戏官方账号、门派官方账号和成员个人在社交平台上发布的与研究有关的内容，成员在微信群、QQ 群的聊天与讨论以及《狼人杀官方》中类似于论坛、贴吧的"话题站"、"全服喊话"社区，还有类似于朋友圈的"嗷呜"社区中发布的信息为主要研究素材，并根据游戏、门派、城市、社交、情感、比赛、其他为大类别进行划分，同一素材可以因为其内容的不同属性进入一个或多个类别。其中，游戏是指与游戏数据、游戏战况、个人等级、门派

① 罗伯特·V·库兹奈特. 如何研究网络人群和社区：虚拟民族志方法实践指导 [M]. 叶韦明译. 重庆：重庆大学出版社，2016：72.

及游戏规则等内容有关的素材；门派是与门派有关的信息和讨论，涉及门派活动、门派战绩、门派数据等内容；城市分类中是一些狼人杀玩家与城市有关的内容和表达，如城市景观的照片与描述、城市地标打卡、寻找同城门派、同城门派招人、同城 CP、城市门派宣传、城市门派竞赛等内容；社交涉及成员、门派之间的相互交往，如组织集体社交活动，发布向游戏好友、门派表达感谢、祝福、鼓励等内容，发布门派成员招募帖、个人交友帖，发布个人游戏亲密关系信息等内容；情感是一些涉及成员自身情感流露、内心剖白式的发言、帖子及信息，通常是关于对游戏、门派、友谊、比赛等内容的情感化、个人化的表达；比赛分类中主要涉及一些官方发布的比赛信息、海报、时间安排、比赛规则、判罚、打分等常规性内容，以及门派参赛信息、比赛积分、参赛队员等内容，同时也包括门派和成员发布的备战内容、赛间战况、战绩等，还有成员在社交群中发表的战况讨论和在社交平台中发表的与比赛有关的意见、看法、评价和观点等内容；其他是一些无法分类的信息，如恶搞、吐槽、举报等信息。在完成虚拟田野调查资料和素材的收集和大分类之后，本研究对这些素材进行分类和编号，对一些文字内容进行转写，对一些图片内容进行备注，包含时间、事件的基本描述和背景补充等，从而达到增补信息、分类归档的作用。同时，本研究也通过图片编辑软件对一些相关的图片进行拼接和排版，以便更好地运用在文章的论证之中。

在现实民族志的过程中，笔者最初是在 2017 年 11 月开始以游戏玩家的身份进入位于杭州市的 ooi/疆界狼人杀俱乐部中的。作为本研究的主要田野调查场地，从外在功能条件上来看，该俱乐部具有较为专业的游戏场地，配有多个不同主题的包间，每个包间中有着专业的狼人杀硬件设施，并配有大型比赛中所使用的游戏卡牌和游戏流程。从内在的人员条件上，该俱乐部的主理人、DM（法官）、成员都是长期活跃在狼人杀各大赛事中的专业赛事选手、DM 和裁判，有着较高个人和团队成绩，其背后依托的是一个《狼人杀官方》游戏中的线上老牌门派和战队，在众多的狼人杀俱乐部、线上狼人杀门派和线上、线下综合狼人杀社群中具有一定的代表性。在与成员的交往和游戏参与中，笔者出于自身专业的关系，参与到了该俱乐部的短视频拍摄和内容策划的工作中，这也为笔者长时间与狼人杀游戏社群成员、狼人杀玩家相处、了解提供了便利。由于该俱乐部是杭州市具有一定经营规模，并在线上拥有较多粉丝、门派成员的综合型狼人杀游戏社群，一些来自五湖四海的职业、半职业狼人杀电竞选手都会在赛前专门前往该俱乐部打热身赛，也会在平时相聚在该俱乐部中与其他高手过招，提高自己的游戏水平。因此，笔者作为一个有着狼人杀游戏经验、对狼人杀行业有着一定了解，但又不是专业狼人杀玩家的身份为采访来自不同城市、不同门派的狼人杀玩家和选手提供了一定便利：这样看似游离、边缘的身份既不会让被访者认为笔者是个圈内人，在访谈时会更加放松，不会有太多压力，笔者也不会带着强烈的主观感受和滤镜看待被访者并进行提问；而笔者对狼人杀游戏和行业的了解能与被访者在交流时不会因一些专业术语、游戏规则、比赛流程等基础问题发生障碍。同时，出于对他们这一群体共同面对的人生经历的了解也会使笔者在尊重、理解的基础上与被访者在一些问题上产生共鸣，从而使得访谈可以向更深的心理层面和情感层面递进。除此之外，笔者这一身份也会让在狼人杀俱乐部中参与游戏、社交、日常活动的玩家们不会对笔者感到陌生，在笔者通过非参与观察的方法，以录音、拍照、文字等方式观察、记录他们狼人杀游戏、聊天、交友以及聚餐等活动时不会产生回避、尴尬、不悦的感受，从而保证了笔者能够更直观地观察、感受、收集到狼人杀社群的生活状态及心理活动。除了参与狼人杀俱乐部的群体实践和狼人杀社群的日常交往活动之外，笔者也会通过非参与式观察的方式，到狼人杀游戏的大型赛事（如华山论剑、萌狼杀比赛、WCO、WPL 等竞技比赛）及游戏主播直播现场以录音、录像、拍照、文字的方式收集田野调查资料，记录他们在参与、策划、组织这些大型活动时的思想、情感状态和具体的行动过程，并在 2022 年 2 月底开始整理这些材料。在具体的整理过程中，笔者对不同时期、不同阶段的田野调查笔记进行整理，标记日期，对照片材料的拍摄时间、地点、事件进行备注，对录音和视频材料进行文字转写。在完成初步的整理工作后，本研究对这些素材进行编码和归类，梳理不同材料之间的关系。

在完成所有访谈材料和田野材料的整理之后，本研究对原始资料进行了开放式编码。在实际的操作过程中，本研究对深度访谈材料、田野现场录音、部分文字截图等内容进行了逐行编码，对通过田野调查获得的照片、录像等内容进行了事件编码。在进行编码时，本研究尽可能采用原始资料中与狼人杀游戏社群有关的、具有代表性和独特性的词语来描述不同的项目，从而在最大程度上保留研究对象自己的观点和行动意义。同时，本研究围绕研究问题，对项目进行重新排列，并将项目进行归纳，使得本次研究的维度具体化，生成分析的连贯性。总体来说，本次研究的材料为了解、总结狼人杀社群的群体实践和日常生活提供了一些生动、鲜活的一手资料，反映出了狼人杀游戏社群在城市对线上和线下互动联结下产生的丰富多样的社交实践与情感互动，也体现出当下城市青年群体在共同趣缘的基础上开展社会互动、交往和实践的一个侧面。

（四）研究内容

本研究共分为四章。第一章为绪论，主要以研究背景、研究问题、研究对象及方法、研究框架及文献梳理为主。本章通过文献梳理确定本次研究的概念、框架，并针对研究问题确定了具体的研究对象和方法，明确研究内容及研究意义。在第二章"跨空间、跨媒介的狼人杀游戏社群互动"中，从社会互动的角度出发，通过田野调查和深度访谈的方式详细梳理了狼人杀游戏社群在不同发展阶段下的社会背景，并详细论述了狼人杀游戏社群在不同阶段与地方的互动机制，探讨地方在狼人杀游戏社群形成、发展及运营中起到的作用和影响。在具体的分析上，本章节通过梳理狼人杀游戏社群中的线上、线下互动，分析城市对线上社群成员游戏、交友、社群、集体活动等社会互动产生的影响。同时，狼人杀游戏社群中由集体实践形成的社会关系网络以及狼人杀游戏社群对相关行业的参与对成员对城市的感知、社群互动及行为产生的影响也是本章节需要详细分析的部分。在第三章"地方语境下狼人杀游戏社群的认同建构"中，将在城市语境下考察个体在参与狼人杀游戏社群实践的过程中形成的群体认同的实质。首先，本章节将从地方化的社群实践出发，探讨城市与群体互动和实践的关系，以及城市对社群之间的同城、城际等群际互动产生的作用，分析这种围绕城市建立起来的群体边界对社群成员认知、情感和行动产生的影响。同时，这种在群体互动中创造、接纳城市意义的过程也能进一步反映出城市的象征、文化和符号意义对凝聚社群认同、强化社群组织、扩散群体影响力所起到的作用。其次，本章节将从社群的地方性实践出发，探讨狼人杀游戏社群塑造与群体有关的城市意义，并在这种群体意义体系下进行社会空间实践，体现出社群对城市表征的建构。最后，本章节会在对社群认同建构机制分析的基础上，进一步探讨狼人杀游戏社群中的城市社会实践对成员城市融入、归属起到的作用和影响。在具体研究方法上，本章主要采用非参与式观察的方法对大型狼人杀游戏活动和比赛进行记录和分析，以及通过深度访谈的方法，对群体内部参与比赛及活动的成员进行访谈，了解他们在参与集体活动时的内在心理活动，以及参与群体社会空间实践中的内心感受，探究社群、城市文化如何影响他们的思想、观念和行为，分析他们对于不同城市的观念、态度。同时，本章还会通过非参与式观察的方式对狼人杀游戏社群成员在社交媒介中关于游戏日常、城市生活等内容进行记录，梳理他们在群体实践中不断形成、明确自身认同的过程。第四章结论将对本研究进行全面的总结和提炼，对研究主题进行深化，同时对当前研究的不足和缺漏进行讨论，为今后的研究提供研究思路和方向。

四、研究意义

从理论层面来看，本研究试图跳出以往的技术线性论、网络与地方对立论的观念，以地方为核心概念，考察虚拟、现实社群与城市空间的关联，以及城市对社群认同建构的作用。从目前的社会客观事实和数字媒介发展现状可以发现，以往研究所主导的地方的淡化、"远距离生存"和地方文化消失的现象正逐渐式微，社群对地方的呈现、地理区位的定位、地域价值的开发和网络化生活资源的整合正促使地域特征重新回归，成为未来城市发展和人类生存的新趋势。因此，社群在网络中的社会交往和互动不意味着去地方化和去距离化，虚拟与现实社群的关系不等于地方空间是网络的附属和补充。本次研究以实证研究的方式，通过对狼人杀游戏社群丰富的社会互动进行梳理，从群体的游戏活动、集体实践、日常生活、人际互动、社交关系等出发，深度挖掘社群在虚拟、现实空间中交融、互动背后的深层意义和内在原因、驱动机制，分析城市对群体认知、情感、行为产生的影响，诠释当前时代背景下城市与社群认同的关系，以及城市对社群文化塑造起到的作用和影响。本研究认为，在虚拟与现实交融的背景下，以城市为代表的地方意义不仅没有在网络媒介时代消失，反而在群体的实践中焕发出全新的文化价值。社群会在虚拟、现实的空间实践中以城市为坐标组织集体活动，并在群体实践中将城市转化为富有意义与价值的地方，生成与城市的情感联结，构建与城市有关的认同。这样的研究思路，既可以为当前虚拟与现实空间辩证关系研究提供一定的补充，也可以将城市与社群文化联系在一起，深度探讨数字媒介时代下社群认同建构的动态过程。

除了理论意义之外，本次研究在实践层面上也有着一定的意义。首先，由于社群可以在群体实践中形成以城市为核心的群体价值观念，这种价值观念可以有效地协调主流文化与小众文化、消解不同群体之间的分歧。因此，相关部门可以通过发掘小众文化与城市的内在共性实现对社群的组织与管理，而社群也会在对城市意义的调动下充分地发挥自组织性与创造性，积极参与到城市文化传播的实践中，通过网络媒介推广与城市有关的群体文化，从而起到与主流媒介相结合，从多个渠道、视角宣传城市形象、传播城市文化的作用。同时，相关部门也可以借助社群共同协作组织的城市活动来整合社会成员，在群体实践中构建积极、向上的价值观念。此外，虚拟与现实交融的社群也可以代替传统单位、社区，为流动的城市居民提供一条发展社会关系、融入城市生活的渠道。相关机构可以结合特定群体的特色与需求，通过发展、推广不同主题、内容的社群形式来凝聚城市流动人口，起到提升对城市的满意度和容留意愿的作用。

五、研究难点与创新点

（一）研究难点

虚拟社群脱域性、去距离化的特性特征并不意味着虚拟社区与现实空间的对立。相反，随着虚拟社群现实化、逆虚拟化现象的出现，虚拟社群"再地方化"已经不能被视为一种偶发性现象，而是需要通过分析其内在逻辑勾勒出虚拟社群与地方的耦合效应，进而对虚拟与现实社群、网络空间与地理空间的交融做出解释。这种社群"再地方化"的本质趋向，离不开人们在实践和社会交往中产生的社会组织、社会关系网络与现实空间的互动联结，而在复杂、丰富、多元的社会互动中梳理出不同社会交往空间之间的联系和关联，归纳、总结出不同空间耦合的内在运行机制是解释、论证社群与地方关系的难点。

从本研究所关注的狼人杀游戏社群来看，其内部的社会互动、社会关系网络及社会组织呈现出了虚拟与现实社群交融的现象，在虚拟与现实社群的功能、表征、符号等要素上也体现出了鲜明的地方化特征，因此，尽可能地从大量线上游戏、社交、竞技等实践活动，多个来自不同城市的狼人杀俱乐部和覆盖全国和海外的狼人杀电竞赛事中考察该群体的社会互动、社会关系网络、社会组织形式，并在纷繁复杂的访谈内容、调研资料中厘清狼人杀游戏社群与地方的关系，诠释狼人杀游戏社群的地方性特征以及社群在其中起到的作用也成为本研究需要着重处理的部分，而能否清晰地呈现出狼人杀虚拟与现实社群、城市之间的关联，也成为解释虚拟与现实社群融合的内在逻辑、社群地方化的关键所在。

（二）研究创新点

从社群与地方的关系来看，网络催生出更加多元和广阔视野的新地方感，人们经由媒介提供的认同方式形成新的地方体验①已经成为一种共识，这种共识强调了传统空间向新型网络媒介空间转向对地方的重视，突出主体在媒介作用下的空间实践中产生的主观地方感受与体验，这也成为探讨地方和数字媒介关系的前提。然而，对社群与地方关系的研究，不能只关注网络媒介的地方化作用，会使得视角重新回到诸如本土新闻报道、城市聚合应用等地方特色媒介的研究上。也不能仅仅考察网络媒介中的地方呈现，将媒介中地域化文化特色内容的体现、城市景观的塑造和城市集体记忆的营造作为研究对象，这样的视角会使得对当前时代背景下地方价值的回归集中在对社会现象的阐释与解读，将地方视为一种静态的、被动的客观实在，忽视了地方价值、文化意涵对人产生的影响以及人在复杂的社会实践和互动中对空间的再造意义，使网络数字媒介时代下对地方的诉求流于表层化的描述。

首先，本研究将物理实体与人文地方观念纳入研究范畴之中，尝试解释游戏社群与城市关系等深层次问题。在本次研究中，与地域、区位等地方的客体对象是游戏社群的地域性要素和特征，城市所代表的文化主义、文化精神层面的人文地方观念和视角也是研究的重要组成部分。其次，本研究将线上游戏社群开展的与地方有关的群体实践，以及游戏社群在虚拟与现实空间中的地方实践和实践场所纳入研究范畴之中，分析游戏社群虚拟与现实相交融的逻辑。从研究路径来看，本研究不止将目光集中在网络媒介中游戏社群在地方景观呈现、地方符号使用、地理定位应用等基础上开展的与地方有关的群体实践和社会互动，也将在长

① 邵培仁，杨丽萍. 媒介地理学 [M]. 北京：中国传媒大学出版社，2010：105.

期互联网浸润下，把游戏社群的地方实践和实践场所纳入研究范畴之中，通过梳理线上、线下复杂且相互交织的社会互动形式，分析地方认同作为这种机制和逻辑得以实现的文化和精神实质起到的联结作用。此外，本研究也将游戏社群文化与城市的关系纳入研究范畴之中。作为一个不断变化、发展的概念，当前时代背景下的地方文化、游戏社群文化会通过青年群体多元、丰富的社会实践和内容产生改变、塑造社群的风格与意义，而这也进一步体现出地方作为人们认同的一部分，对游戏社群的重塑以及游戏社群文化地方化的影响与作用。

第二章　跨空间、跨媒介的
狼人杀游戏社群互动

　　桌游的全称是桌面游戏（tabletop game），指的是在桌面等平坦表面上玩的游戏。与电子游戏不同的是，桌游是一种以卡片、图板、骰牌等道具，由数名玩家面对面在同一空间中进行的不插电游戏（unplugged game）。从发展历程来看，桌游在国外及国内都有着悠久的历史。目前，诞生于中东地区的十五子棋（backgammon）被认为是最为古老的桌游，距今已有5000多年历史。① 在我国，最早关于桌游的记载出现于战国时期，在《楚辞·招魂》中以"菎蔽象棋，有六博些。分曹并进，遒相迫些。成枭而牟，呼五白些"记载了当时人们使用筹码、象牙棋子等道具参与六博②的游戏过程。

　　现代意义上的桌游始于20世纪初的西方大萧条时期中产阶级的日常休闲娱乐活动。随着"二战"后至21世纪初期，在世界经济复苏的带动下涌现出了大量不同类型、风格和玩法的桌面游戏。相比于西方，虽然我国有着悠久的桌游历史，但现代桌游起步较晚，目前业界对国内桌游的兴起时间还未有定论，但普遍认为我国的现代桌游是在近二十年流行起来的，最初是由一小部分一线城市玩家接受国外桌游并逐渐向

---

　　① 游戏哲学研究. 桌游的种类、发展历史及现状［EB/OL］. 2022-11-22. https：//zhuanlan. zhihu. com/p/585529935.

　　② 注：六博棋是中国汉代时期流行，在战国时期形成完整玩法的掷采下棋的比赛游戏，因使用六根博箸而得名。

二、三线城市传播。在我国，2008 年出现的《三国杀》是现代桌游走向成熟和本土化的标志。在游戏发行商的推动下，这一现象级的桌游带动了各地游戏爱好者对桌游的热情。同时，随着后续狼人杀游戏的引进、发展进一步促进了这股桌游风潮，而狼人杀游戏本身也成为当时在城市青年群体中广泛传播的桌游之一。

作为一款经典的桌面游戏，狼人杀游戏①从 20 世纪 90 年代诞生至今，已经从最初在学生、白领等群体中活跃的面对面社交游戏②成长为涵盖线上、线下游戏方式及社群，拥有全国电竞赛事、多平台游戏直播、网络综艺和游戏教学的大型综合游戏产业。从狼人杀游戏的特点及发展历程来看，早期的狼人杀是以现实人际关系为主导的休闲、聚会游戏，玩家主要以面对面的形式参与游戏，通常以熟人、同学、朋友等人际关系形成狼人杀游戏社群。由于大魔王桌游吧（北京）对狼人杀的改良和推广，狼人杀游戏在 2009 年迅速在我国一、二线城市中传播，③一些经营狼人杀等桌游的桌游吧也遍布各大城市，成为当时玩家们参与狼人杀游戏的主要方式之一，桌游吧也成为聚集狼人杀玩家、发展游戏社群的重要场所。同时，随着互联网技术的进步和社交媒体的发展，大量以分享狼人杀知识、狼人杀组局、狼人杀交友等诉求为主的同城虚拟社群在论坛、QQ、微信等社交平台出现，玩家们以脱域的方式聚集在网络空间中形成虚拟社群，而这些虚拟社群也成为玩家们寻找游戏同好、游戏组局和扩展人际关系网络的重要方式。

随着狼人杀综艺在各大游戏直播平台、视频网站的火爆，各大游戏厂商也抓住了狼人杀游戏社交、推理的游戏特性，将狼人杀游戏正式

<hr>

① 注：狼人杀是一款多人参与、以语言描述推动、较量口才和分析判断他人身份的卡牌类策略桌面游戏。通常由 8—15 人共同参与。游戏主要分为狼人、好人两个阵营，每轮入夜狼人袭击一名在场玩家，白天投票放逐一位玩家。一些具有技能的玩家将在游戏中发动技能，帮助该身份所在的阵营推动游戏的进程。

② 久居傲寒. 狼人杀起源 [EB/OL]. 2019-11-12. https://zhidao.baidu.com/question/942791765603069652.html.

③ 长尾. 狼人杀：从入门到封神 [M]. 杭州：浙江科学技术出版社，2018：引言.

"插电"，推出各种不同版本、品牌的狼人杀手机 App，狼人杀游戏迎来了全新的发展阶段。与此同时，狼人杀游戏社群也依托手机游戏形成了汇集不同空间玩家的"脱域的共同体"，成为集线上游戏及社交的综合社群形式。其中，以网易《狼人杀官方》为代表的狼人杀游戏社群不仅通过构建游戏中的门派体系（类似于游戏公会）和狼村体系（类似于论坛、贴吧）等虚拟社区整合了世界各地的狼人杀玩家，同时基于玩家现实空间定位开发出了一系列的同城游戏及社交功能，尽可能地拓展狼人杀线下互动的潜力，成为广大狼人杀玩家共同游戏、交流、社交的平台，而这也为当前以城市为坐标的狼人杀游戏社群实践及互动提供了保证。在游戏官方的推动和玩家自发的组织下，一些开设在一、二线城市，依托手机游戏中的大型、知名狼人杀门派开设的狼人杀俱乐部成为玩家们在线下聚会、游戏、休闲、娱乐、集体活动的主要场所，并形成了以狼人杀门派所在地为坐标的城市聚集效应，这种线上、线下共存的狼人杀社群不仅吸纳了大量同城及周边地区的玩家参与社群常规及周期性的活动，一些其他城市、地区的玩家除了参与社群的线上活动之外，也会专程前往门派所在城市参与社群组织的日常游戏、训练、比赛、社交等集体线下活动。同时，狼人杀游戏社群的存在形式也更加灵活，玩家们会借助微信群等社交媒介更有效地组织集体的狼人杀游戏、赛事、联谊等实践，也会基于狼人杀游戏社群发展出更为丰富、多元的群体活动。因此，狼人杀游戏社群不仅存在于手机游戏、社交媒介之中，也与狼人杀俱乐部及城市等现实空间产生了更为广泛的关联。

从目前的狼人杀游戏社群的发展状况和特征来看，这种虚拟与现实交织的社群互动已经打破了以往网络游戏及游戏公会中"拟身化交往"和"在线游戏、合作"的传统互动模式。现有研究认为，游戏公会中成员的人际交往和互动会向线下及其他媒介形式迁移，成员间会在线下见面，以个体、群体的方式进行聚会，形成更为深入的人际关系形式，如亲密关系、"泛亲关系"等。这种虚拟游戏社群的线下聚集往往是小范围、非周期式的活动，活动内容往往以聚餐、谈话会等活动为主，社群组织集体活动的目的在于增进成员间彼此的了解，进一步巩固社群关系，成员在现实聚会的场所及城市往往遵循便利原则，现实空间体现出的主要是功能性的空间作用。与以往的游戏公会和虚拟社群不同的是，狼人杀游戏社群形成了一种跨越空间及媒介限制的新型社群组织、互动及实践形式，城市在实际的社群互动中不再只是一个提供线下交往的地理空间，而是成为社群形成、发展及社群实践的重要组成部分，存在于不同空间、不同媒介中的狼人杀游戏社群会在城市这一空间坐标的前提下，以社群内部及社群之间多元的社会交往和实践联系在一起。因此，在理解狼人杀游戏社群时，不能单纯地将其视为一种存在于虚拟空间的游戏公会，将社群在现实空间的实践、互动看作虚拟社群向现实空间的单向扩散，忽视现实空间的实践场所、城市空间和意涵对狼人杀游戏社群的作用和影响。同时，各种社交媒介中的狼人杀游戏社群是实现高效传播信息，组织线上、线下聚集和实践的重要途径，也参与到了狼人杀游戏社群构建身份认同、形塑城市与社群意义的过程之中。为了更好地理解狼人杀游戏社群组织、互动方式与城市的关系，阐明媒介在狼人杀社群互动中的作用，本章节将结合狼人杀游戏及社群的发展历程，通过对狼人杀游戏社群中的游戏、社交、群体活动的梳理考察狼人杀游戏社群线上与线下互动的融合路径，并从媒介使用的角度分析狼人杀社群与媒介的联动关系，探讨网络媒介在实时定位、城市坐标、城市媒介形象等运营方式下对狼人杀游戏社群的区域化整合作用。

一、人际传播背景下的早期狼人杀游戏社群

从人类社会的本质来看，社会存在于传递与传播之中，也因传递与传播而存在。① 作为一种社会性的生物，人的本能在于以社会个体的形

① 詹姆斯·W·凯瑞. 作为文化的传播："媒介与社会"论文集（修订版）[M]. 丁未译. 北京：中国人民大学出版社，2019：11—12.

式进行人与人之间的交流，而这种通过相互交流成为社会的人、形成自己社会本质的过程也被称为人际传播。人际传播（interpersonal communication）是人们日常活动的必要组成部分，指的是在两个或两个以上的人之间面对面或凭借媒介进行的信息交流活动。① 现有研究认为，人际传播的核心在于构建人与人之间的关系。人际传播的方式和内容既能体现个体的个性特征，也能反映出人们的社会角色和社会关系。由于人类"建立传播关系是因为人们需要同环境及周围的人类环境相联系"②，而任何传播活动都需要在一定的关系下得以发生，③ 人们在交往时通过使用语言、非语言交换见闻、知识、观念等信息产生的互动也成为人与人形成相互认知、作用的社会人际关系的重要前提。因此，人际传播中人与人之间的交往影响人际关系，④ 也定义人际关系，发生在人际关系中的人际传播是实现人际关系的重要途径。⑤ 因此，人际传播中形成的人际关系既是构建社会关系的组成部分，也是人们在思考、解决社会问题时的组织方式。⑥ 人际关系（interpersonal relationship）是人类生活中具有普遍意义的现象，指的是社会中的人在物质、精神交往中发生着各种类型的相互关系。在社会心理学中，人际关系被定义为个体与他人之间的心理距离与行为倾向，包括认知、情绪和行为三个部分，是受主体个性特点调节的并伴随着满意或不满意状态的心理关系。⑦ 事实上，不

① 陈力丹. 人际传播研究的特点与主要理论 [J]. 东南传播，2015（10）：48—50.

② SCHRAMM W & W · E · Porter. Men, Women, Messages and Media：Understanding Human Communication [M]. Peking University Press. 2007：20.

③ 刘海龙. 中国语境下"传播"概念的演变及意义 [J]. 新闻与传播研究，2014，21（08）：113—119.

④ 王怡红. 论"人际传播"的定名与定义问题 [J]. 新闻与传播研究，2015，22（07）：112—125.

⑤ 德维托·A·约瑟夫. 人际传播教程 [M]. 余瑞祥等译. 北京：北京大学出版社，2007：7.

⑥ 陈卫星. 传播的观念 [M]. 北京：人民出版社，2008：8.

⑦ 丁昭福. 西方心理学关于人际关系研究的若干问题 [J]. 贵阳师院学报（社会科学版），1981（04）：58—64.

同文化背景下产生的人际关系具备其特有的社会与文化属性。由于人总是生活在文化氛围中，人们的交往、互动总会受到无形的"文化契约"的影响，人际传播的内容和过程也会因人们所处的环境产生相应的差异。[①] 同时，由于人际关系与人际传播研究涉及人们的内心世界，分布在与人有关的各种社会现象之中，[②] 因此，具体的社会情境与客观环境也会参与到社会关系的建构之中，并对人际关系产生相应的作用和影响。

关于空间的关系与空间的变化研究中，迪尔凯姆、考夫卡、布迪厄、勒温等都是较早将自然科学领域中的场引入社会科学研究的学者。其中，库尔特·勒温（Kurt Lewin）主张通过拓扑空间心理学和向量心理学两部分来研究人与环境的动力交互。勒温认为，场的基础是人与环境的相互作用，而人的行为是人与环境相互作用的结果。人的行为之所以发生变化，是因为人在与环境的交互下内心产生了变化，而心理事件也会进一步影响人的行为。勒温提出"生活空间"这一概念来表示某一时刻个体行为的事实总体，并通过公式 B=f（PE）= f（LS）指出行为是人与环境的函数关系。其中，B 代表行为，P 代表个人，E 代表环境，LS 表示生活空间。[③] 勒温通过这一概念将人与环境整合起来，强调人与环境的相互性，认为生活空间是个体在某一时空内产生的行为结果的全部事实，即依靠动力系统不断运行的场，而这种动力则来自具体社会情境、物理空间等因素对心理环境的作用与影响。[④] 以往有关传播距离的研究更多地集中在媒介与媒体的距离，而与受众相关的传播距离则

① 陈力丹. 试论人际关系与人际传播 [J]. 国际新闻界，2005（03）：42—48.

② 陈力丹. 人际传播研究的特点与主要理论 [J]. 东南传播，2015（10）：48—50.

③ 库尔特·勒温. 拓扑心理学原理 [M]. 高觉敷译. 北京：商务印书馆，2013：14.

④ 库尔特·勒温. 拓扑心理学原理 [M]. 高觉敷译. 北京：商务印书馆，2013：25.

未被重视。虽然勒温主张的场忽略了虚拟因素，更多地指向封闭的环境，但从社会心理学的角度来看，勒温的理论将与人有关的环境视为近环境，注意到了客观环境与人之间的关系。因此，勒温为群体中的人际传播及人与环境关系的研究提供了一定启发，即通过近距离的角度去关注群体传播的表现形式，并以周围人效应来考察群体信息传播及接受在社会关系建构中的作用。①

通过访谈可以发现，早期狼人杀游戏社群的形成与发展往往依赖于玩家间的业缘、学缘、地缘等现实社会关系，无论是在物理距离还是在心理距离上都体现出了周围人效应的特征。从狼人杀游戏的传播来看，玩家间会通过身边的熟人、朋友获取与狼人杀游戏有关的信息，加入狼人杀游戏社群。同时，狼人杀游戏社群用于组织集体游戏、吸纳社群成员的物理空间往往集中在玩家熟悉的生活空间和同城的桌游吧中，这种空间上的接近性也贯穿于狼人杀游戏社群的互动历程之中，成为社会关系建构的组成部分。在访谈中，当受访者被问到"接触到狼人杀的方式"时，47%的受访者表示自己最初接触狼人杀游戏是由"身边的同学、朋友、同事等熟人介绍"了解到狼人杀游戏并参与到游戏之中。其中，有15名受访者表示，自己最初加入的狼人杀游戏圈子是由自己身边的熟人形成的，会在熟人的带领下加入以现实人际关系为基础的狼人杀游戏社群，与群内成员共同参与日常游戏、组局。同时，有8名受访者表示，在狼人杀手机游戏出现和普及之前，他们会通过主动建立、寻找QQ群，通过微信公众号等网络社交媒介与自己的朋友组织线上狼人杀游戏，并在线上的狼人杀游戏社群中结识新的游戏同好，自发组织线上、线下狼人杀游戏。除此之外，有14名受访者表示，经由朋友介绍、带领进入所在城市的桌游吧是他们早期接触、参与狼人杀游戏及社群的主要途径之一。可以看出，对于狼人杀游戏来说，人际传播是传播游

① 刘宏. 信息传播的周围人效应 [J]. 现代传播（中国传媒大学学报），2021, 43（06）：83—86.

戏、拓展受众群体的主要方式，而在手机游戏还未出现狼人杀游戏的发展初期，受访者的人际关系网络也成为狼人杀游戏社群形成、发展的现实基础。本节将结合人际传播的理论视角，从人际关系的角度出发探讨早期狼人杀游戏社群的形成及互动方式、与现实空间及地域的关系以及人际传播模式下狼人杀游戏社群所面临的发展困境，梳理并总结早期狼人杀游戏社群的互动方式及群体特征。

（一）早期社群的形成与互动

人际传播的特征在于人与人之间的口口相传，是一种面对面的人传人效应，而达成人际传播的前提是一个既存在于位置也存在于心理上的周围人概念，也就是由社会关系网络建构而成的熟人社会。由于人们在接收信息的过程中周围人群体可以影响彼此接收信息的程度，这种来自心理上的近环境也成为影响人们社会判断的重要因素之一。在早期的狼人杀游戏发展过程中，由于狼人杀游戏还未正式"插电"成为多人在线手机游戏，玩家主要通过线下面对面的方式参与狼人杀游戏，并以玩家现实生活中的社会关系为基础，通过学缘、业缘等社会关系传播、推广狼人杀游戏。在访谈中，受访者通过现实社会关系参与狼人杀游戏的方式主要有同学、单位同事及朋友的带领和介绍三种方式。其中，通过同学接触到狼人杀游戏占到了该类型受访者的53%，绝大多数通过同学的带领接触到狼人杀游戏的受访者是在大学时代，3名受访者是在中学时代。对于这部分受访者来说，一开始主要是出于同学间的友谊、打发空闲时间及追赶潮流的原因接触狼人杀游戏，参与狼人杀游戏时往往抱着"随便玩一玩"（F6）的心态，把狼人杀游戏当作"朋友们在一起聚会为主"（M13）的休闲社交活动。

上大学那会儿很流行狼人杀，当时和我关系好的人都在玩，我也就跟着一起玩。那个时候没有很认真地玩狼人杀这个游戏，单纯是觉得和同学们玩很开心。（M5）

我是上高中的时候开始玩狼人杀的，当时是因为假期在家没什么事

做很无聊，我同学说他们在玩狼人杀，带着我一起玩，从那之后就一直在玩了。（F5）

上大一刚入学的时候我就开始打了，可能是学长们的惯用套路，一般都是学长带着学妹玩。因为这也算是一种社交方式，我进这个游戏算是学长带进来的。（F3）

除了同学之外，朋友也是受访者接触到狼人杀游戏的渠道之一。对于这部分受访者来说，现实生活中与朋友的友情是他们接触、了解狼人杀的前提，他们通常会在与朋友交往的过程中得知狼人杀游戏，并在朋友的带动下参与到游戏之中，成为狼人杀游戏的爱好者。

2009年左右我在上海认识了几个朋友，相处一段时间之后他们叫我去玩狼人杀，然后我就接触到了一帮当时第一批在上海玩狼人杀的人。（M17）

大概在六年前，一个跟我关系很好的朋友跟我说现在狼人杀很火，叫我一起去玩。刚开始的时候我不会抿面相这些东西，像什么南逻辑、北卦象都是他告诉我的。（M8）

通过访谈发现，与他人共同的业缘也是促使受访者参与到狼人杀游戏中的原因之一。由于狼人杀游戏具有较强的互动和社交属性，能够使参与者在游戏中进行更多的交流，加深对彼此的了解，因此，一些企业、单位常常会将狼人杀游戏作为部门团建、日常活动的休闲娱乐项目，通过狼人杀游戏拉近员工之间的距离，从而起到增进团队凝聚力的效果。有受访者表示，自己最初是在工作场合中接触到狼人杀游戏的，并在同事的带动下长期参与到狼人杀游戏之中。在这种氛围的影响下，狼人杀游戏也成为受访者工作中常规活动的一部分。

我入职团建的时候接触到了狼人杀，刚开始玩不太敢说话，不过玩

了几轮之后就慢慢放开了。我从那时候就对这个游戏有好感，觉得是一款很好的破冰游戏，之后就一直玩了。（F12）

最早是公司里面有人玩狼人杀，我就一起去玩，一直到我离职之前，算下来得有一年多。（M7）

2008年《三国杀》的出现标志着我国现代桌游走向了成熟和本土化，在游戏发行商的推动下，这一现象级的桌游带动了各地游戏爱好者对桌游的热情。同时，狼人杀游戏的引进、发展进一步促进了这股桌游风潮。在这样的背景下，大大小小的桌游吧在各大一、二线城市中应运而生，去桌游吧打狼人杀也成为当时狼人杀游戏爱好者参与狼人杀游戏的重要途径之一。① 早期桌游吧中狼人杀游戏的参与、组织同样体现出了"周围人效应"的特征，受访者获取桌游吧中有关狼人杀游戏信息的途径往往来源于身边的熟人，而熟人关系也会进一步影响他们的行动，使他们前往桌游吧参与狼人杀。从访谈中可以发现，39%的受访者表示，自己是因为"朋友带领、介绍"前往桌游吧参与狼人杀游戏的，其中，有两位受访者是在与自己有亲密关系（男女朋友、夫妻）的人的带领下进入桌游吧参与狼人杀游戏的。对于桌游吧的经营来说，这种通过"人带人"来吸纳客人的方式可以最大限度地将现有玩家的社会关系和资源转化为桌游吧的客户群体，使现有的玩家自发地为桌游吧招揽客人、扩大客群，从而帮助桌游吧营利。同时，这种"人带人"的方式也可以将更多对狼人杀游戏感兴趣的人带入桌游吧中，逐步发展、壮大桌游吧中的狼人杀游戏群体，而成员间现实生活中的良好关系也可以促进玩家间的互动和交往，从而迅速消除进入新环境的陌生感，参与

---

① 注：桌游吧是一种以经营桌面游戏为主，通过为顾客提供游戏场地、道具、指导、辅助等服务收取费用的营利场所。通常情况下，桌游吧内会同时经营数十款桌游，一些规模较大的桌游吧中会有上百款桌游供顾客选择，桌游吧内的服务人员会根据顾客的人数、喜好、需求来进行推荐，并会在游戏开始前为顾客讲解游戏规则，说明游戏的玩法，在一些特定的游戏中，服务人员还会担任起游戏辅助的角色来推动游戏，如狼人杀游戏中的法官等。

到游戏之中。

其实当时那种环境下，这种老带新是很有效果的，我在经营桌游吧的时候有做过网吧形式，就是老带新，我们也会给带来新玩家的老玩家一些优惠。（M18）

刚开始我只是知道有狼人杀这个游戏，去桌游吧是朋友介绍的。因为他玩了很久，他后来在做狼人杀这一块，叫我一起去玩，我挺感兴趣的，后来就跟着他们一起玩了。（M22）

我有一个朋友说他常去桌游吧打狼人杀，他想拉我去。如果是我一个人可能不会过去，因为谁都不认识。正好我朋友要拉我，我就过去了。（F8）

因此，熟人关系中的人际传播是受访者了解、参与狼人杀游戏的主要途径；同时，玩家的熟人关系也成为早期狼人杀游戏社群的形成和发展的基础。在早期狼人杀游戏社群中，成员通常以自己为中心，借助自身的人际关系网络逐步向外扩张，通过"人带人"的方式吸纳更多熟人加入狼人杀游戏社群，并通过共同的狼人杀游戏爱好、集体狼人杀游戏活动将来自不同人际关系网络的个体联结在一起，呈现出"一方面如石子投河，形成的波纹一圈一圈往外推，越推越远、越推越薄；另一方面如蜘蛛结网，每个人都是网的中心，但没有重合的网"① 的结构特征，从自身的社会关系尽可能多地推出包括过去、现在和未来的人物。通过访谈可以发现，由于受访者往往是通过身边的熟人接触到狼人杀游戏，他们最初共同组织、参与狼人杀游戏的同伴通常来自自己的生活圈，随着越来越多的玩家在熟人的引荐下加入集体狼人杀游戏活动，玩家之间的交往也不再局限于以前生活圈中的熟悉的狼人杀游戏同伴，而是逐渐向外扩张，在长期的群体实践中与陌生的游戏同好相互了解、熟

①　费孝通. 乡土中国［M］. 北京：北京出版社，2004：30—36.

悉，逐渐形成了一个以狼人杀趣缘为基础的游戏"圈子"。

当时是因为我大学里舞团的学长喜欢玩，他经常带着我们玩。一开始在一起玩狼人杀的都是我们舞团的人，后来舞团的人会带自己的朋友进来，慢慢地人就越来越多。（F3）

我接触狼人杀是在2007年，我朋友比较多，他们都愿意跟我玩，所以那时候我就会经常组织他们到我家玩狼人杀。我第一次用淘宝就是为了买狼人杀的卡牌，买了之后放在我家，他们每个周末都会来。刚开始大家都不知道狼人杀怎么玩，我就自己看说明书，看完之后教给他们，再从我这里流传开，最后带动了更多人过来和我们一起玩。（M1）

在这样的"圈子"中，成员通过彼此间的互动和游戏活动建立起了人际关系网络，他们既可以与来自熟人圈的朋友参与游戏，将新加入的玩家吸纳进自己的狼人杀游戏社群，也可以通过狼人杀游戏同好的介绍进入其他狼人杀游戏社群中参与游戏，结识更多朋友，发展自己的社会关系网络。对于受访者来说，他们不仅会在自己固定的狼人杀游戏社群中参与游戏，也会在其他同好的介绍下前往其他游戏社群感受不同的游戏体验、结识新的朋友，他们会沿着熟人关系网络在不同的狼人杀游戏"圈子"中"流动"，而这种"流动"也会使得熟人关系网络延伸开来，以每个玩家为结点将不同"圈子"中的陌生玩家联结在一起，逐渐编织成一张丰富、多元的狼人杀人际关系网。

一般是听别的狼友说起，说他现在经常去某个群玩，问我要不要也来玩一下，就基本上熟人、朋友之间这样的介绍。因为我自己玩狼人杀，在其他地方玩得比较多，肯定知道很多地方，只是没有来往而已。有朋友介绍这个契机就可以过去和他们一起玩，玩过之后就会认识很多新朋友。（F9）

我有好几个狼人杀群，平时大家都会互相介绍。不同的群感觉不一样，比如有个群里都是年纪比较大的人，盘逻辑比较厉害，跟他们打能学到东西，还有个群里都是学生，氛围就比较轻松。进的群多了还能认识很多同好，那天我打开微信分组，发现狼人杀组的人是最多的，都是我打狼人杀之后认识的。(F8)

(二) 社群游戏场地的变迁

在周围人的概念中，人们会随着周围环境的改变而感受到社会的变化，除了心理上的接近之外，地理位置上的接近也是形成近环境的主要因素。这种空间上的接近既可以是共同围绕在信息受众周围共同分享信息的人，也可以是处于某一位置中的一群人，他们在地理位置上接近，而作为互动和交往的空间，人们所聚集的地理位置也进一步参与到人们的行动之中，成为构建人际传播实践的一部分。通过访谈发现，早期受访者接触狼人杀游戏的途径主要以现实生活中的同学、同事等熟人关系为主，同时，该阶段的受访者通常会自发组织狼人杀游戏，因此，他们组织、参与游戏的目的以社交为主，场地也往往与他们的生活、社交、工作圈重合，受访者通常会在日常的休闲、聚餐、娱乐场合中进行狼人杀游戏，游戏的场地往往与受访者的生活、社交、工作场地息息相关，不仅会在组织游戏时选择一些熟悉的生活化的场景，如活动室、餐厅、咖啡厅、办公室等，受访者也会用扑克牌、自制的纸片代替身份牌来开展游戏。对于受访者来说，这种因地制宜的游戏方式并不会影响他们的游戏体验，反而会通过狼人杀游戏将朋友们聚集在一起，尽情地感受与朋友们交流、互动的快乐。在一些受访者的眼中，这一时期是"记忆中狼人杀的最有乐趣的时代"(M1)，这种由熟人发展出的狼人杀游戏社群最大程度地展示出了狼人杀游戏的社交性，并给玩家带来了"最简单，最纯粹的快乐"(M10)。

以前我们在学校打狼人杀，天气好的下午就在学校的操场，不然就是学校后门的奶茶店，天气不好或者晚上就在乒乓球室。当时大家凑在

一起，拉几张凳子就能玩。（F7）

当时在大学的时候玩狼人杀比较随意，而且当时还没有桌游吧，我们都是在 KTV、餐厅里面玩。大家吃完饭之后，买一副扑克牌，用 K 代表狼人，Q 是女巫，数字是民，就这么玩起来，所以当时都属于业余，很多规则都是先百度，然后自己再想一些规则，像身份也都是自己随便分的，可能就是两个狼六个民，或者带个女巫，也没有现在的一些发言格式之类的。虽然是瞎玩，但那个时候的狼人杀很纯粹，不管怎样还是要以大家开心为主。（M10）

随着桌游吧的出现及狼人杀游戏的火爆，桌游吧也成为当时普及、推广狼人杀游戏的主要渠道。通过访谈发现，有 14% 的受访者表示自己最初是在桌游吧中接触到了狼人杀游戏。对于这部分受访者来说，桌游吧不仅是他们"第一次听说这个游戏，学着打狼人杀"（F4）等游戏经历的一部分，也是他们后期继续参与狼人杀游戏的主要方式。

我打了蛮久的，应该是八九年前，那个时候桌游吧刚兴起，还没有网杀，我们都是在桌游吧玩。最开始我们是打三国杀，后来就开始打狼人杀。我记得那会桌游吧里有几个 30 岁左右的玩家，他们很厉害，我就一直跟着他们学，慢慢地就一路这么玩下来了。（M9）

除了普及、推广狼人杀游戏之外，桌游吧的出现为分散在城市中的狼人杀爱好者提供了聚集、交流、组织游戏的理想场所。在广大桌游爱好者对狼人杀游戏高涨的热情下，分布在城市大大小小的桌游吧中出现了一批专门热衷于狼人杀游戏的玩家，而此时的桌游吧也抓住了这一机遇，将这些狼人杀爱好者聚集在一起定期举行狼人杀游戏，一些离高校近、靠近市中心的高人气桌游吧还会实现每天成局，在节假日甚至会出现一天几桌狼人杀游戏的热闹局面，狼人杀俨然成为当时最为流行的休闲娱乐项目之一。

最早一批专门玩狼人杀的玩家几乎每天都会去打狼人杀，店家就会专门给这群人留桌子，还会帮他们攒局。那会儿很流行去桌游吧打狼人杀，就相当于上网吧打游戏一样。像大学城的桌游吧每天晚上都有狼人杀局，到了周末会开好几桌。（M23）

从桌游吧对狼人杀游戏及玩家的意义来看，它的出现不仅将狼人杀爱好者们聚集在一起共同参与游戏，也对狼人杀游戏文化的形成、发展有着重要的作用，为狼人杀游戏社群进一步向专业化、精细化提供了有利条件。桌游吧中提供的相对专业的服务也为他们提供了重新学习狼人杀游戏规则，了解更多狼人杀游戏玩法的机会，使得他们从最初的"纯业余的自己摸索"（M8）逐渐向正规、专业的狼人杀游戏群体靠近，这种业余向专业的转变不仅提升了他们的游戏体验，也帮助他们找到了更多热爱狼人杀游戏、志同道合的游戏伙伴。

我真正开始比较认真、规范地玩是在桌游吧，学了狼人杀的规则，不同板子的打法，比如说狼查杀狼、警上悍跳、警上双自爆这些格式，对狼人杀有了一个新的理解，还认识了很多真正喜欢狼人杀的人。（M10）

在访谈中，受访者参与狼人杀游戏的桌游吧也成为主要的群体互动空间，不仅会组织日常的游戏、社交、娱乐等实践活动，一些规模较大的桌游吧狼人杀游戏社群还会在内部玩家中进行游戏胜率积分、举办比赛，选拔代表桌游吧实力的"最强狼王"。通过访谈发现，这种竞争性的游戏机制为桌游吧狼人杀游戏社群赋予了游戏的目标和荣誉感，玩家可以通过自身的努力在所在的社群中取得成就，获得大家的尊重。而这样的方式也可以将桌游吧内部的玩家凝聚在一起，长期性、周期性地参与到集体游戏和活动之中，不仅可以帮助桌游吧建立起稳定的客户群从而实现更多盈利，也有助于当时的狼人杀游戏爱好者形成一个个以桌游吧为核心构建起来的狼人杀游戏社群。

桌游吧里的人玩熟了之后就会一直在这个桌游吧里玩。玩家聚在一块，慢慢地就成了一个群体，当时很多桌游吧都有这么一群专门打狼人杀的人，规模大点的桌游吧能有好几十号人。(M20)

这个（桌游吧排名）要看玩家的基数大不大，如果每天都有几桌人在那边玩，可能就需要积分这个事情。玩家看到自己排名变高了，就会觉得自己台板费没有白出。我们也会搞内部的比赛，选出前三名，奖励他一张店里几百块的卡，但其实大家会对这个称号比较看重，他们觉得自己在这个桌游吧里实力是可以的，以后也会更愿意过来。(M18)

从人际传播的表现来看，虽然受众会在地理位置接近性的基础上展开互动，但是当特定场所产生的人际关系与外界产生关联时，受众用于实践的场所也会随着人际交往的过程发生变化。在访谈中，受访者在桌游吧的狼人杀游戏社群实践不仅局限于特定的桌游吧，也会在狼人杀玩家之间的技术交流、水平切磋、相互学习的过程中逐渐向同城的其他桌游吧延伸。在访谈中，一些受访者表示，当自己的狼人杀游戏实力达到一定水平之后，他们会不再满足于在自己所在的社群内部参与游戏，会前往其他同城桌游吧与强者通过 PK 的方式相互学习与交流，并在不同的桌游吧参与狼人杀游戏，而这种行为也进一步地促进了散布在不同桌游吧之间的狼人杀爱好者和社群的交往与互动，他们会在游戏的过程中建立起友谊，形成人际关系网络，而这也将同城的狼人杀玩家和社群联结在一起，形成了一个更广泛的同好群体。

一开始我们在一个桌游吧玩，基本上看完面相、在警上听一圈发言以后就可以直接拍刀。后来大家的数据库都很熟了，所以我们当时有一个小团体会在一个桌游吧打完之后去另外一个桌游吧踢馆，踢馆之后玩熟，然后又去另外一个。在当时这样的收益度是很高的，我进步很快，也认识了很多玩家，大家有局都会互相叫，一来二去就会认识更多人，到后来基本上我们市经常打狼人杀的玩家都相互认识了。（F3）

可以看出，在周围人效应的作用下，人们的实践场所也会随着人际关系的延伸发生相应的变化，对于狼人杀游戏群体来说，这种实践的变化不仅发生在现实空间之中，也会向虚拟空间"迁移"，从而弥补现实空间中无法面对面组织游戏等客观因素的限制。通过访谈发现，受访者组织、参与狼人杀游戏的地点既可以是活动室、家、桌游吧等存在于现实空间中的场所，也可以是社交软件中的群组、即时在线聊天室等存在于虚拟空间中的场所。对于受访者来说，由于狼人杀游戏还未出现手机游戏，当自己熟悉的游戏伙伴在现实工作、生活环境的变化中导致无法以真实"在场"的方式参与集体游戏时，他们会通过在 QQ、微信、YY 语音等网络媒介中建立虚拟社群的方式组织集体游戏。虚拟社群的脱域性和即时性可以使他们摆脱物理空间距离的限制，以拟身化的方式参与群体游戏和互动，他们会自发地通过文字、语音的形式进行集体狼人杀游戏，并结合网络媒介的特征自行设计适合游戏的玩法、流程，从而满足与同伴在线上聚集并参与狼人杀游戏的需求。

其实网杀出来之前，我们也在网上玩。比如说建个 QQ 群，选一个人当法官，法官用私信发 12 个身份给其他人，然后每个人就在群里挨个打字发言、投票。之所以这么玩，主要是因为大学毕业后以前一起玩的朋友不能经常见面，在网上玩的话大家会比较容易聚起来。（M10）

最早的时候基本都是面杀，如果因为工作忙，组局难，我们就会在网上玩，一般都是用 YY 语音，几个玩得好的人提前约好，自己组织，就这么玩起来，一直到后面才出了《天黑请闭眼》这类游戏 App。（M17）

（三）早期社群的发展困境

通过访谈发现，早期的狼人杀游戏社群主要是桌游吧狼人杀游戏社群，更像是"群主召集了一群喜欢狼人杀的人在一块玩"（M19），而社群成员间关系的形成往往是基于友情、志同道合的游戏兴趣，因此，与其他网游公会相比，早期的狼人杀游戏社群更多的是一种以共同爱好、兴趣聚集在一起的趣缘群体，内部没有清晰的阶层划分和明确的集体任务，组织形式也更加松散、自由，大家往往会根据自己的个人意愿灵活地参与游戏及活动。

因为玩网游的人进公会是为了拿到一些装备，而且公会里有等级，还要定期做任务，但是那会儿大家玩狼人杀是没有什么功利心的，可能就有一两个带头的人把大家聚在一起，都当成朋友相处的。（M22）

虽然这种依托熟人建立起来的狼人杀游戏社群能够使受访者以相对较小的成本聚集生活中的同好并组织起狼人杀游戏，但这种狼人杀游戏社群的成员往往依赖受访者的现实学缘、业缘、地缘等社会关系，当社群成员自身的生活、学习、工作轨迹发生变化、遇到来自外界的干扰与阻力时，社群内部的活动也会受到影响，出现核心成员流失、凑不齐游戏人数、集体游戏无法开展等情况，最终导致受访者失去参与、组织狼人杀游戏的机会，一些社群也会在外界的变动中停止组织游戏，造成社群的解散。

当时玩狼人杀的一群人都是大学同学，毕业之后有人去了外地，留在本地的也比较远。刚开始大家都尽力往一起凑，说两周打一次，后来工作比较忙，可能半年都聚不到一起，渐渐地就很难再凑到人打狼人杀了。（M10）

我们那个狼人杀群是有一个逐渐从巅峰到衰落的过程的。那会儿我们在公司玩了一年多，直到上司觉得我们再继续下去这个部门要废，就开始收紧了，然后他先开始不玩，后来大领导在暗中说了几句话，人就慢慢开始少起来，再到后来 12 个人都凑不起来了，大家自然而然地也就解散了。（M7）

　　同时，虽然通过人际传播的方式可以吸引更多熟人加入狼人杀游戏社群，扩展狼人杀游戏社群的规模，但玩家间人际关系往往是一把"双刃剑"，人际交往造成的矛盾也会对狼人杀游戏社群互动与实践造成消极影响。从访谈中可以发现，男女朋友关系破裂（M18）、朋友之间的冲突（M22）、比赛中的竞争和与桌游吧内部工作人员的矛盾（M20）是造成狼人杀游戏社群内部冲突的主要原因。由于社群规模的扩大，越来越多成员的加入也会显露人际关系的复杂性，形成如情侣、朋友、队友等形式的人际关系，而游戏中不同阵营之间的竞争、同阵营之间的配合不当、成员间的频繁接触也会带来不同程度的摩擦，形成不同程度的人际矛盾。随着人与人之间矛盾的加深，这种人际冲突不仅会造成玩家间人际关系的破裂，而且会使得一些玩家"坐到一个桌上觉得很费劲"（M18）而选择主动离开社群，一些玩家的离开还会导致一部分与自己关系好的玩家一起离开，造成狼人杀游戏社群成员的流失。

　　以前开桌游吧的时候每天人很多，但是当人际关系达到负荷状态时一定会有一些复杂的关系。就算是朋友之间也会因为游戏的风格，或者玩家之间的关系出现不愉快，一旦出现裂缝之后就会越来越大，最后导致朋友之间产生矛盾，就再也不来了。所以人际关系是一把双刃剑，它可以给一家店带来丰厚的收益，但是也可能当人际关系崩掉之后店就彻底崩掉。（M22）

　　除此之外，单纯依赖玩家的人际关系网络，通过"人带人"发展狼人杀游戏社群的方式也会造成社群难以吸纳新玩家的困境。与西方将人际关系的概念集中在自我（self），将人际关系作为独立个体（individual）与另一个作为自我的个体之间形成的心理距离和行为倾向的研究路径不同的是，中国文化中的社会意义单位不是"个人"，个人的社会身份定位往往与所处的相对位置有关。与西方社会的"团体格局"不同的是，"差序格局"是理解中国社会人际交往基本模式的重要概念。费孝通认为，"差序格局"像一个蜘蛛网，而"有一个中心，就是自己"。因此，"在这种富于伸缩性的网络里，随时随地是有一个'己'作为中心的"①，以此形成的人际关系是一种围绕着自我，伴随着亲疏远近关系层层递进的人际关系模式，即人对群体的内外界限是相对的、不明确的，具体表现为需要在特定关系中进行参照，如相对于陌生人，熟人便是"自我"；相对于外乡人，同乡便是"自我"。因此，在正式的组织关系和公众关系中，中国文化中的人际关系内涵具有由亲至疏的特征，其本质是人际关系中身份形式与内容的统一，即人们会随着限定的身份形式发展出相应的关系内容，越靠近关系的核心，其内容往往具有更深的积极的情感联结，关系也更加亲密，彼此间的合作也更为紧密，而越远离关系核心，关系的内容也往往越疏远，甚至不被视为自己人，被排除在关系之外。因此，中国文化中人际关系所特有的"差序格局"其本质强调的是关系中的"内外有别"以及建立在差异之上的秩序。② 从访谈中可以发现，狼人杀游戏社群中同样存在着以人际关系的亲疏远近为边界形成的小群体。由于狼人杀游戏社群中的玩家往往是通过朋友、同学、同事等现实关系的介绍加入社群的，相较于通过狼人杀游戏形成的人际关系，加入狼人杀游戏社群之前的朋友、同事、同学等关系成为受访者的先赋性关系，这种先赋性关系也会成为他们在狼人杀游戏社群中人际关系内容的基础。他们会依据先赋性关系中的身份在社群内部构成相对封闭的交往、游戏小团体，形成先赋性关系亲近，非先赋性关系疏远的交往原则。在这种交往原则下，受访者往往更加倾向于

① 费孝通. 乡土中国 [M]. 北京：北京出版社，2004：30—36.
② 杨宜音. 试析人际关系及其分类——兼与黄光国先生商榷 [J]. 社会学研究，1995（05）：18—23.

与自己有着更为熟悉、亲近的个体进行交往和游戏，排斥新加入狼人杀游戏社群的玩家。因此，当新玩家加入社群时，往往需要较多的时间学习狼人杀游戏的玩法，与不同小团体的玩家磨合，融入并获得群体的接受，当一些新玩家在参与游戏的过程中遇到因为游戏水平不够发挥不好等情况时，不被群体成员理解、支持的情况会导致他们离开游戏社群。本研究认为，虽然这种借助玩家现实人际关系发展社群的方式能在早期有效地帮助狼人杀游戏社群扩展规模，但是当成员人数趋于稳定，社群内部人际关系趋于饱和时，这种方式也会阻碍社群进一步地发展和壮大，造成难以吸纳新人的情况，而社群内部成员的流失也会进一步加剧狼人杀游戏社群的萎缩。

狼人杀做不起来是因为游戏环境不好，比如说我愿意和你玩，纯粹因为你是我的朋友，哪怕你从来没玩过也没关系，桌子上的人都会教你。但是对陌生人就不会这么客气，很多老玩家会直接当着对方的面说"这是哪里来的菜鸟""我不跟菜鸟打"之类的，有的会和新人吵起来，玩家们都会抱团，时间久了就会比较排外。而且玩的人永远都是那些，再加上很多人不玩了，人就越来越少。（M8）

通过访谈发现，受访者会在人际关系的带动下在不同的狼人杀游戏社群中参与狼人杀游戏，将狼人杀游戏社群视为一个参与狼人杀游戏的载体。他们通常会出于交通便利、消费低、人多组局快等原因在众多狼人杀游戏社群中选择能够满足自己需求的社群参与狼人杀游戏和集体活动。同时，由于狼人杀游戏社群内部往往没有清晰的社群任务、阶层和集体目标，成员通常是以单纯的游戏兴趣聚集在一起。他们往往会为了获取更多的日常游戏组局、比赛等信息同时加入多个狼人杀游戏社群。对于受访者来说，他们在狼人杀游戏社群中的互动、实践，以及他们对狼人杀游戏社群的选择、判断主要以能否满足自身功能性需求为主，受访者通常会选择距离较近、收费较低、组局较快的社群参加游戏，体现出了灵活性和实用性的特征。

> 当时我常去的那家桌游吧离我家走路就 10 来分钟。我一般除了打狼人杀也不太在桌游吧待着，在那里玩主要是因为方便。（F11）

> 我进了好几个狼人杀的群，看哪里晚上有局，就去哪里打。（F3）

> 算上台板费、吃饭、打车钱，玩狼人杀其实并不便宜，打一次就得 200 块，对学生来说真的很伤。我当时基本在学校旁边的桌游吧玩，也会去一些微信群玩，他们一般都会在玩家的家里组局，这种局的好处就是不用花钱。（M23）

在这样的情况下，虽然受访者以成员的身份参与某一狼人杀游戏社群的集体游戏活动，但他们更多的是将自己看成是"来群里只是为了玩狼人杀、交朋友"（F10）的玩家，他们可以自主决定自己的游戏行为，不对具体的狼人杀游戏社群承担责任与义务。在访谈中，有受访者表示，他们虽然关注了多个狼人杀游戏社群的公众号、微博账号，加入了微信群、QQ 群等网络媒介社群，但他们平时不会主动参与社群内部的日常交流和宣传，只会在自己需要参与游戏、群内有组局通知、公众号中有比赛信息等才会主动打开社群中的网络媒介，并会在给予一些奖励以及"碍于朋友面子"（F10）的因素在朋友圈中转发与某个狼人杀游戏社群有关的信息。因此，狼人杀游戏社群通常被受访者视为一种参与游戏的方式，而社群所开设的微信群、公众号等媒介形式也往往被看作接收游戏信息、报名组局的工具，受访者不会将自己视为特定社群中的一分子。

> 他们说微信群里可以组局，我就加了。如果我要来，我就会打开看一下，平时都是屏蔽掉的。（F11）

> 像日常的面杀、比赛我会主动参加，但微信群不会太关注的，就是自己要来玩的时候看一眼。我关注了公众号，因为比赛信息是在公众号

上发。有的觉得自己可以用到就看一下，如果不需要就不太会去看。（M20）

我很少主动发，假如他们明确地说要我帮忙，我就会转发一下。（F8）

不会转发的，除非送我饮料，我会转发一下桌游吧的消息。（F9）

通过访谈发现，造成受访者出于功能性的需求在不同的社群中流动的实质是狼人杀游戏社群的游戏实践、服务普遍呈现出业余化、同质化的特征，使受访者很难对特定的狼人杀游戏社群产生归属感和认同感。早期的狼人杀游戏社群形成方式主要以玩家自发成立和桌游吧中经营的狼人杀游戏为主。其中，自发成立的狼人杀游戏社群通常是由成员自行寻找游戏场所、购置游戏道具并担任法官，虽然桌游吧能够为成员提供游戏场地、道具及法官服务，但主要以简单的游戏场地、道具以及临时的法官服务为主，玩家前往桌游吧之前往往需要自发组局，并在游戏过程中轮流担任法官、记录投票信息、游戏复盘等。

早几年的桌游吧摆几张桌子、凳子，买几副牌，再放几个灯就可以开起来。店家也不管组局的，都是客人自己带人过来。刚开始的时候店家记个票，等第一轮之后客人就自己当法官，票也是自己投。这种桌游吧刚开始是很挣钱的，很容易回本，但时间长了很难留住人。（M1）

因此，相比于自发成立的狼人杀游戏社群，桌游吧中的狼人杀游戏社群虽然体现出了狼人杀游戏向专业化发展的趋势，但是总体上仍然以业余化的服务为主。同时，由于当时的狼人杀游戏社群都以松散、自由的方式组织游戏，玩家可以以较低的成本参与狼人杀游戏、发展狼人杀游戏社群，但这种策略也使得社群无法通过为成员提供高水准、专业化的游戏体验形成其特有的特色和标志。

不像密室逃脱，玩起来要特定的场景和场地，但狼人杀只要凑齐12个人就可以玩。如果一个群没有专业度，玩家就没必要一定到你这里来玩，他们完全可以自己组局。（M8）

可以看出，早期桌游吧中业余化的游戏组织、服务方式无法体现出某个狼人杀游戏社群为玩家带来的必要性和特殊性，玩家没有因参与狼人杀游戏而产生一种"只想在一个桌游吧玩的心态"（M20），而造成这种原因的本质是当时桌游吧松散、业余的经营方式，无法通过具有特色和专业性的服务来营造出属于某一群体的特征。因此，在这个阶段，基于桌游吧形成的狼人杀游戏社群还没有体现出作为一个有着组织性和特殊性的社群特征，狼人杀游戏爱好者通常不会长期在特定的社群中参与游戏，并对社群产生归属感，而是会按照自己的需求流动在同城的各个社群之中参与游戏。作为一款主要活跃在学生、城市白领等群体之中的社交游戏，狼人杀游戏在短暂的火爆之后逐渐被网络游戏和其他娱乐方式取代，桌游吧的衰落也导致粗具规模的狼人杀游戏社群再次回到相对私人的社交领域和小众的受众群体之中。

二、手机游戏引导下的狼人杀游戏社群的整合

互联网不仅包含传播信息的媒介功能，同样成为建构人们社会互动、社会关系及人们媒介化生存的中介。其中，网络游戏早已融入人们的日常生活之中，成为最具代表性的网络活动之一。随着互联网技术和移动通信设备的不断进步，人们的游戏方式也随之发生改变，手机游戏逐渐成为人们参与游戏的主要途径之一。手机游戏（mobile game）简称手游，通常是指通过手机运行、参与的游戏软件，主要分为单机游戏、网络游戏两类。早期的手机游戏主要以单机游戏为主，玩家通常独自在手机设备上参与游戏，游戏的玩法、色彩、画面和操作都比较简单。在移动网络技术的覆盖和智能手机的发展下，手机游戏也逐渐发展

成为以互联网为传输媒介，以游戏运营服务器和用户手持设备为处理终端，借助游戏移动客户端软件为信息交互窗口的多人在线游戏。目前，手机游戏玩家可以通过持续参与游戏获得虚拟成就、财富和声望，手机游戏也可以实现玩家的娱乐、休闲、竞技、社交等需求。同时，当前的手机游戏具有画面精美、人物设计饱满、游戏世界观宏大、操作方式多样等特征，手机设备的便携性与移动性、丰富的手机游戏应用分发渠道和移动电话用户规模的扩大也不断扩大手机游戏的潜在客户群，手机游戏已成为人们日常网络生活的重要组成部分。

作为人们群体活动和社会参与的重要文化实践，不同时代背景下的游戏都与其社会技术和生产力的发展阶段密不可分，从历史悠久的棋盘游戏到现代的网络数字游戏，人类的游戏历程也是人类文明发展的过程。从桌游与网络游戏的关系来看，二者之间并不是简单的替代，网络游戏的开发同样会从桌游中吸收养分，丰富游戏类型和题材，桌游也可以借助网络游戏的技术和渠道，焕发出全新的生命力。21世纪初，桌游市场在电子游戏的普及与流行下受到了冲击，发展速度开始下降。然而，桌游在2008年金融危机中迎来了发展机遇，在电子游戏技术的反哺和游戏设计师的回归下出现了许多突破性的桌游产品，一些经典的桌游（如《大富翁》）也成功地被数字化，得到了更广泛的传播。因此，对于桌游来说，与互联网的结合不仅可以有效地拓宽传播渠道，吸引更多受众了解、参与到游戏之中，也可以借助网络游戏先进的技术不断更新桌游的画面、声音和角色形象，丰富桌游的玩法、情节和机制，使得桌游在视听表达和游戏内容上都能够得到创新和飞越，从而更加适应网络数字化时代的传播方式和受众的需求。

作为一款经典的桌游，狼人杀游戏经历了多次数字化的尝试，在不断与网络技术的结合过程中成长为一款受到广大游戏玩家喜爱的即时多人在线手机游戏，并发展出综合线上游戏、社交、社群、教学、直播、电子竞技及线下游戏、比赛、社交、俱乐部、文创等内容的大型文化IP和游戏产业。在手机游戏的带动下，狼人杀游戏的参与方式也从最初只能通过面对面参与游戏发展为能够借助网络参与游戏，这种游戏方式的改变不仅意味着网络时代背景下的狼人杀游戏开始摆脱现实空间和人际关系的限制，玩家能够在脱域的网络空间中以拟态的形式参与游戏，使得以网络媒介为载体，通过文字、语音等途径参与游戏的方式逐渐被广大狼人杀游戏玩家熟悉和接受，也意味着这种以智能手机和游戏移动客户端软件为载体的游戏方式对狼人杀游戏社群的形成、互动和结构产生深远的影响，狼人杀游戏社群的结构正在逐渐脱离传统社会结构中的地缘、业缘、学缘等熟人关系，以更加多元、丰富的形式组织在一起。为了更好地理解移动数字时代背景下的狼人杀游戏社群，本节将以网易《狼人杀官方》手机游戏为主要研究对象，结合深度访谈和田野调查资料，考察手机游戏借助玩家定位将区域、城市与狼人杀游戏、社交、社群结合在一起发展出的新型狼人杀游戏形式和社群互动，分析网络媒介与现实空间的耦合对狼人杀游戏社群结构产生的作用和影响。

（一）狼人杀游戏的"插电"历程

通过对狼人杀游戏发展阶段的梳理发现，狼人杀游戏的网络化主要经历了网页游戏、微信公众号游戏和手机 App 游戏三个阶段，与我国互联网及网络游戏的发展历程紧密地联系在一起。其中，狼人杀游戏最初与网络结合的尝试开始于网页游戏。网页游戏（web game）指的是基于Web 浏览器的网络在线多人互动游戏。从宏观的互联网发展阶段来看，20 世纪 90 年代是信息化时代的起步阶段，互联网开始普及，家用 PC 端和网络还未广泛推广，此时的网页游戏以其无须下载客户端、快速进入游戏、对 PC 端配置要求低等优势迅速获得了广大用户的喜爱，此时的狼人杀游戏也被开发成为网页游戏，成为当时狼人杀游戏爱好者参与游戏的方式之一。在访谈中，有网页狼人杀游戏经验的受访者主要为"85 后"，通过网页端参与狼人杀游戏的时期往往发生在 21 世纪初期，参与游戏的场所以家庭、网吧的 PC 端为主。

在现在网杀的 App 出来之前，有一些网页版的狼人杀，具体叫什么

我记不清了，但在当时那种基本都在线下打狼人杀的情况下，可以在网页游戏里玩狼人杀，就会感觉很新鲜。（M10）

然而，由于当时的网络基础设施发展还不够成熟，即时语音等技术还未普及，网页版的狼人杀主要以人数较少的简单场为主，玩家通过网页进入游戏，以打字的方式通过文字对话与其他玩家进行交流，推动游戏的进程。同时，狼人杀游戏正处于普及和推广阶段，受访者对狼人杀游戏的游戏规则、玩法还不够了解，加上网页游戏无法通过面对面、语音的形式进行交流和互动，使得网页版的狼人杀游戏很难为玩家提供良好的游戏体验，因此很快被玩家放弃，转而通过线下方式参与狼人杀游戏。

网页版的狼人杀基本上都是最简单的 6 人、8 人场，里面有些在现在看来不太正规的规矩，比如说拿预言家不摸上下置位的，你就一定是悍跳，然后狼人晚上一定要统一刀型，比如四个狼一定要同时鼠标点一个人才能刀死人，否则就是空刀，狼就会落后一个轮次。（M10）

当时有些网页游戏没有语音，再加上要一直盯着屏幕，打字慢就会跟不上，也没看清楚别人说了什么就稀里糊涂地投票，感觉没什么意思，后来就跟身边的人一起在线下玩。（M17）

随着智能手机的发展和以微信为代表的移动网络社交媒介的兴起，不仅进一步改写了人们使用互联网的方式，微信的语音功能、公众号功能也为狼人杀游戏提供了一个全新的即时在线游戏空间、线上游戏社群及推广平台。2015 年 2 月，"狼人杀英雄榜"微信公众号问世，集狼人杀线上游戏、社交、教学、竞技于一体，成为当时国内最大的狼人杀游戏社交平台。玩家可以在微信中的"狼人杀英雄榜"公众号选择游戏人数、建立房间和板子类型，不仅可以通过公众号与其他在线的玩家共同参与狼人杀游戏，也可以将公众号作为线下狼人杀游戏的发牌、投票工具。除了参与游戏之外，公众号中还设有游戏手册、英雄榜、官方活动及赛事等相关信息。基于微信的语音功能和公众号插件的交互性，狼人杀游戏与社交媒介的结合为玩家提供了参与游戏的便利，可以通过即时在线的方式通过语音交流参与游戏，并在手机客户端中进行投票等操作。同时，微信社交属性与狼人杀游戏自身的游戏特性相吻合，微信广泛的用户基础、参与游戏的便利性和即时性也有利于狼人杀游戏在微信用户中的传播。因此，狼人杀英雄榜的出现召集了大量狼人杀爱好者，形成了一个粗具规模的狼人杀游戏线上交流、互动社群，此时的微信公众号已经具有了狼人杀手机游戏的雏形。

开始上网玩是在"狼人杀英雄榜"公众号里，游戏开始之前每个人要先关注公众号，再创建一个房间，大家进到房间里面就会给每个人发一个身份，然后把大家聚在一个房间里面聊天、发言，然后公众号会辅助你进行投票、确认身份。这个不光是线下能用，你在网上开个房间，和其他网友也是可以玩的。（M24）

在移动网络技术和智能通信设备的进一步发展下，2017年前后，以网易《狼人杀官方》为代表的狼人杀手机游戏的出现成功开启了狼人杀游戏文化的新阶段。虽然狼人杀游戏一经发行就具有的热度离不开游戏本身所具有的由语音交流等功能带来的独特的社交属性，但狼人杀游戏的成功同样离不开其所处的特殊时代背景，游戏直播行业的兴起为游戏的推广、引流提供了帮助。从游戏产业的发展阶段来看，2017年我国的直播行业迎来了发展高峰，游戏直播发展逐渐成熟，一些知名的电竞选手、游戏解说家和玩家纷纷加入游戏直播的行业，吸引了大量游戏爱好者和粉丝的关注，形成了庞大的受众规模，游戏直播也成为游戏产业中的重要组成部分。在DOTA、《星际争霸》《英雄联盟》等主流游戏的头部主播的带动下，狼人杀游戏直播相继出现在虎牙、战旗等游戏直播平台，狼人杀游戏再次走进游戏玩家的视野，受到了众多游戏玩家和游戏直播观众的关注。

我最初接触狼人杀应该是在 2016 年，我当时打 DOTA，是 09 的小粉丝，那阵子应该是 09 还有 DC 老师，是他们在玩狼人杀，我看他们的直播之后就深深地入迷了，刚开始没有手机游戏，我就每天在 QQ 群里网杀，一直到每天源源不断的面杀局，再到后来的《狼人杀官方》，一直玩到了现在。(M15)

除了游戏直播行业的带动外，2017 年狼人杀游戏综艺节目在各大游戏直播、网络视频平台的火爆也为狼人杀游戏带来了全新的发展机遇，狼人杀手机游戏也因为综艺节目的热度成为一款热门的社交类手机游戏，狼人杀游戏综艺节目的火爆成为宣传、推广狼人杀手机游戏的主要渠道之一。有着较高关注度和流量的狼人杀游戏综艺节目主要有《饭局的诱惑》《饭局狼人杀》《God Lie》《Lying Man》《Panda Kill》等，负责出品、制作的平台不仅有虎牙直播、战旗 TV、NiceTV 等游戏直播平台，也包含优酷、爱奇艺、腾讯等网络视频平台，参与综艺节目的嘉宾涵盖电竞选手、明星、知名艺人等，具有较高的游戏水准和节目效果。从访谈中发现，有 7 名受访者表示自己是通过综艺节目知道了狼人杀游戏，并在手机中下载了狼人杀游戏 App 参与到狼人杀游戏当中。可以看出，在狼人杀综艺节目的带动和游戏厂商的推广下，狼人杀手机游戏也迎来了高速发展时期，成为主流的社交游戏之一。

当时我朋友推荐我看《Lying Man》，我看了之后发现里面都是二龙、09、PDD 那些荧幕大神，对他们是相当崇拜。然后我转头就去加很多群，在同城的陌陌、QQ 群里打面杀，再后来就是用手机游戏打网杀，逐渐地走到了狼人杀的圈子里。(M16)

大学那会儿有一档叫《Lying Man》的综艺节目很火，我看节目之后对狼人杀很有兴趣，就下载了手机游戏自己摸索着玩。当时我下载的第一个狼人杀游戏是上海的一个 App，效果一般，我就开始在社交软件里找群玩，后来《狼人杀官方》出来之后我就一直在用了，到现在也在用这个软件打游戏。（M22）

我们做狼人杀手游比较早，市场还不太成熟，当我们要推广的时候，正好市场上同类的狼人杀游戏比较多，我们也找了几家代理、推广公司，都不太好，后来我们找了网易，当时他们也缺少社交类的游戏，就跟我们一拍即合。大概是 2017 年的时候，几档狼人杀综艺节目爆了，很多人对狼人杀感兴趣，一下子出现了很多玩家。当时和网易合作三个月吧，从 2017 年 10 月到 2018 年 1 月，正好赶上了春节，狼人杀游戏就特别火，我们的"日活"就一直在上涨。所以我们是赶上了一个很好的机会，遇到了狼人杀热度最高的时候。（M24）

（二）位置服务下的游戏社交功能开发

作为一款主打社交的多人在线手机游戏，《狼人杀官方》在结合狼人杀游戏自身特点和用户的需求，推出了一系列基于玩家定位开展的游戏社交功能。在《狼人杀官方》中，与玩家定位有关的功能多次出现在游戏、社交和系统 UI 界面中，并通过突出符号标志、放置在显眼位置等手段来引导玩家选择与距离自己相近的同城玩家进行交往、共同参与游戏。符号是指人所处的生存环境及社会关系等一切有意义的物质形式，人通过对具体符号形式的赋义过程创造符号内容，实现从能指到所指的意指作用。作为联系虚拟与人的媒介，游戏界面中具体呈现的图像与声音构成了能指，即符号的物质方面，包括人们所能感受到的文字、色彩、图案、标志、音乐、音响等元素；而符号所代表的抽象概念和意义则构成了所指，是一种人们通过游戏界面设计的风格、特色所感受到的意义和上升为理性的精神理念。① 因此，游戏中符号的布局、设计和

---

① 杨丽娜，王家民. 网络棋牌游戏界面设计中的符号传达 [J]. 包装工程，2010，31（24）：78—82.

运用需要为游戏界面的主体服务，不仅要将游戏的主题、风格传递给玩家，也要将游戏中重要的功能和内容直接地展现在玩家面前。在《狼人杀官方》中，玩家的定位和门派的所在地通常以"定位符号+城市名称"的方式表现出来，这种倒水滴状的符号经常在各大应用、网站中被用于代表定位、方位的符号，当这一符号出现在狼人杀手机游戏中，玩家可以清晰地感受到游戏系统所传达出的与玩家和门派有关的地点，而倒水滴符号之后的文字和数字则显示出玩家和门派的具体城市和距离信息。例如，玩家间的具体距离会通过"定位符号+城市名称+相距公里数"的形式表现出来。同时，玩家可以在游戏、好友等场景中通过点击不同玩家的头像，在个人名片中了解对方所在的城市和与自己的距离。除此之外，在门派界面中，游戏系统将门派定位设置在门派头像的下方，以"定位符号+城市名称"的形式显示出来，玩家可以在打开门派简介界面的同时清晰地看到门派的所在地。

　　除了利用"定位符号+城市名称"的方式表现游戏中的定位功能之外，一些与定位、城市有关的功能也大量出现在《狼人杀官方》的系

图 2.1　《狼人杀官方》门派系统中的定位功能

　　注：①门派排行榜中的本地和全服门派系统；②门派界面中的城市定位；③门派系统中成员的个人信息界面显示着玩家的所在地。

79

统、游戏和社交界面之中，尽可能地突出了玩家及门派城市定位在游戏、休闲、娱乐、社交等社会互动中的重要作用。从手机游戏 UI 界面的设计目的来说，向玩家清晰、准确地传达游戏信息，涵盖一定的信息量是确保游戏顺利开展的基础。为了更好地将最有效的信息传递给玩家，游戏的界面设计需要充分地考虑玩家在视觉接收信息时的先后顺序，通过对各种视觉元素的运用设计帮助玩家在观察界面时能够直观地感受到信息的重要程度，从而突出重点的游戏功能、角色和场景，提升玩家的视觉体验。[①] 在游戏主页中的左上方，系统设置了一个聊天系统，玩家不仅可以与游戏好友和门派成员聊天，也可以在系统的推荐下与附近 1KM 的在线玩家聊天。在游戏功能中，玩家可以通过跟房的形式观看其他玩家的游戏对战过程，包含输入房间号、跟随好友房间及跟随附近的玩家房间三个功能。其中，在跟房页面中部，系统会根据玩家的实时定位，为玩家推荐附近小于 1KM 的玩家；在页面下端安排了跟随附近玩家功能，系统会为玩家推荐距离自己小于 1KM 的房间进行观战。从页面的比例来看，房间类型和输入房间号的部分位于页面的最上方，占比最小，推荐附近玩家的板块处于玩家视线的中上方，占据了较大、较清晰、相对居中的位置，而跟随附近的玩家则占据了页面的绝大多数位置，不同房间的玩家头像、等级、名称、距离等信息以逐条的方式排列在页面中，玩家可以点击房间后方的跟房模块加入该房间进行观战。在社交功能中，向游戏玩家推荐附近的玩家也多次出现在不同的社交板块中。在休闲板块的推荐页面中，系统除了为玩家推荐人气房、派对等休闲功能之外，也会为玩家推荐距离 1KM、2KM 的附近玩家。在好友板块中，系统分为消息、好友、师徒、CP 等部分，在好友页面的主页消息界面中，系统在页面上方的显眼位置也设置了推荐附近玩家的功能，向玩家推荐距离自己当前定位地点小于 1KM 的玩家，方便玩家

---

① 林立. 网络游戏 UI 界面设计的相关问题探讨 ［J］. 信息与电脑（理论版），2020，32（07）：89—91.

在游戏中添加与自己现实生活中接近的游戏好友。在狼村的门派板块中，系统会根据玩家所在的城市向玩家推荐同城门派，玩家也可以根据自己所在的城市在全服、本地系统中查阅同城门派的等级、排名、简介等信息，选择自己心仪的门派加入。

不难看出，在《狼人杀官方》中，基于玩家真实定位开发出的社交功能已经成为玩家在游戏中进行社交、参与游戏和个人信息的重要部分，城市也成为玩家们开展游戏、交友互动、组织社群活动的参照之一。游戏中对玩家定位、同城门派和附近玩家功能的突显既向玩家反复强调线下社交、同城社交在游戏中的重要性，也向玩家传达出了一种心理暗示，即可以通过寻找附近玩家、同城门派的方式来即时进行游戏、娱乐、休闲和社交活动。由于系统会为玩家推荐附近当前在线的玩家，这种方式可以使玩家在发送消息的同时就可以获得反馈，省去了玩家等待消息回复、游戏邀请的时间，为即时互动、交流、游戏提供了保证。同时，频繁出现的推荐附近玩家、同城社交功能也为玩家在游戏中丰富多样的互动实践提供了便利，当玩家在游戏中参与某项活动时，处在显眼位置的同城推荐也为玩家提供了更多选择，玩家既可以与千里之外的玩家进行交流，也可以与近在咫尺的玩家一起互动，建立在地缘上更加亲近的社会关系网络。由此可见，以真实的城市区位相结合，开发和拓

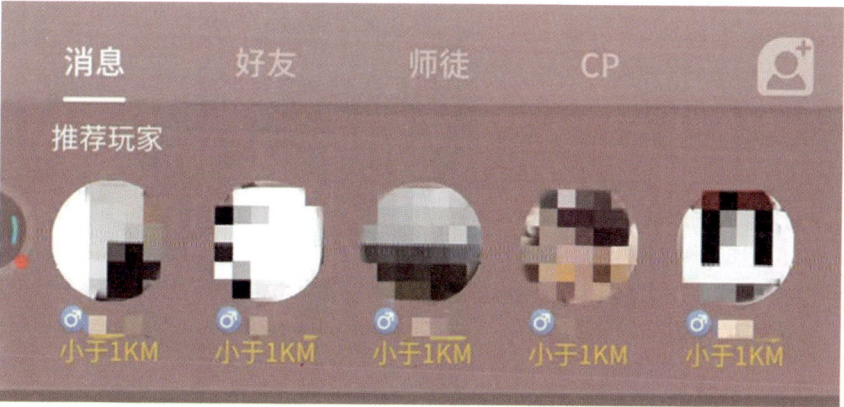

图 2.2　《狼人杀官方》好友系统中附近玩家推荐

展玩家的线下社交关系也成为《狼人杀官方》游戏、社交、社群的主要特色之一。

(三)"城市+"社群模式的形成与推广

对于手机游戏来说，构建游戏社群对玩家的游戏行为和社会行为都有着重要的意义，由于手机游戏为玩家们提供了一个高度开放的互动空间，玩家需要在游戏中与其他在线玩家共同参与游戏来实现目标，因此，游戏社群不仅有利于玩家之间在游戏过程中进行沟通、合作及互助，也有助于玩家积极参与到集体社会互动之中，形成更广泛的社会关系网络。① 从《狼人杀官方》的设计来看，游戏中的社群是以狼村内玩家花费一定数额的金币，自发成立的门派形式存在的集体游戏空间，玩家需要向门派管理人员提交申请，经过审核之后进入门派才能与其他成员聊天、互动、参与门派活动。与传统网络游戏公会类似，狼人杀游戏门派中有着鲜明的社群任务与福利、玩家等级关系以及集体游戏、社交等功能。其中，狼人杀门派具备典型的游戏公会的工作特性，② 玩家需要在门派中持续完成门派任务，确保在线游戏时长、金币捐赠，以此来保证门派的活跃度，使门派获得更高的排名。这种在门派中的工作及劳动是一种"无形劳动"，③ 与实际的物质生产劳动不同，玩家在门派中的工作是一种与以往工作形式完全不同的新型劳动形式，玩家会通过劳动产生虚拟物品。④ 在狼人杀游戏社群中，这种虚拟物品主要表现为珍稀游戏道具、皮肤等，当门派的活跃度达到一定程度时，门派可以从游

① 钟智锦. 网络游戏玩家的基本特征及游戏中的社会化行为 [J]. 现代传播(中国传媒大学学报)，2011 (01)：111—115.

② VESA M, HAMARI J, HARVIAINEN J T & WARMELINK H. Computer Games and Organization Studies [J]. Organization Studies，2016，38 (2)：273—284.

③ ZHONG Z J. Third-Person Perceptions and Online Games：A Comparison of Perceived Antisocial and Prosocial Game Effects [J]. Journal of Computer-Mediated Communication，2009，14 (2)：286—306.

④ HARDT M & NEGRI A. Empire [M]. Cambridge, MA：Harvard University Press. 2000：290—292.

戏官方获得相应奖励，门派管理者也会结合玩家的贡献、等级等因素对这些虚拟物品进行分配，玩家可以得到更多由劳动所带来的虚拟物品福利。同时，玩家也可以通过劳动不断提升在门派中的等级，从而获得更多的门派权限、虚拟物品等社会资本。对于游戏公会来说，公会中的组织结构涉及复杂的领导—下属关系，是有着正式成员和等级分配的组织，不同的角色和分工能够在领袖、若干管理人员的领导下进行配合与协作。[①] 在狼人杀门派中，成员的级别具体划分为掌门、副掌门、长老、弟子及见习弟子五个等级（见图 2.3）。这些身份按照不同的级别对应着不同的门派管理权限。其中，掌门是门派的创建者，拥有门派管理的所有权限，可以转让掌门职位给副掌门或解散门派；副掌门可以批准其他人进入门派，提升或降低成员职位，可以移除门派成员，修改门派简介和近期活动，也可以接受掌门职位转让成为新掌门；长老可以批准其他玩家进入门派，移除门派成员，修改近期活动；门派弟子是门派中的基本成员，没有管理权限；见习弟子是新加入门派的成员，需要门派管理人员手动将其转正为门派弟子才能获得门派虚拟道具福利，[②] 因此，玩家需要不断完成门派任务、积累贡献值来提升在门派中的级别、等级，从而获得更多社群内的收益和活动权限，提升自己的游戏体验。除此之外，狼人杀门派中也能为玩家提供丰富的集体游戏和社交功能。在门派中，玩家可以通过邀请、跟随的方式与其他成员共同参与线上游戏，也可以以观战的形式进入正在游戏的门派成员的房间学习、观摩对战情况。同时，玩家可以在主页的聊天频道中以群聊的形式进行门派聊天。在门派聊天频道中，玩家不仅可以通过文字进行沟通和互动，也可以自由地分享游戏房间，邀请门派内的在线成员参加游戏。

与传统游戏公会"脱域的共同体"不同的是，狼人杀门派不仅是一个存在于网络空间中的虚拟游戏组织，也与现实空间密切相关。《狼

---

① WILLIAMS D. Groups and Goblins: The Social and Civic Impact of an Online Game [J]. Journal of Broadcasting & Electronic Media, 2006, 50 (4): 651—670.

② 注：引自网易《狼人杀官方》狼村门派说明。

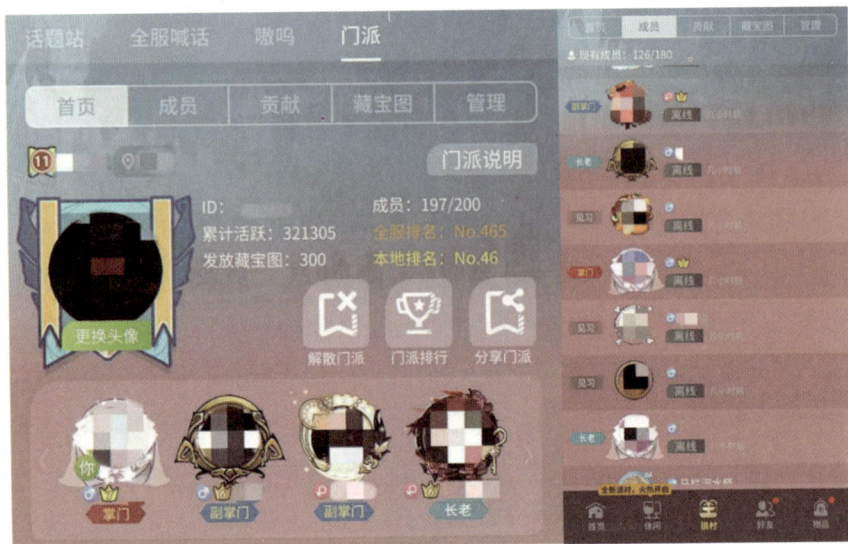

图 2.3　《狼人杀官方》中的门派界面及成员等级

人杀官方》以玩家真实定位和城市区位为基础，将客观的区域、城市等地理因素纳入狼人杀游戏社群功能的开发和组织的建构中，形成了线上与线下、虚拟与现实空间相结合的狼人杀游戏社群模式。这种结合不仅为玩家们提供了新的游戏参与方式、人际交往和线上狼人杀游戏社群的互动方式，也重新塑造了狼人杀游戏社群的组织形式。现有研究认为，由于位置感知（location aware）技术的应用不仅强调了城市空间对于手机游戏趣味性的重要性，[①] 同时反映出了现实空间和虚拟空间之间协作、游戏的全新可能性，因此，传统电子游戏中现实空间的缺位也随着"LBS+游戏"的兴起得以改写，一些手机游戏正在通过人们对现实空间的地方感来重新定位玩家的社交和游戏社群。[②] 手机游戏中与 LBS 有关的功能对社群的形成具有促进意义。社会动机（social motivation）是吸

---

　　① De Souza e Silva A & HJORTH L. Playful Urban Spaces：A Historical Approach to Mobile Games［J］. Simulation & Gaming，2009，40（5）：602—625.

　　② HJORTH L. Games@ Neo－Regionalism：Locating Gaming in the Asia－Pacific ［J］. Games and Culture：A Journal of Interactive Media. 2008，3（1）：3—12.

引玩家参与手机游戏的重要因素,① 而与 LBS 结合的手机游戏允许人们在城市空间中进行协调,并创建在物理空间和数字空间同时形成的独特类型的游戏社群。② 在狼人杀游戏中,"城市+"模式主要体现为以线上游戏门派为主体,结合线下门派组织配合官方活动及自发集体活动开展相应的社群实践,而这种"城市+"门派模式的形成离不开狼人杀游戏官方的推动。通过访谈和田野调查发现,狼人杀游戏官方推动"线上+线下"狼人杀游戏社群的方式主要有根据真实城市建立门派系统、高校狼人杀社团活动、高校狼人杀比赛及代表狼人杀竞技最高规格之一的赛事 WPL。通过这些方法及活动,狼人杀官方构建出了一个个包含在校大学生、城市青年群体,结合了全国多所高校及绝大多数一、二线城市的"城市+"模式的狼人杀游戏社群。

从《狼人杀官方》中门派系统的设计来看,门派是以真实城市地理坐标为基础存在的。玩家在加入门派时,由于玩家向游戏提供了玩家当前所在地的经纬度,系统会结合玩家所在的城市为玩家推荐"最合适的门派",③ 这些受到系统推荐的门派往往是玩家的同城门派,系统会结合门派的活跃度、人数等因素为玩家标明推荐指数由高到低进行排列,以供玩家选择。同时,玩家也可以通过查找本地门派及门派搜索的方式选择并加入门派。除了引导玩家加入同城门派之外,《狼人杀官方》中的门派系统也会根据门派的荣誉值、活跃度进行本地及全服的荣誉榜及等级榜排名。本地排行榜排名较前的门派不仅可以提升门派等级、获得更高的门派成员上限、添加更多门派管理人员并获得门派头像框、道具等虚拟物品奖励,也可以在排行榜中占据更大版面,吸引更多

① ALAVESA P, PAKANEN M, OJALA T, ASARE K O, OJALA K, LEHTO M & KUKKA H. Ludic Markers for Player–Player Observation in Location–Based Mobile Games [J]. Simulation & Gaming, 2018, 49 (6): 700—717.

② De Souza e Silva A. Hybrid Reality and Location–Based Gaming: Redefining Mobility and Game Spaces in Urban Environments [J]. Simulation & Gaming, 2009, 40 (3): 404—424.

③ 注: 引自网易《狼人杀官方》狼村门派中的门派说明。

玩家加入门派，并得到更多与游戏官方合作及曝光的机会。

门派排名越前，曝光量就会越大，就会有更多人想要进入我们这个大家庭里，而且从人气和实力的角度来说，都可以说明我们在当地是数一数二的，官方也会更多地给你一些优惠回馈给门派里的成员，我们的成员也能有更多机会站上全国性的舞台。（M8）

除了结合玩家真实定位和城市区位设计门派系统之外，《狼人杀官方》通过发展高校社团、举办高校比赛（见图2.4）的方式在全国各地的大学生群体中推广狼人杀游戏，将狼人杀游戏与高校中的狼人杀游戏社群、学校所在的地区联系在一起，形成以大学生为主的"城市+"的狼人杀游戏社群。游戏后台数据显示，在校大学生不仅是《狼人杀官方》的主要受众群体之一，也是游戏中最活跃的一部分玩家（M24）。因此，游戏官方推出了针对大学生群体的高校狼人杀社团推广活动，通

图2.4 《狼人杀官方》中的全国高校赛12强

过游戏官方提供经费、卡牌、道具等方式鼓励在校大学生自发地建立狼人杀游戏社团并在同学之间推广狼人杀游戏，在线上及线下空间中组织集体游戏，建立以学校为单位的狼人杀游戏社群。

我们研究过，大学生是最需要狼人杀游戏的。大学里面有成熟的社团，每年开学都纳新，我们会给其中的桌游、狼人杀社团一些赞助。假设我是某个大学桌游社的社长，我每年都会向学校申请经费，可能学生会给一部分，但是更多办活动的经费都是靠校外赞助来的。我们就会给这些社团一些经费、游戏卡牌、灯牌之类的帮助，让他们在学校里办面杀活动，他们也要在《狼人杀官方》里面建立一个线上门派，在门派里组织网杀，配合我们做一些宣传活动。（M24）

在高校"城市+"狼人杀游戏社群的基础上，游戏官方还会通过举办高校赛的方式赋予高校狼人杀游戏社群更广泛的影响力和代表性的地区属性。从游戏官方发布的赛程可以看出，每年7月下旬，《狼人杀官方》都会通过举办狼人杀高校夏季赛在全国参赛的高校中选拔冠军。对于广大喜欢狼人杀游戏的大学生和高校中的狼人杀游戏社群来说，这不仅是一个展现自身实力的机会，也可以为学校及所在地区争夺荣誉。同时，当高校狼人杀游戏社群在比赛中获得荣誉时，游戏官方也会通过官方媒介进行宣传，使其成为所在高校及地区的代表，并被更多的狼人杀游戏爱好者熟知。

这些高校里的狼人杀社团一般是需要在学校里办比赛，一个是要选出××大学第一大网杀这种冠军称号。比如说华东师范大学在今年晋升赛里打得特别好，那么这就有被官方培养的潜质。我们会采访选手的心路历程，然后通过官方媒介对选手和他所在的社团进行宣传，而且我们会让高校出来的选手去跟职业选手打比赛，那么他就会有那种要为了学校、社团，或者说我在的这个地区争得荣誉的想法。（M24）

除了针对大学生玩家群体的高校赛之外，对于全国的狼人杀游戏玩家来说，《狼人杀官方》打造的 WPL 是当前国内最具影响力、规格最高的赛事之一，而 WPL 全民参与、"城市+战队""城市海选赛+全国总决赛"的比赛形式也成为在全国各大城市推动"线上+线下"狼人杀游戏社群的有力举措之一。WPL 是"没有门槛、台阶，谁都可以参与的，类似狼人杀明星选秀"（M16）的全民活动。2018 年，WPL 开始以"城市+战队"的方式进行比赛。在比赛之前，网易《狼人杀官方》会在不同的城市中结合专业度、规模等因素选择桌游吧、狼人杀面杀馆等经营场所作为城市海选赛的比赛场地，并会对比赛中的狼人杀主持等工作人员进行培训。选手在参赛前需要自行组建战队，在海选赛期间需要在《狼人杀官方》中选定所在城市、注册门派，并在官方认证后获得参赛资格。在比赛初期，选手可以在由《狼人杀官方》认证的同城桌游吧中参与海选赛，晋级之后再前往上海参加半决赛、总决赛等全国赛程。这种城市赛的方式可以将玩家以战队的形式聚集在一起，通过城市赛区的方式参加比赛，而这也进一步将玩家、社群、城市联系在一起，使狼人杀游戏社群形成新的城市概念和地区属性。

在海选赛之前，官狼会对门派进行授权，选手先要在《狼人杀官方》里注册账号，申请门派，一个战队要有固定的城市和参赛选手，还要确保每人能打够多少场，之后由我们认证，通过之后官方就组织他们去官方指定的城市赛区参赛，比赛场地一般是和官方合作的桌游吧、面杀馆，我们会在报名场馆里进行筛选，然后提前派人去考察场地、培训法官。（M24）

WPL 会跟城市相关，会产生一种地区属性，因为门派赛会产生某个省某个地区的第一，所以说在这种情况下，战队就会有新的属性，比如说一个战队在比赛里打出来，它就不单是冠军，也是本市、本省的第一门派、第一战队。（M6）

三、多媒介联动下"线上+线下"狼人杀游戏社群互动

作为一种具有突破性意义的关键技术，互联网正在对人类社会中的经济、文化、生活及社会结构产生广泛而深刻的影响，"网络建构了我们社会的新社会形态，而网络化逻辑的扩散实质地改变了生产、经验、权力与文化过程中的操作和结果。虽然社会组织的网络形式已经存在于其他时空中，但新信息技术范式却为其渗透扩张遍及整个社会结构提供了物质基础"①。20 世纪信息技术的目标在于帮助人们克服从地理、物理到文化和心理的差异和距离，与此同时，这种克服距离和差异的尝试带来了移动媒体的共存悖论，即人们在克服距离、差异的同时也克服了亲密关系："信息技术既将人们离散又拉近彼此间的距离，让人们看似自由地弥散在网络空间之中，但又将人们束缚在无形的网中无法挣脱"②，现代社会中所面临的原子化、流动性及漂浮性都是超越亲密关系带来的一系列后果。事实上，在 LBS 手机应用议题下的移动网络技术并没有削弱家庭感和亲属关系，而是强化了地域和地点的概念，不仅改变了我们在日常生活中体验地方的方式，还强调了地方不仅仅是物理的、地理的概念。因此，尽管作为全球力量的一部分，地理、技术、社会经济正体现出广泛的流动性，但 LBS 的出现正在显著地提升地方的重要性。这意味场所作为一个空间，不仅是地理和物理的，而是唤起了想象、情感、记忆和心理的制图。③

从前文可以看出，狼人杀游戏官方通过对 LBS 技术的应用开发出了

① M·卡斯特尔. 网络社会的崛起 [M]. 北京：社会科学文献出版社，2003：569.

② ARNOLD M. On the Phenomenology of Technology：The 'Janus-Faces' of Mobile Phones [J]. Information and Organization，2003，13（4）：231—256.

③ HJORTH L. Games@ Neo-Regionalism：Locating Gaming in the Asia-Pacific [J]. Games and Culture：A Journal of Interactive Media. 2008，3（1）：3—12.

与玩家现实地理位置相结合的游戏社群功能。游戏中城市门派系统的设计、与高校及城市有关的比赛有效地将狼人杀门派与玩家现实生活的城市联结在一起，在国内各大一、二线城市形成了成熟的"城市+"门派体系。这种模式可以有效地降低玩家参与全国性集体活动的成本，调动玩家参与集体活动的热情，将玩家与社群、城市联系在一起，而狼人杀游戏官方也基于手机游戏建构出结合一系列与狼人杀游戏有关行业的综合型狼人杀产业结构，其中，线上产业模式包含在线游戏、线上社交、网杀比赛、直播等，而这些线上的产业模式也会带动线下的狼人杀俱乐部经营，宣传、扩大面杀比赛、城市联谊的影响力，并为线下交友等实践活动提供线上沟通、组织的便利。这种"线上+线下"的产业模式也被称为 O2O（Online to Offline），即"线上与线下相结合"，具体表现为线上产业向线下的延伸。目前学界普遍认为某产业链中同时涉及线上和线下就可以被称为 O2O 模式，该模式被视为虚拟世界与现实世界的纽带、传统商业模式与互联网行业结合的突破口。[①] 从技术层面来看，移动互联网、云计算和智能手机为手机游戏的线上与线下对接提供了支持，从用户体验和手机游戏发展趋势来看，相比传统的手机在线游戏，与现实世界相结合能够为玩家带来更多乐趣，玩家能够在游戏中得到更多与现实世界有关的社会关系、社会资本等，而这也可以更好地满足玩家需求，培养玩家的游戏黏性，吸引更多的玩家参与到游戏之中。在 O2O 模式下，狼人杀游戏社群不只是超越了物理地方限制、时空无限接近、消除现实空间距离感的拟态社会，[②] 也包含了玩家熟悉的日常生活情境，以真实的时间和空间建构出的充满地方感的现实空间。在这样杂糅的空间形态下，狼人杀游戏玩家通过共同的爱好聚集在一起参与游戏、社交等群体活动，并在其中发展出多元的社会关系，形成了依托手

---

① 韦意. 线上应用到线下服务——App 与 O2O 模式结合研究 [J]. 科技传播，2013，5（22）：240+228.

② 大卫·哈维. 时空之间——关于地理学想象的省思 [M]. 夏铸九，王志弘编译，空间的文化形式与社会理论读本. 台北：明文书局，1990：42.

机游戏、网络媒介等互联网技术，以城市空间、地方感为核心的狼人杀游戏社群。

在狼人杀游戏官方的推动下，狼人杀游戏社群也逐渐顺应"线上＋线下"狼人杀产业模式的发展趋势，形成了线上狼人杀游戏社群＋线下狼人杀游戏俱乐部的综合型狼人杀游戏社群。从前文可以了解到，为了更有效地组织玩家参与狼人杀比赛等集体活动，狼人杀游戏官方会通过设置城市赛区的方式将比赛场地安排在各大一、二线城市之中，而经过狼人杀游戏官方认证的狼人杀桌游吧不仅成为配合游戏厂商向广大同城及周边玩家提供比赛服务的场地，也成为玩家线下聚集的理想场所，玩家们可以在狼人杀俱乐部中通过面对面的方式进行集体游戏、互动交友、竞技比赛等实践活动。除此之外，这种"线上＋线下"的狼人杀产业模式也带动了线下狼人杀游戏的热度，一些大大小小的以狼人杀游戏为特色、主营狼人杀游戏和竞技的俱乐部也应运而生，成为当前狼人杀游戏爱好者、城市青年群体的主要休闲、娱乐方式之一。从前文可知，早期遍布在城市中的桌游吧是狼人杀游戏爱好者参与狼人杀游戏的主要方式，随着网络游戏的风靡和狼人杀等桌面游戏热度的减弱，大量桌游吧也因为自身经营、客源流失等因素相继关闭。在"线上＋线下"狼人杀产业模式的引导下，经营狼人杀游戏的线下场所再次出现，虽然当前的狼人杀俱乐部仍然承袭了传统桌游吧重视社交、休闲、交友的特色，但是以狼人杀游戏及相关活动为主营业务的狼人杀俱乐部还具备专业性、竞技性、联动性的特征，一些规模较大的狼人杀俱乐部不仅可以与专业的赛事接轨，为玩家提供竞赛级的游戏服务和狼人杀游戏教学，也可以在线上狼人杀门派和线下俱乐部中会聚高水准玩家，以半职业、职业战队的形式参与各大比赛，通过比赛直播、人气选手、专业战队的方式为狼人杀俱乐部引流，打造出在当地甚至全国都具有一定知名度和影响力的狼人杀游戏俱乐部。因此，本节将结合狼人杀俱乐部中的社交与竞技活动，探讨"线上＋线下"模式下狼人杀游戏社群的运营方式、特征及策略，阐明在多重网络媒介的嵌入下，人们在城市空间中感知地方并重塑社群的过程。

（一）同城化的群体互动特征

通过对现有《狼人杀官方》中的门派和狼人杀俱乐部的田野调查发现，当前"线上+线下"模式下的狼人杀游戏社群通常具备一个或多个用于容纳成员的微信群和为社群提供线下狼人杀游戏的场所，这两项因素既保证了社群可以更有效地组织丰富的线上、线下游戏活动，也为狼人杀游戏社群同城化的发展提供了前提。Poor 认为，游戏公会的互动方式具有一定的灵活性，不仅存在于网络游戏空间之中，也存在于其他媒介形式之中，并随着人们的互动形成若干个贯穿不同网络媒介的虚拟社区。① 与以往网络游戏公会不同的是，狼人杀游戏社群建立微信群并不是小部分玩家的自发行为，而是在狼人杀游戏官方的主导下成为狼人杀游戏社群的标配，一些规模较大的狼人杀游戏社群还会同时拥有多个微信群。在《狼人杀官方》门派系统中发布的《门派联盟》可以发现，狼人杀游戏官方为了促进各门派间的交流、鼓励门派组织线下活动、发展玩家在现实生活中的社会关系并进行日常社交互动，主张门派申请加入门派联盟之前，需要满足在游戏中成立门派、门派中有超过 50 名玩家、3 名三阶以上玩家、拥有属于自己门派的专属社群（线上、线下门派狼人杀微信群等）四项条件。满足该要求的门派经过审核可以成为门派联盟中的一员，获得由游戏官方为门派提供的更多官方赛事、资讯和福利。因此，想要获得更多参与大型赛事和社区福利的机会，门派需要尽可能地开发成员的真实社交、区位资源，打造一个除游戏社交网络关系以外，与成员现实生活的城市、社交、人际关系相关的社群，借助微信等社交媒介实现线上与线下社区社会关系网络的共同发展。通过对《狼人杀官方》门派系统的梳理发现，一些门派会在成立门派时由门派管理人员建立用于接纳成员的微信群，将微信群号发布在《狼人杀官

① POOR N & SKORIC M M. Death of a Guild, Birth of a Network：Online Community Ties within and Beyond Code ［J］. Games and Culture：A Journal of Interactive Media, 2014, 9（3）：182—202.

方》门派简介与门派说明中，邀请门派的成员加入，为了更好地管理社群成员，一些门派还会要求玩家在申请加入门派之前先加入微信群并备注游戏 ID，经过门派管理员审查之后才能获准加入门派，成为门派中的一分子。例如，醉杀派的门派活动一栏中写着"成员必须进 wx（微信）群"及两个微信群号；一路躺赢在门派简介中写着"入门派微（信）审核。不加群不通过"及微信群号。在门派的微信群中，一般会有门派掌门和 1—3 位管理人员。平时他们会负责发布信息、审核入群人员、发布群通知和消息等工作。对于微信群与游戏门派相结合的组织方式，一些平时在门派中担任管理员的被访者表示，相较于官狼游戏门派，微信群能够容纳更多成员，加上微信有着普及率高、不受成员游戏上线时间限制的优势，通过微信群管理门派更加高效，便于门派发布活动通知和消息、组织集体活动。同时，微信群的出现可以更好地吸纳同城玩家，一些同城玩家可以通过《狼人杀官方》中的门派系统加入微信群，参加社群内部的线下面杀活动。

游戏里可以用门派聊天来发消息，但不在线的时候一些活动大家可能不会很及时地看到。微信群就很方便了，比如直播投喂①门派选手、日常任务、游戏组局之类的都会在微信群里发，大家看见会比较及时，响应得也会更快。(F1)

官狼里门派人数有限，微信群能容纳更多人。我一般会把游戏里的门派位置留给一些经常上线的成员，然后把所有人都拉到门派的微信群里。比如有些成员不经常上线玩网杀，但他在微信群里依然能和我们玩面杀。(M15)

有些同城玩家是又打面杀又打网杀②的，进了微信群既可以上网杀

---

① 注：在 WPL、华山论剑等大型比赛直播中为选手刷礼物应援。

② 注：网杀是指玩家通过手机 App 在线参与狼人杀游戏，面杀是指玩家在现实生活中见面，通过在同一空间中面对面的形式参与狼人杀游戏。

车，也可以上面杀车①。而且不只是网杀，有些同城的面杀玩家也会专门到官狼来找组织，他可以进门派微信群报名打面杀。(F7)

除了微信群之外，固定的线下的游戏场地也是构成狼人杀游戏社群"线上+线下"模式的关键环节。狼人杀游戏社群拥有专属的线下游戏场地，既能够接纳社群成员进行线下活动和游戏，也是一个狼人杀游戏社群在同城门派中具有一定实力和成功运营门派的标志之一。通过对《狼人杀官方》门派系统的梳理发现，狼人杀游戏社群通常会将这些线下狼人杀游戏场地称为面杀馆、面杀club、逻辑推理馆等，本研究结合这些场地的功能、服务以及相关赛事、竞技等延伸活动，将其统称为狼人杀俱乐部。② 截至2020年12月底，在《狼人杀官方》全服门派前20名的排行中，有7个门派在简介及活动栏中显示可以组织面杀局。其中，5个有专业面杀场地和面杀馆的人气门派可以实现每日组织线下面杀局，有着活跃的人气和较大的当地影响力。在《狼人杀官方》门派简介和活动介绍中经常出现"日常组局""门派内部组局""每周聚会"等信息及线下组局的地点。通常情况下，狼人杀游戏社群会在《狼人杀官方》注册门派的城市建立线下面杀场所。例如，在北京一路躺赢的门派活动中，写着"北京最大规模面杀门派""每日面杀，无惧黑夜"，在该门派的简介中，写着"每天双井组织面杀""北京地区定期组织线

---

① 注：上车是指玩家报名参与狼人杀游戏。其中，上网杀车是指玩家通过其他玩家分享的链接进入游戏房间共同参与游戏；上面杀车是玩家通过微信群等方式报名参加线下狼人杀游戏。

② 注：在对不同城市和不同门派的线下狼人杀游戏、社交场所的走访之后，本研究发现，由于不同的城市、门派有着不同的习惯和喜好，他们会将这些场所称为狼人杀俱乐部、狼人杀面杀馆、狼人杀桌游吧、狼人杀推理馆等，在对内部运营的观察和工作人员的访谈之后，本研究认为这些场所虽然规模不同，有着不同的称呼，但其内部都是以为玩家提供面对面狼人杀游戏服务为主，通常兼营其他类型桌游、酒水及食物的经营场所。为了方便下文的表述本研究参照以往趣缘、亚文化群体研究和狼人杀游戏圈内较为公认的称呼方式，将这些场所统称为狼人杀俱乐部。

下面杀活动""门派唯一指定合作面杀馆——躺赢 Club"。杭州逍遥派在门派简介中说明了"拥有线下面杀馆",同时注明了该门派在杭州的线下面杀馆地址。除了在同城发展线下门派之外,一些规模较大的门派还会在其他城市建立分部,一些门派还会在海外设立线下面杀场所。例如,白狼宫门派简介中显示,该门派分别在新加坡和上海都设有线下面杀场所,在门派活动中写着"每天门派内部组局"的信息。由此可见,借助《狼人杀官方》的网络平台的玩家基础和宣传渠道,狼人杀游戏社群基于门派所在城市的真实位置建立起了一个涵盖线上及线下游戏、社交的同城社群体系,对于门派来说,打造同城社群体系不仅意味着狼人杀游戏社群可以通过为玩家提供线下狼人杀游戏场所和服务实现盈利,将线上门派的人气转化为收益维持社群的持续运转,也代表着社群具有组织当地活动、比赛的号召力,可以获得更多与狼人杀游戏官方合作的机会,进一步扩大在地区及全国的影响力。

我们在杭州市有面杀馆,这是我们的优势。我们会在官狼里写我们面杀馆的地址,为的是能让更多同城的玩家来我们这里打面杀,方便大家在现实生活里见面、打游戏。(M18)

每年官狼会搞线下桌游吧认证,他们会和一些比较大的桌游吧合作,办一些比赛或者活动。桌游吧会配合官狼在网上做一些宣传,其实这对桌游吧来说也是件好事,门派也会被更多人知道。(M8)

对于狼人杀游戏社群来说,这种"线上+线下"的模式不只局限于组织日常的狼人杀游戏面杀,也包含社群内部的其他娱乐、休闲活动。从《狼人杀官方》门派简介和说明中发现,一些狼人杀游戏社群除了会在线下组织集体的面杀之外,也会在成员之间组织聚会、团建等其他社交活动。在百乐门的门派简介中显示,该门派是无锡第一狼人门派,门派中不仅会组织"线上网杀交流、线下面杀交友",也会"定期举办线上内部赛事,线下团建活动"。除了百乐门之外,还有很多门派会在门派简介和活动中介绍内部的线下社交活动。例如，一路躺赢在门派简介中写着"北京地区最大规模线下活动组织者"；苍狼的门派简介中写着"深圳面杀，定时聚会"；醉杀在门派活动中写着"成都每天有面杀局，周周有聚会"的信息。通过访谈发现，对于狼人杀游戏社群来说，线下的集体实践不仅包含日常的狼人杀面杀局，也包含一些线下的聚餐、唱歌、户外运动等活动，狼人杀游戏社群的管理人员会定期在微信群、门派聊天中发布聚会信息邀请成员报名参加，对于社群来说，定期组织集体游戏等活动是维持内部稳定、提升人气的重要途径，也是成员增进了解、强化社群依赖的重要前提，[①] 而这些活动也能够起到丰富社群活动类型及成员日常生活的作用。

其实我们主要还是面杀，但是很多狼人杀玩家是喜欢出来交朋友的，一直打面杀玩家会腻，所以我们也会搞一些别的活动，比如出去喝两杯，吃吃饭，看电影，相当于朋友之间的聚会，过两天再继续（打面杀），对门派来说是一种调剂，玩家也会有新鲜感。（M9）

与此同时，狼人杀游戏社群同城化的特征也体现在社群对同城玩家的招募条件上。为了更好地组织同城面杀及活动，一些经营狼人杀俱乐部、组织面杀及线下活动的狼人杀游戏社群会更加倾向于招募同城玩家。在《狼人杀官方》的门派简介和说明中，门派通常会标明自己的成员招募条件，如玩家等级、每周贡献、门派任务及门派规范等。其中，一些门派会特别标注招收同城玩家的信息，将"限同城玩家""同城门派""收同城弟子""招 XX 市成员""欢迎本市玩家加入"之类的字样写在门派简介和说明中。在访谈中，一些门派的管理者表示，招募同城玩家可以保证平时面杀局的人数、狼人杀俱乐部的经营（M18）和

---

① REN Y, KRAUT R & KIESLER S. Applying Common Identity and Bond Theory to Design of Online Communities ［J］. Organization Studies, 2007, 28：377—408.

线下活动的频率（M11），同城玩家也成为社群中不可缺少的一部分。

> 门派肯定是五湖四海的朋友都欢迎，但我们招人肯定是希望有更多本地的朋友。平时我会在武汉组局，让大家来我们面杀馆打面杀，或者说搞一个门派见面会出来玩一下。（M9）

> 官狼里的门派基本分为两类，有些是单纯的网杀门派，有些是网杀加面杀。像是网杀门派就无所谓玩家在哪，只要玩家能上线打狼，给门派做贡献就行。但能组面杀局，或者带面杀馆的门派一般会更愿意招同城的玩家，因为在同城能确保平时的面杀组局。所以现在很多玩家基本上更愿意进同城门派，这样面杀、网杀就都可以打。（M17）

（二）"线上+线下"社群中的社交互动

从前文可知，由狼人杀游戏官方引导的"线上+线下"模式将线上狼人杀门派和线下狼人杀俱乐部联系在一起，形成了同城化的狼人杀游戏社群。在同城社群模式中，狼人杀游戏社群可以借助线上门派系统和微信群吸纳同城玩家、组织集体活动，玩家也可以经由线上狼人杀门派加入微信群，参与同城的面杀游戏和集体活动。与狼人杀游戏社群相比，传统网络游戏公会中成员的社交互动往往存在于线上，而这种拟身化的交往方式不利于成员之间发展长期、稳定的人际关系。从访谈中发现，一些有过其他网游经历的受访者认为，传统网络游戏公会虽然会组织集体活动，但成员间的交往主要以线上游戏为主。同时，即使是与公会成员成为朋友，也不会经常通过微信等社交媒介联系和在现实生活中见面。由于缺少与现实生活相关的联结，当受访者离开游戏之后，玩家彼此间的关系也会随之终断。

> 之前我一直在《大话西游》的网游公会里，相比之下《大话西游》的公会不太见面的，虽然那时候我们基本每天都会一起玩游戏、聊天，但就是没有见过面。（F10）

其实之前玩网游加的好多公会也都是杭州的，但是我们没有见过面。那些游戏给人的感觉还是像网上的世界一样，不会有生活中朋友的感觉，彼此之间没有那么亲近。而且我们平时不太联系，因为跟自己的生活没有交集，也没见过面，所以退游之后就不会再来往了，虽然有加他们微信，但很多时候也就停留在这样的关系上了。（M19）

除了其他网络游戏的公会之外，也有受访者认为，一些仅在线上组织游戏和活动的网杀型狼人杀游戏门派也不利于发展更深层次的社交关系。由于网杀型狼人杀游戏门派中通常只在线上组织游戏等活动，门派中的玩家往往来自全国各地，玩家之间很难在现实生活中见面，无法以面对面的形式进行交流。因此，与其他网络游戏的公会类似，线上狼人杀游戏门派也很难使玩家结交到特别亲近的朋友，形成现实的社会关系网络。

在网杀门派里很难知道对方是什么人，什么年龄，什么气场，跟你合不合得来。那在面杀门派的话，至少大家都住在差不多的区域，平时见面很方便，生活的圈子、距离上面都比较相近，要是网杀门派的话，可能就是外地的玩家一大堆，也不可能变成现实中的朋友。（F9）

那种单纯打网杀的门派其实会有很多随机性，因为玩家都是天南地北的，就算认识了顶多也只是成为网友而已。网杀门派里玩家之间很难见面，也没有办法出来吃饭、一起出去玩之类的，就很难有深层次的接触。（M18）

通过访谈可以看出，不能组织线下活动、成员见面难是以线上互动为主的网络游戏社群中普遍存在的问题，其中，成员之间的时间、空间的差异性是造成这一困境的根本原因，而在现实空间中的缺位也是成员之间难以建立彼此信任、长期稳定社会关系的本质所在。与这类游戏社群不同的是，狼人杀游戏社群通过"线上+线下"模式建立了一条虚拟与现实相结合的通道，成员既可以借助网络游戏、社交媒介寻找组织、沟通交流，也可以在同城的狼人杀俱乐部中见面，以面对面的方式进行游戏、社交和互动。因此，作为狼人杀游戏社群的线下据点，狼人杀俱乐部成为玩家在线下见面、交往的理想空间，在狼人杀俱乐部中，玩家可以通过真实在场的方式进行交往，而狼人杀俱乐部的出现也弥补了线上网络游戏社群的缺位性。同时，以同城为核心的狼人杀游戏社群运营模式也降低了玩家在现实空间中见面和社交的成本，加入同城社群意味着会有更多的线下活动机会，进一步凸显出城市对狼人杀游戏社群的重要意义。因此，可以组织线下活动、拥有狼人杀俱乐部的狼人杀游戏社群也能够吸纳到更多的同城玩家。

其他网游组织可能不太适合发展线下人际关系，它本身面向的群体就不限于一个地区，玩家来自五湖四海，想面基①是很难的，毕竟没有特殊情况谁会专门跑到别的城市去，所以时空差异确实是很难跨越的问题。但是狼人杀和其他网游有很大的区别，我们组织是有线下实体店在做支撑的，而且狼人杀门派和网游公会的作用不一样，网游公会基本上都是线上营销，狼人杀门派虽然线上、线下都有，但在狼人杀门派里，线上的交流到了线下以后，还是可以和其他玩家进行同步的沟通，所以门派里很大程度上都是本地玩家。（M21）

1. 狼人杀俱乐部：线下聚集、维系人际关系的载体

狼人杀俱乐部是狼人杀游戏社群从虚拟空间向现实空间发展的关键环节，也是狼人杀游戏社群"线上+线下"产业模式的重要组成部分。对于受访者来说，狼人杀俱乐部对他们线上人际关系向线下的转化、建立和维系存在于现实空间中的社会关系网络也有着重要的意义。以往研

---

① 注：网友在现实生活中见面。

究表明，网络游戏社群是一个具有情感联结特征的人际关系形成场所。① 与传统网络游戏公会不同的是，"线上+线下"狼人杀游戏社群中人际关系的形成既存在于虚拟空间，也存在于现实空间，其中，现实空间中的互动和交往对人际关系的形成起到了重要的作用。作为成员在现实生活中的见面场所，狼人杀俱乐部为受访者提供固定的活动场地，内部长期、规律的线下集体活动也为受访者提供了经常在线下见面的机会。在线下的交往中，成员之间可以在狼人杀俱乐部中通过面对面的方式交流建立相对真实、可信的人际关系，狼人杀俱乐部也成为成员间发展长期、稳定的线下人际关系的理想交往空间。通过访谈发现，由于狼人杀俱乐部是狼人杀游戏社群在现实空间之中建立的与社群紧密相连的实体空间，受访者会先加入《狼人杀官方》的线上狼人杀游戏门派参与集体游戏，当他们结识门派中的成员之后便会在门派运营的线下狼人杀俱乐部中参与面杀、社交等活动。对于受访者来说，加入线上狼人杀游戏门派是结识朋友的第一步，而在狼人杀俱乐部中面对面地交往则是成员之间进一步相互熟悉、相互了解的重要条件。

一般是先通过网杀认识再到面杀，即使是网杀，门派里基本上都是杭州的，也还是会见面。其实单纯靠网杀认识的朋友会稍微少一点，因为没有见到，就一直听声音，然后在狼人杀俱乐部里见面的话乐趣会多一点，毕竟确实能看到这个人，比如说玩面杀的时候会根据你的表情判断你，而且生活中的交流会比较多一点。（F8）

有一次我想要在网上加入门派，就在官狼门派找到了 XY 派，他们加上了我，所以我是先通过网杀接触到 XY 派的，然后再到面杀。XY 派在杭州有面杀馆，城西那家店我经常去。其实来面杀之前我就认识 Y 他们，但那会儿的关系也只是停留在网上，不是很熟，后来经常见面一

① 关萍萍. 游戏公会的社会网络关系与意见领袖研究——以《大话西游 Online II》为例 [J]. 北京邮电大学学报 (社会科学版)，2017，19 (06)：1—10.

起玩，逐渐就和大家熟起来了。（M2）

对于受访者来说，除了与同城的好友在线下见面、游戏之外，狼人杀俱乐部也是一个与其他城市的线上好友在现实生活中见面、维系友谊的理想场所。通过访谈发现，由于受访者会在《狼人杀官方》中的线上狼人杀游戏门派结识来自全国各地的朋友，当他们在网络中建立良好的友谊并形成持续的交往之后，他们会选择特定的时间专程前往门派所在城市的狼人杀俱乐部见面，并与其他成员共同参与面杀游戏，这种在现实生活中的互动能够加深彼此间的联系，建立更加深刻的情感关系。因此，狼人杀俱乐部不仅是受访者线上交往向线下延伸的依托，也是他们增加彼此之间的信任感、建立情感联结的中介。

我在网杀门派里认识了很多全国各地的朋友，像 R 就是天津的。我们是打网杀的时候认识的，这次我们在线下一起打比赛，她专门来杭州，我就会来俱乐部和她一起玩。（F4）

除了作为与网络中结识的朋友在线下见面的场地之外，对于狼人杀玩家来说，狼人杀俱乐部也是一个与朋友聚会、维系友情的线下互动空间。由于狼人杀游戏具有天然的社交属性，在受访者的眼中，参与狼人杀游戏既是一种逻辑推理的游戏活动，也是"和吃饭看电影一样的休闲、社交方式"（M18），玩狼人杀游戏也成为受访者邀约朋友们在现实生活中聚会的方式之一。在狼人杀俱乐部中，他们不仅可以和彼此欣赏、志同道合的朋友们在一起玩狼人杀游戏，感受和朋友们一起玩游戏的快乐，也可以把集体狼人杀游戏当作和朋友们在线下见面的契机，他们会在狼人杀俱乐部中一起叙旧聊天、分享彼此的生活，从而起到增强彼此联系，维系友情的作用。

因为我们平时工作比较忙，周末或者下班以后可以一起去面杀馆，组组狼人杀局。其实狼人杀主要还是社交游戏，像我们面杀的时候也都会在一起聊聊天，然后就在一起玩游戏，还是挺开心的。(F4)

我们这一帮朋友都是相互认可的，因为我们玩游戏不情绪、不贴脸，也不作弊，纯盘逻辑很好玩，发言风格又比较幽默诙谐，所以我们会经常在俱乐部组局，和他们玩狼人杀一整天都会觉得很开心，这种感觉已经不单纯是游戏了，就跟老友聚会一样。(M14)

打面杀真的就是可以经常跟以前的好朋友，或者一起打狼人杀的朋友聚一聚。其实大家平时碰到都特别开心，因为工作也忙，像是以前经常打狼人杀的一些学弟学妹，他们毕业开始工作，进入了不一样的人生阶段，所以能够经常跟他们见见面、打打面杀，其实也算是朋友之间聚一下，分享一下这段的生活，或者工作上面的心得。(M6)

对于受访者来说，狼人杀俱乐部不仅是为他们提供面杀游戏场地的工具性场所，也是他们日常社交、休闲，凝结丰富人际关系的情感空间。从个体对空间的认知过程来看，个体对空间的功能性依赖可以强化对空间的情感依恋，而这种基于个体认知产生的情感依恋能加深人与空间的联结关系。[①] 在狼人杀俱乐部中，成员之间丰富的社交互动促使他们之间建立了深厚的友谊，长期的社会交往和互动可以帮助他们形成情感联结，这种人与人之间的友情也会向为他们提供交往场所的空间——狼人杀俱乐部发生迁移，空间成为容纳他们人际关系、记忆和体验的容器，[②] 也成为承载他们互动和情谊的具有情感象征意义的载体。

我现在几乎不打生人局了，因为平时线下很多朋友聚在一起，而且

① STOKOLS D, MISRA S, RUNNERSTROM M G. & HIPP J A. Psychology in an Age of Ecological Crisis from Personal Angst to Collective Action [J]. American Psychologist, 2009, 64: 181—193.

② SCHREYER R, JACOB G & WHITE R. Environmental Meaning as A Determinant of Spatial Behavior in Recreation [C]. Frazier J, Epstein B. Proceedings of the Applied Geography Conferences. NY: State University of New York, 1981: 294—300.

大家都会去 Y 的面杀馆玩。我和 Y 认识很多年了，关系一直都不错，而且 Y 那边有很多我的熟人和朋友，即使远，我打面杀也宁愿去那里，然后把那帮人叫出来，我们坐在一起叙旧聊聊天，再来一两个新朋友一起坐在那里聊。（M1）

2. 多元线下互动：建构稳定的人际关系

通过访谈发现，"线上+线下"狼人杀游戏社群同城化的特征使得受访者可以经常在现实生活中见面，而这种真实在场的交往方式也是他们顺利建立友情、发展人际关系的重要保证。与传统网络游戏社群中借助媒介的交往方式不同的是，在狼人杀游戏社群中，受访者可以凭借更多的现实信息来判断其他玩家的身份，而这也增强了社交中的真实性和彼此的信任感，使得他们可以更加深入、全面地了解对方，从而成为现实生活中的朋友。通过访谈发现，75%的受访者认为，相比于单一通过游戏、社交媒介交往的网络游戏社群，能够在现实生活中见面的狼人杀游戏社群更有利于发展出彼此信任、可靠的友情。其中，有 4 名受访者表示，由于自己曾经有过在网络游戏社群中上当受骗、损失钱财的经历，他们在之后的游戏中会更愿意选择狼人杀、剧本杀等能够在现实生活中与其他玩家见面的游戏，加入有着能够组织线下集体活动的游戏社群。由于网络游戏空间中具有匿名性、虚拟在场的互动特征，即使在同一个社群中，成员之间也可能发生诸如盗取装备、欺骗等消极行为，而由此产生的信任危机也会进一步影响成员对网络游戏社群的态度和行动，使成员出于自我保护的心态减少集体活动，甚至退出游戏社群。因此，狼人杀游戏社群中玩家真实在场的参与方式也会为他们提供更多全面了解其他成员的机会，带给他们更多对社群、成员的安全感和信任感。

如果说交朋友，肯定是狼人杀要好一些，因为能在现实生活中见面，坐在一个桌子上打面杀，对这个人的了解也不只是一个虚拟的形象和网名，你至少能真实地看到这个人。我之前玩《魔兽世界》的时候被骗过，当时是天津最大的魔兽公会，无论是装备还是人员我们都是最牛的，我们会统一给会长交钱作为一起活动和买装备的费用，后来有一天会长突然把装备都卖了，带着大家的钱人间蒸发了。发生了这个事之后，整个公会再也不能组织一支像样的队伍，很多人都伤了心，退会了。这个事对我的影响是很大的，我不会再轻易地相信别人，所以我现在对网络上的人都会打一个问号，玩游戏也会玩，但更多会选择能在现实中见面的游戏，交朋友也只会在线下交。（M20）

对于受访者来说，狼人杀游戏社群为他们提供了固定的线下见面场地和规律的线下活动机会，而这种长期的线下交往能够帮助他们判断能否与对方"合得来"（F12），从而决定是否与对方持续交往，发展现实生活中的人际关系并成为朋友。在访谈中，受访者表示，在实际的线下交往中，他们在对待与自己现实生活有关的交往时会比单纯在网络空间中的交往更加慎重，他们会将玩家的人品看作结交朋友的前提，而外貌、性格、对待游戏的态度等则是他们判断对方是否可以与自己发展友谊的主要因素。对于受访者来说，外貌往往是对一个玩家的最初判断，他们会和有着与自己"合眼缘"（F12）的形象、言谈举止得体的玩家进一步相处，决定是否与对方交朋友。

人是感官动物，你和那个人交朋友，最初看的就是眼缘，这个人我看着顺眼才想要选择去认识他，才会知道和这个人相处是不是舒服，才会有后来交朋友的可能性。（M18）

面杀肯定会比网杀收敛一点，但有些人还是会说一些脏话，或者有一些动作、表情让人不太喜欢，这种情况下会对这个人减分，可能就不会想要和他交朋友。（F10）

除了外貌因素之外，性格也是受访者衡量一个玩家是否能与自己相处的因素之一。从访谈中发现，受访者通常会用"温柔"（M7）、"高情商"（F1）、"脾气好"（F10）等字眼形容自己认为性格好的玩家，而这些形容的背后体现出的往往是一个玩家是否可以在交往中包容他人，对他人抱有较高同理心的表现。对于受访者来说，他们会在线下活动中通过彼此间的交往观察玩家的性格，选择符合自己要求的玩家，并与他们进一步交往，形成生活中长期的好友关系。

就拿 Y 来说，他就是一个情商很高的人，所以我愿意和他交朋友。主要是他人很好，对人真诚，这东西是没法装出来的。这种脾气好坏，对别人的包容度就是摆在那的。（F1）

我喜欢跟脾气比较好的人交朋友，比如说 L，他比较会考虑别人的感受，如果说有人说话很强势，他都会很友好地提醒，我很喜欢他这个人温柔的那一面。（M7）

对于受访者来说，对待游戏的态度也是衡量一个玩家是否可靠、值得信赖的标准之一。在访谈中，受访者普遍认为"狼人杀里玩家的发言和复盘环节会体现出一个人的人品"（M23），而那些有担当、人品好的玩家对待游戏通常是在游戏过程中发言"认真但不强势"（F1），在复盘环节中"输了也不会甩锅给别人"（M8）。在实际的交往中，受访者会结合多次的线下游戏和交往来决定是否与对方发展为朋友关系，他们在游戏中观察对方的游戏态度，并会结合对方的表现筛选出自己可以接受、欣赏的社群成员，当他们遇到"气场很搭"（M7）的成员时就会添加对方的联系方式，并经常聊天、线下聚会，而这种"经过现实和时间考察的关系"（F12）也会进一步发展为受访者可以经常在生活中互动、交往的朋友。

有胜负欲很正常，谁都想赢，但有些人玩游戏过于在意输赢，他发言就会很有攻击性。还有那种输了之后不承认，在复盘环节吵架，硬要

甩锅给别人的玩家我也不太喜欢。毕竟一场游戏都会斤斤计较，那我觉得他在现实生活中也不是一个可以深交的人。（M4）

我会跟群里的人成为比较好的朋友，但这种也是看具体的人的啊，其实当你认识了更多人之后，你还是会过滤的，你不可能和桌子上的12个人每个都好，肯定是玩的时候你发现这个人好像跟你气场比较合，大家加个微信，经常聊聊天，然后会出来吃吃饭，都挑那些气场合的交朋友。（M7）

通过狼人杀游戏社群中的日常游戏、活动建立起朋友关系之后，受访者也会基于狼人杀游戏社群中形成的人际关系发展出其他形式的社群，组织丰富的线下活动。有研究认为，网络游戏社群具有一定的灵活性，会随着成员的兴趣和爱好发生迁移，不仅会重新移植于新的游戏之中，也会基于不同类型的活动发展出新的组织。[1] 通过访谈发现，除了共同的狼人杀游戏爱好之外，受访者也会与狼人杀游戏社群中"玩得来"（M20）的朋友发展出丰富的亚群体，包括英雄联盟群、篮球群、球迷群、户外群、漫画群等。对于受访者来说，当他们与其他成员建立起初步的友情之后，他们会在日常的游戏和交往中发现其他共同的爱好，自发组织线下活动。因此，狼人杀游戏社群既是他们参与狼人杀游戏的组织，也是他们结识其他有着共同爱好伙伴的渠道之一，他们会借助狼人杀游戏社群同城的特性结识可以在现实生活中分享共同兴趣、组织线下活动的伙伴，建立其他社群形式，从而与社群成员发展出更加丰富、多样的线下活动。

有喜欢跟狼人杀没关系的事情成为朋友的，我们有个球迷群，平时会组织个球赛。因为我们平时都一起打狼，相处得都不错，当我看到你

---

① AXELSSON A-S & REGAN T. Playing Online. In P·Vorderer & J·Bryant（Eds.），Playing Video Games：Motives，Responses，and Consequences ［M］. London，England：Lawrence Erlbaum，2006：291—306.

穿着球衣，我就知道你也喜欢足球，之后就会经常在一起聊球队、看球赛。像现在世界杯马上要到了，我们就会聚在面杀馆里一起看世界杯。（M21）

毕竟都是游戏爱好者，喜欢玩游戏，所以同好团体更多的可能还是介于游戏载体。像很多狼人杀玩家都玩《英雄联盟》，就是大家在一起玩狼人杀，觉得对方人不错也玩《英雄联盟》，就常常一起玩。慢慢地人多了就成了一个群，我们会经常找个网咖在一起开黑。（M23）

像是我们几个人会经常出去爬山，搞一些户外运动，我们都是玩狼人杀之后才认识的，现在都是好朋友。（M19）

除了同好群体之外，一些受访者也会在参与狼人杀游戏的过程中结识朋友，并在现实生活中组织唱歌、聚餐、旅游等休闲娱乐活动，进一步扩展现实中的人际关系，丰富自己的日常娱乐生活。

毕竟生活中也要有一些其他消遣，比如说我和你玩得来，我就会和你一起去唱歌、聚餐，就是会和一些群里玩得来的人去干点别的事情。（M20）

我们一起去过杭州乐园，都是之前不认识，后来通过狼人杀认识，成为朋友之后才一起去玩的。（M23）

可以看出，虽然网络游戏为人们提供了一个结识朋友、发展人际关系的平台，但对于当前的青年群体来说，线上发展出的人际关系往往是停留在网络世界中的"弱关系"，一些受访者也因为曾在网络游戏中受骗的经历而选择在现实生活中结交朋友。通过访谈发现，在狼人杀游戏社群中，虚拟与现实空间交融的互动方式有助于受访者发展出存在于现实生活中的"强关系"，这种人际关系往往生长于狼人杀游戏社群丰富、多元的线下活动中，受访者可以在实际的互动中加深了解、建立信

图 2.5 《狼人杀官方》中用户的社交关系界面

任，发展出长期、稳定的人际关系，而这种基于同城的线下活动也有助于玩家之间发展出亲密关系和"泛亲关系"，如情侣、闺密、师徒等（见图 2.5）。有研究发现，人们可以在游戏公会中发展出除公会成员关系之外的多种人际关系形式，如恋爱、友情等。① 对于受访者来说，同城的游戏社群打破了虚拟与现实中的边界，为他们提供了更多在现实生活中交往、见面的机会，使得他们可以在现实生活中长期地交往和相处，增进彼此的了解，推动情感的发展，而这种存在于现实空间中的人际关系也会加强他们彼此的信任，从而使受访者之间建立起稳定、真实、亲近的人际关系。

面杀就在本地，你除了面杀之外还会有别的活动，因为人和人之间感情想要相互增进，就是得多接触才会有可能发展出更多的东西。（F1）

以前我打魔兽的时候，在公会里找过一个女朋友。我跟她打游戏从大学开始打到我毕业，没见过面，也不怎么聊天。突然有一个契机跟她聊了会儿天，发现她住上海，离我好近，然后见面，之后就在一起。但是谈了两个月就分手了，倒也不是别的，主要还是因为异地。现在玩狼人杀有一个前提是大家都在一个城市，能真实地见到面、相处在一起，

① 彭涛，杨勉. 网络游戏与现实互动中的人际关系 [J]. 四川师范大学学报（社会科学版）2007（2）：43—48.

不是说那种虚幻的网恋。我们俱乐部里促成好多对情侣，感情还都蛮好的。（M18）

我和我闺密就是在官狼门派里认识的。刚开始觉得玩得还不错，就加了好友，后来因为是同城，慢慢地就成好朋友了。这种事挺常见的，大家都喜欢打狼，又在一个城市，很自然地，就会从网上走到生活里。（F8）

结师徒、CP关系为的就是能有人长期和你一起玩，进同城门派找会好一点，毕竟大家都是一个地方的人，现实生活中能见到，这样的关系会比较稳定。（F5）

3. 线上实践对社群互动的补充与拓展

对于"线上+线下"狼人杀游戏社群来说，成员虽然会在现实空间中的狼人杀俱乐部中参与集体游戏和活动，但线上的游戏参与和社群活动也是集体游戏和活动的重要组成部分。通过访谈发现，对于受访者来说，手机游戏可以充分地利用受访者的碎片时间，当他们有闲暇时间时就可以打开手机应用在线参与游戏，并根据自己的时间选择相应的游戏模式，这种即时性的游戏参与方式也可以更好地满足受访者的游戏需求，带给他们方便、快捷的游戏体验。

网杀在时间上比较有灵活性，决定在手机上玩游戏的时候，比如说有二三十分钟，我就会玩一个比较快一点的板子。如果时间比较充裕的话，那我就会玩预女猎白，因为这个板子有时候玩下来要一个小时。（F10）

除了时间上的灵活性之外，不受场地的限制也是手机游戏的优势之一。对于受访者来说，手机设备和移动网络的覆盖使得他们可以脱离物理空间的限制，在日常生活环境中就可以参与游戏。当他们无法在现实生活中组织面杀游戏时，这种脱域性的游戏方式使得受访者不需要特意前往具体的狼人杀俱乐部等场所，利用手机游戏应用就可以参与狼人杀游戏。同时，手机游戏的脱域性也可以降低受访者参与游戏的成本，即使不在现实生活中见面，他们也可以经常性地参与到狼人杀游戏之中，而这也提升了他们参与游戏的频率。

> 网杀可以不用面对面，这就会比较方便。因为面杀也不是随时都能打，我也不是每天都会去面杀馆，但是网杀我就可以经常玩，有段时间基本上无时无刻不在玩，所以等级上升得很快。比如说我车子停了，我在等人，我都可以玩几把，它游戏开始也挺快，挺方便的。（M19）
>
> 因为网杀不挑环境，不用专门去到俱乐部，我开车玩一局，睡前玩一局，我觉得还是比较方便的。而且平常面杀组不起来的时候，我就会考虑打网杀。（M22）

通过访谈发现，虽然在现实空间中的狼人杀俱乐部中参与集体游戏和活动有助于受访者发展现实社会关系网络，建立亲近的人际关系，但受访者同样会借助手机游戏与在现实空间中结识的朋友共同参与线上游戏，维系彼此间的人际关系（见图2.6）。对于受访者来说，当他们由于工作、生活的原因无法经常在现实生活中见面、聚会时，他们往往会把在手机游戏中组织集体游戏视为与朋友们保持联系、交流的一种方式，同时，由于在现实生活中参与狼人杀游戏需要和多名玩家提前约定时间、集中花费数小时的时间，对于一些经常在一起组局的玩家来说，在线上参与集体游戏的方式也能够降低朋友之间聚会的成本，可以使他们经常性地组织集体活动，增加彼此之间的来往，从而起到维系、强化人际关系的作用。

> 很多玩家因为工作、学习原因，不可能每天都到我们这种店里来打面杀，那我们就会通过网杀来和他一起打，这样大家就能一直联系，等他有空就会来店里玩。（M9）

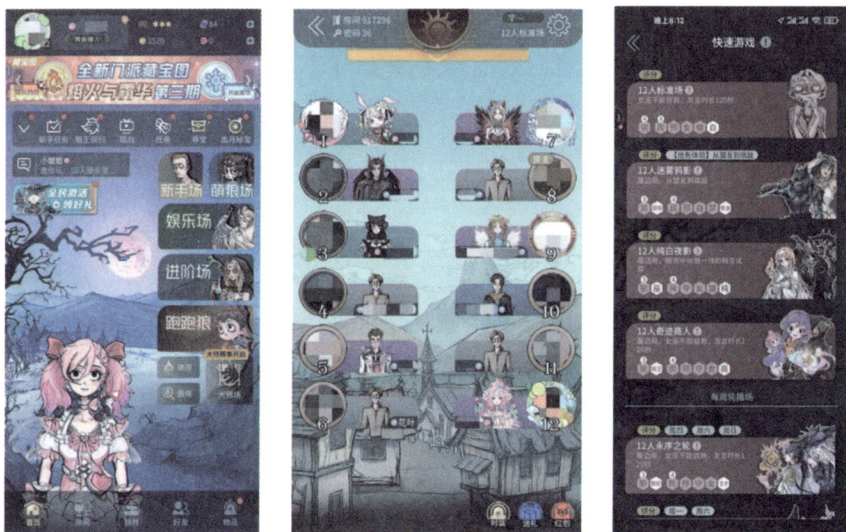

图 2.6 《狼人杀官方》中线上的用户主页、游戏房间及游戏交互界面

因为现在大家工作都比较繁忙，有些时候不能在生活中聚在一起。那么网杀就是一种可以补救的措施，可以让我们线下的朋友继续保持交流和沟通。（M13）

网杀有一个好处是我只要一有时间就能打，我们会通过网杀降低跟朋友聚会的成本，比如说我们12个选手经常在一起打狼，如果是网杀的话，我们自己在各自家里就能打，不需要说一定要约一个时间，约到一个桌游吧来打。（M6）

除了维系现实生活中的人际关系，加深现有的友情之外，线上游戏也可以帮助受访者接触到来自不同地区的玩家，从而有机会结识到更多的朋友。在访谈中，有受访者表示，手机游戏为他们提供了一个更加广阔的交友空间，他们可以在手机游戏中与不同地区、不同门派的玩家共同交流、参与游戏，并在长期的交往中发展出跨越地区限制的人际关系。同时，手机游戏的脱域性也使得他们可以经常与不同地区的朋友在线上参与游戏，弥补不能经常在线下见面、聚会的遗憾。对于受访者来说，相处时间的长度是在狼人杀游戏中交友的关键，也是衡量友情的参

照。长期在网络游戏空间中接触、沟通能够感受到不同玩家之间的个性，增进彼此之间的了解，从而发展成为相互了解、信任的朋友。

面杀交朋友肯定没有网杀多，因为网杀是一个大环境，你每天可以跟不同的人在官狼上玩游戏，而且官狼有很多门派，所以一定是网杀接触的朋友要多得多，毕竟官狼的用户量很大。（M15）

因为我们有网杀门派，在网杀上面也能接触到一些其他地方的朋友，虽然我们平时没有办法经常在一起打面杀，但是大家可以在官狼里打打网杀。（M10）

如果投入同样多的时间，网杀也可以交到很好的朋友。其实人最重要的就是相处，经常在一起玩，即使是在网上，时间长了也会互相了解，关系自然就会好起来。（M19）

（三）"线上+线下"社群中的竞技互动

随着互联网的发展，消费者在分享信息、观点时掌握了更多的自主权和灵活性，并且可以自发地创造体验价值。[①] 体验指的是用户在使用产品或接受服务过程中的主观心理感受，主要遵循"以人为本"和"客户至上"的产品或服务理念。在用户体验日益重要的今天，体验经济也成为在传统农业经济、工业经济、服务经济基础上发展起来的第四类经济形式，着重强调消费者在消费过程中的感受性满足。体验经济指的是以服务为舞台，以商品为道具，以消费者为中心，创造能够使消费者参与、值得消费者回忆的活动。[②] 从目前体验经济研究来看，学界倾向于将消费者视为营销价值的积极共创者，是价值生产过程中的参与者，体验经济也从生产者生产和消费者消费的视角转变为生产者和消费

[①] FARQUHAR J & ROWLEY J. Relationships and Online Consumer Communities [J]. Business Process Management, 2006, 12 (2): 162—177.

[②] 罗长青. 体验经济时代的文学认知、接受与生产——以剧本杀热点现象为案例的考察 [J]. 浙江大学学报（人文社会科学版），2022，52（09）：133—143.

者同时生产和消费的视角，意味着体验消费需要一个包括共同愿景、相互协商的经验和不断合作的营销新格局。① 同时，有研究认为产品的价值不再从商家和消费者之间的二元关系中产生，价值是由包括消费者在内的各种营销参与者在价值网络中共同创造的，这种价值网络可以被视为一种"自发感知和响应的空间和实践结构，主要是松散、耦合的关系和经济参与者通过制度和技术进行互动"② 的价值网络。

电竞具有鲜明的体验经济的特征，用户通过消费获得的游戏服务，是"商家为我们准备的一场难忘回忆，就像一场戏剧演出，以完全个人的方式让我们参与其中"，具有参与性、互动性、沉浸性等特征。③ 现有研究认为，电竞体验是一种作为远程呈现的心流体验，反映了挑战匹配技能、沉浸以及心流体验的内在本质的一致性。④ 然而，这类主张虽然超越了以往研究中只关注发生在数字媒介环境内部体验的研究范式，但这种强调仅通过电竞游戏本身来获得乐趣的观点不能很好地解释电竞参与者会产生诸如崇拜其他玩家、组建电竞社群，并在其中获得更多电竞体验的行为。由于电竞用户是电竞系统中的重要参与者，积极参与塑造市场，电竞也呈现了一个通过参与者网络而不是公司管理的价值主张共同创造价值的环境。⑤ 因此，用户的电竞体验不再是通过参与网络游戏获得成就、满足需求的被动实践，而是具有更加多元、丰富的实践方式，包含观看、参与职业和非职业电竞游戏赛事，参与电竞游戏及观看

① TYNAN C & MCKECHNIE S. Experience Marketing：A Review and Reassessment［J］. Journal of Marketing Management，2009，25（5—6）：501—517.

② LUSCH R，VARGO S & TANNIRU M. Service，Value Networks and Learning［J］. Journal of Academy of Marketing Science，2010，38：19—31.

③ 罗长青. 体验经济时代的文学认知、接受与生产——以剧本杀热点现象为案例的考察［J］. 浙江大学学报（人文社会科学版），2022，52（09）：133—143.

④ HOFFMAN D L & NOVAK T P. Marketing in Hypermedia Computer-Mediated Environments：Conceptual Foundations［J］. The Journal of Marketing，1996，60：50—68.

⑤ VARGO S L & LUSCH R F. Service-Dominant Logic 2025［J］. International Journal of Research in Marketing，2017，34（1）：46—67.

电竞游戏直播①等多种形式。对于电竞用户来说，观看电竞赛事、购买游戏及衍生产品是消费的一部分，但是参与和电竞相关的体验并通过自身创造价值、成为电竞价值网络中的一部分则是电竞用户消费电竞产品的主要目的，而这也来自玩家通过电竞游戏寻求自身价值的本质需求。②

从目前电竞行业的发展来看，电竞行业已经成为跨越虚拟和现实世界的多种相关体验的集合。与沉浸、教学、娱乐、电竞选手、吸引消费者参与电竞体验有关的线上和线下的实践已经构成了一个超越网络游戏本身的电竞体验综合体，游戏公司、玩家、线上社群、管理机构以及众多相关产业的协同都为电竞体验、消费价值的提升起到了重要的作用。③从狼人杀游戏电竞的发展现状来看，狼人杀游戏已经成长为涵盖游戏、电竞、直播、教学、娱乐等多个相关行业的综合产业。其中，"线上+线下"狼人杀游戏社群在狼人杀电竞价值共创过程中扮演着重要的角色，在狼人杀电竞实践中，狼人杀游戏社群既是承办各项比赛、参与各大赛事的主体，也在整合当地狼人杀玩家、提供专业的狼人杀电竞服务、教学及娱乐体验方面发挥着重要作用。同时，狼人杀游戏社群不仅在狼人杀俱乐部中为成员提供多种类型的电竞体验，也会利用社交、直播、生活服务等网络媒介发布视频、文字等内容，宣传当地的狼人杀游戏和社群。本研究认为，在狼人杀游戏电竞价值和体验中，"线上+线下"狼人杀游戏社群起到了至关重要的作用。本节将通过田野调查及深度访谈，分析"线上+线下"狼人杀游戏社群在狼人杀游戏电竞价值网络中扮演的角色，以及线上、线下社群参与狼人杀电竞价值网络中营销和互动的过程，并分析狼人杀游戏社群与游戏厂商、直播平台等

---

① 艾瑞咨询研究院. 中国电竞行业研究报告——2021 年［R］. 2021：4.

② YURI S. Electronic Sports：A New Marketing Landscape of the Experience Economy［J］. Journal of Marketing Management, 2013, 29（11）：13—14, 1542—1560.

③ HAMARI J & SJOBLOM M. What is Esports and Why do People Watch It?［J］. Internet Research, 2017, 27（2）：211—232.

利益相关者共同创造和丰富狼人杀电竞体验价值的方式。

1. 协作与共赢：社群在电竞价值体系中的作用

在体验经济的价值网络中，不同的价值体系会在与多种体系的协作、互动过程中发挥作用。[①] 对于狼人杀游戏电竞的价值网络来说，游戏厂商是开发手机游戏、举办各类大型赛事的官方机构，而"线上+线下"狼人杀游戏社群则是配合游戏厂商吸纳、组织选手参赛的基层组织。作为当前国内具有较大影响力、代表性赛事 WPL（狼人杀英雄联赛）的主办方，《狼人杀官方》会在赛前要求参赛选手自发组建一支有着一名领队及四名至七名队员的战队，在《狼人杀官方》门派系统中申请门派，经过官方认证之后报名并获得比赛资格。在这样的背景下，一些有着较高游戏水平、想要参加各类狼人杀游戏电竞赛事的玩家会通过加入有着参赛名额及资质的狼人杀游戏社群来实现自己的电竞理想。

因为我想去打华山论剑，当时快到赛前了，刚好那年 Xy 派有参赛资格，也只有他们还在招人，所以我就找到他们打面杀，然后我就去打比赛了。（F5）

除了加入现有的狼人杀游戏社群之外，一些玩家也会出于想要参加狼人杀游戏赛事的动机在赛前召集身边共同参与游戏的伙伴、在游戏圈内有着较强实力和较高知名度的玩家共同组建门派和战队，以团队的形式报名参加比赛。在这样的赛制下，一些玩家会出于玩票、博彩的动机临时组建团队参赛，当比赛结束时，这类团队也会随之解散，不再参加比赛。而一些团队则会组建相对固定的战队成员参加各类赛事，通过明星选手在线上、线下吸纳粉丝，发展自己的游戏社群，长期活跃在狼人杀游戏圈和竞技赛场之上，成为具有一定实力和规模的长期门派。

---

① PINE B J & GILMORE J H. Welcome to the Experience Economy [J]. Harvard Business Review, 1998, 76 (4): 97—105.

115

最初成立门派的目的就是想要去打华山论剑，所以我找了几个在我们这边打得不错的玩家一起组队去打比赛。随着比赛的推进，我们门派成绩不错，还出了明星选手。门派有了粉丝基础之后，我的观念也在慢慢转变，内心有了一份责任感，想把它继续运营下去。现在我们门派里的核心选手基本是固定的，平时他们会去参加各种比赛，然后群里的成员也经常在一起玩，大家关系都特别好，自然而然就形成了这样一个门派。（M6）

有些门派是带有那种博彩精神来打比赛的，假如说9月WPL全国赛要开打，我7月开始筹谋，找了十个人，每个人申请一个官狼账号建一个门派，然后报名、注册，再去参加比赛，最后也晋级了，等比赛结束之后门派就散了。这种门派不像一些老牌门派，比如杭州的逍遥派、武林门，不管你有没有比赛，我的门派一直都存在，没有比赛我就自己打比赛。（M24）

对于狼人杀游戏社群来说，除了吸纳玩家、组队报名参加大型比赛之外，协助游戏厂商举办赛事也是二者的合作方式之一。从狼人杀官方赛事平台上发布的内容来看，由狼人杀官方举办的赛事门派赛、高校赛、主播精英赛、主播争霸赛、WDL城市联赛及WPL英雄联赛构成了一个完整的狼人杀电竞赛事体系，这些比赛针对不同渠道、玩家群体，在全年的不同赛段开赛，其中，WPL作为年度决赛赛事将在6支线上淘汰赛战队、4支主播精英赛战队及2支门派赛战队展开，而这些参赛战队则是从高校夏季赛、城市联赛、线上海选、门派赛等赛事中选拔出的优胜战队。① 为了促进玩家之间的交流、组织更多专业的线下赛事，《狼人杀官方》发起了桌游吧联盟的社群招募活动，官方可以在报名的社群中选择可以提供举办线下狼人杀赛事活动的室内场地、拥有至少两

① 狼人杀官方. 狼人杀英雄联赛2021WPL［EB/OL］. 2021-12-01. https：//langrensha.163.com/2021/wpl/.

116

名组织赛事活动或执裁比赛法官的社群颁发"桌游吧联盟"专属证书，这些经过认证的桌游吧可以在当地承办由官方组织的海选赛等线下赛事。通过访谈发现，这些分布在各个城市中的线下狼人杀社群不仅可以为官方比赛提供场地和法官服务，也可以有效降低选手的参赛成本、保证参赛选手水平，从而使更多的玩家突破现实和时空限制参与到狼人杀游戏电竞之中。

你可以理解为一种地区的海选机制，当参赛人数趋于地域上稳定的时候，比赛就可以做到可控选手，比如我在杭州某个俱乐部办海选赛，把当地的玩家都聚在一起，选出最厉害的人代表杭州去参加全国赛，最终比出来我是全国第三名，那我是不是就是杭州第一？对于门派赛来说也是一样的道理，最终获胜的这个俱乐部就是杭州第一俱乐部。而且桌游吧联盟可以让一个选手付出最小的代价成为职业选手，因为狼人杀目前的经济效益不高，很多选手都同时做别的工作，所以在同城桌游吧比赛可以降低他们的时间、经济成本，因为距离相对较短，选手不用长途跋涉，下班去打一下就可以了，这也是狼人杀会慢慢转变成这种门派赛、层级赛的原因，可以让选手低成本、低耗能比赛。（M24）

除了协助游戏厂商举办大型赛事之外，游戏社群也可以通过和游戏厂商、赞助商、直播平台、电竞管理机构共同合作组织当地赛事，借助多渠道增强社群在地方以及全国的影响力。有研究指出，游戏公司会与电竞管理机构及广播电台合作举办、转播电竞赛事，并通过社群为电竞用户提供服务，一些企业也会通过赞助比赛①和游戏内广告②的方式与

① CRAWFORD G & GOSLING V. More Than a Game: Sports-Themed Video Games and Player Narratives [J]. Sociology of Sport Journal, 2009, 26 (1): 50—66.

② YANG M, ROSKOS-EWOIDSEN D R, DINU L & ARPAN L M. The Effectiveness of 'In-Game' Advertising: Comparing College Students' Explicit and Implicit Memory for Brand Names [J]. Journal of Advertising, 2006, 35 (4): 143—152.

电竞行业进行合作，通过游戏社群、游戏厂商及赞助企业的宣传活动将自己与电子竞技文化联系起来，增强赞助企业与电竞用户之间的互动和对电竞市场的吸引力。① 从狼人杀电竞价值网络来看，狼人杀游戏社群不仅可以协助狼人杀官方举办大型赛事，还可以在狼人杀官方、赞助商、狼人杀电竞机构、直播平台、广播电台等体系的支持下举办当地的专业狼人杀赛事等实践活动。通过对近年来狼人杀游戏电竞赛事的梳理发现，一些在全国有着较高知名度和较大规模的狼人杀俱乐部会通过与直播平台合作的方式在全国各大城市举办狼人杀比赛。2017 年 10 月，熊猫直播联合 JYCLUB 推出了狼人杀高校赛。其中，分布在北京、上海、成都、长沙、天津等城市中的 JYCLUB 成为选手报名及举办比赛的主要场地，比赛共覆盖全国 12 座城市近百所高校，② 并在熊猫直播平台向全国观众直播本次赛事。除了与直播平台合作之外，狼人杀游戏社群也可以通过与游戏厂商、赞助商等相关体系共同举办、组织具有较大本地规模和全国影响力的狼人杀赛事。2018 年 4 月，由网易官方狼人杀 App、萌狼社联合主办，Rokid 冠名，杭州 ooi/疆界 CLUB、破冰狼人杀俱乐部等狼人杀俱乐部提供技术支持的第一届 Rokid 若琪·杭州萌狼杀大赛在杭州举行。这次比赛不仅聚集了杭州 25 家狼人杀俱乐部，也邀请到杭州本地具有代表性的琅琊榜高配置明星玩家园长、青尤等担任赛事法官、裁判团和解说团等工作。从官方的介绍来看，这届比赛是首次由地方狼人杀游戏社群发起，聚焦杭州本地的专业性狼人杀大赛，不仅与网易狼人杀官方 MIST 线上赛并区联动展开，同时多家杭州本地的狼人杀俱乐部、轰趴馆、咖啡厅、民宿也积极参与其中，为比赛提供海选初赛场地、赛事服务等合作支持。同时，本次比赛不仅是全城联动、线

---

① WINKLER T & BUCKNER K. Receptiveness of Gamers to Embedded Brand Messages in Advergames：Attitudes towards Product Placement ［J］. Journal of Interactive Advertising，2006，7（1）：37—46.

② 熊猫直播.WCL 狼人杀高校联赛全国报名开始！［EB/OL］. 2017-10-11. https：//www.sohu.com/a/197357485_400758.

下覆盖杭州的区域比赛，比赛现场也通过与熊猫直播平台、网易星主播直播、杭州电台 FM89 杭州之声等各大媒体合作传播，成为面向全国、线上辐射万人级无门槛全民参与的专业性狼人杀大赛。①

通过访谈发现，对于参赛选手来说，这种线上与线下、城市与全国联动的比赛可以为广大本地参赛选手提供专业的赛事和竞技体验，选手可以通过与高手的对决感受竞技比赛的魅力，与来自不同社群的选手进行交流，而比赛的良性竞争也会增进彼此之间的了解和认识，从而进一步维系当地玩家、社群之间的关系。在访谈中，有受访者（M20）表示，比赛是一个与当地高手切磋、交流的机会，"可以利用比赛的机会看一下当地的高手"，由于比赛具有较强的专业性，会集了当地的高配选手，即使"在 20 强左右的时候就被淘汰，我也是服气的，因为高手很多"。而对于受访者来说，这样的比赛也可以为他们带来很强的竞技体验，他们会通过全身心地投入比赛感受由竞技比赛带来的乐趣："上次萌狼杀比赛质量真的很高，即使有些选手觉得自己拿不到名次也很积极地参与比赛，认真对待每局比赛，最后大家都是拼尽全力，经过很精彩、很激烈的角逐分出了第一、第二、第三的名次，这种强烈的竞技感给我留下了很深刻的印象。"（M22）同时，狼人杀比赛也可以增加当地不同游戏社群之间的联系，起到维系人际关系、提升当地狼人杀游戏社群向心力的作用。有受访者（M19）表示："现在杭州开了很多家狼人杀俱乐部，有些之前一起玩的朋友，因为一些人际关系的问题，有的去这里，有的去那里。但是比赛把这些朋友再次聚在一起，很多人很久没见到，大家坐在一起打游戏，把误会解开，看到有这么多人喜欢狼人杀，都觉得应该一起为杭州的狼人杀做些事情，这种感觉真的很让人感慨。"

有研究指出，近年来电竞比赛的火爆带动了一系列的电竞线下产

---

① 狼人杀. 杭州最强 第一届 Rokid 若琪·杭州萌狼杀大赛报名开启［EB/OL］. 2018-04-18. https：//weibo.com/ttarticle/p/show? id＝2309404230266230020271.

业，一些举办竞技比赛的场馆、活动设施也因门票、展览等方式获得了更多的经济收入。① 对于狼人杀游戏社群来说，加入狼人杀官方联盟、协助官方举办赛事、与赞助商、直播平台等相关机构合作组织狼人杀电竞赛事可以在相关的赛事和活动中扩大自身的影响力。同时，狼人杀官方也会在官方媒介平台给予相应的流量推荐，提高狼人杀游戏社群在玩家中的知名度，从而进一步提升狼人杀游戏社群的盈利能力。狼人杀赛事官方平台会在社群赛中发布不同地区的狼人杀游戏社群自发组织的线上、线下活动，这些由狼人杀游戏社群自发组织的活动主要以门派赛、日常赛和休闲娱乐游戏为主，如心动嘉宾门派举办的门派巡回赛②、狼人杀广东省线下联盟举办的线下比赛③、云上挽歌门派举办的积分赛④、星月阁举办的星月杯成语接龙⑤等，这些活动在社群赛中都有着专门的界面，配有活动海报、活动名称、活动主办方、活动介绍、活动时间、活动奖励及报名方式等。同时，在桌游吧联盟英雄榜中，狼人杀游戏官方会将经过认证的战队进行排名，注明战队的狼人杀俱乐部名称和所在城市。对于这些加入门派联盟、协助官方赛事的狼人杀游戏社群来说，来自相关赛事的影响力和官方的认证和推荐"可以让社群成为当地的意见领袖，影响所有的来这里报名的玩家"（M24）。同时，这些经过官方认证的狼人杀俱乐部不仅可以为狼人杀专业赛事提供比赛场地，也为当地玩家提供了一个参加比赛、接触外地俱乐部玩家的渠道。在访谈中，有受访者（M20）表示自己前往特定的狼人杀俱乐部是因为"这里是杭

① MONTERIRO H. Esports Opportunities for Casino Revenue [J]. Hospitality Upgrade, 2017, Fall: 135.

② 狼人杀赛事官方平台. 心动嘉宾巡回赛 [EB/OL]. 2022-06-08. https://langrensha. 163. com/20220608/31015_ 1022971. html.

③ 狼人杀赛事官方平台. 狼人杀广东省线下联赛 [EB/OL]. 2022-06-08. https://langrensha. 163. com/20220608/31015_ 1022966. html.

④ 狼人杀赛事官方平台. 云端之恋云上挽歌积分赛 [EB/OL]. 2022-06-08. https://langrensha. 163. com/20220608/31015_ 1022974. html.

⑤ 狼人杀赛事官方平台. 星月杯成语接龙 [EB/OL]. 2022-06-08. https://langrensha. 163. com/20220608/31015_ 1022972. html.

州唯一一个组织得起 WCO 比赛的地方，我也可以和这边的高手一起参加比赛"，而长期参加比赛也可以使本地的狼人杀俱乐部与"上海、北京的一些知名俱乐部合作，打开了杭州跟其他地方的联系，我可以在这边接触到全国各地的高手"。（F8）因此，玩家的选择和认可也可以为狼人杀俱乐部带来更多收益，狼人杀俱乐部可以通过组织玩家日常游戏的台板费、比赛报名费及其他酒水、小吃等收入来实现盈利。同时，玩家在狼人杀俱乐部的消费也可以将狼人杀游戏社群的地区号召力转化为经济收入，从而使狼人杀游戏社群有更多的资金运营线上门派、线下俱乐部和职业战队。

狼人杀俱乐部其实就像棋牌室一样，每个人过来付台板费就可以玩，只有餐饮、剧本杀、密室之类的加起来才能赚钱。我目前的重心是放在运营战队和门派上，我想通过打职业比赛、办比赛的方式为我们门派做宣传，这样子就会有更多人知道我们的门派，知道我们的俱乐部，可以加入我们这个大家庭之中，然后走到俱乐部中来。来的玩家越多，我们的经营状况也会跟着好一些，也就能有更多的资金维持战队和门派的日常开销。（M18）

可以看出，通过全国性赛事、战队赛和战队认证的方式，狼人杀官方既可以通过门派赛的方式将分散在民间的狼人杀玩家以地方社群的方式维系在一起，使狼人杀游戏社群成为参与大型赛事、输送参赛选手的主要渠道，也可以扩大狼人杀游戏社群的影响力，使线下狼人杀俱乐部实现盈利，从而可以培育、打造出可以长期参与各类狼人杀电竞比赛的有生力量，增强狼人杀游戏社群的活力。因此，狼人杀游戏社群与游戏厂商、电竞机构、赞助商等相关机构的协同合作有助于形成一个从官方到地方的大型狼人杀游戏组织，形成以狼人杀游戏为核心的电竞价值网络。

2. 规范化运营：社群对电竞职业化的尝试与推动

作为狼人杀游戏电竞的参与者，狼人杀游戏社群也是在民间推动电竞职业化发展的主要力量之一。对于狼人杀电竞价值网络来说，狼人杀游戏社群对电竞的参与不仅停留在吸纳队员、组建战队、报名参加比赛以及协助相关电竞价值体系举办赛事的层面，社群同样承担着在民间选拔、培训以及认证狼人杀游戏电竞职业选手的工作。通过访谈发现，狼人杀游戏社群通常会在内部成员中选拔参赛选手，掌门、长老等负责人会定期在社群内部发布招募核心战队选手的信息，为那些想要参加职业比赛的成员提供机会。同时，一些社群的负责人也会借助在线上、线下日常游戏、比赛的机会主动邀请有着突出技术和表现的玩家加入社群并吸纳为社群内部的预备选手。除此之外，一些社群的主理人也会通过朋友介绍、推荐的方式接触到有着较高水平的玩家，并通过线上、线下联系的方式与玩家沟通，发掘这些玩家成为职业选手。

> 我们门派会定期参加几个大型赛事，像是我们会有打华山论剑的救援通道，所以我们会给成员提供参加最高规模赛事的机会，很多专门玩狼人杀的人都会想去参加的。一般在每年的 3 月，我们会在群里发布战队的考核信息，让有兴趣打比赛的成员报名。（M18）

> 比如说平时在玩游戏的时候你会遇到一些没有门派的人，在跟他玩的过程中你会发现他打得不错，就会问他，你要不要来我们这个门派，我们有打比赛的机会，其实也相当于在持续地给门派纳新。（F1）

> 华山论剑第六赛季之前，经过朋友的介绍我认识了 C，他专门来我这里跟我见面，接触之后我跟他成了线下很好的朋友，他跟我说他要组战队，希望我去支持他，我就答应了。本来我们那里是没有门派和战队的，因为我玩狼人杀很久了，我有一个很大的愿望就是上一次华山论剑，没想到这个愿望真的实现了，我到现在都不敢想象我参加过华山论剑，我是一个狼人杀职业选手。（M3）

在对有潜力的玩家进行发掘之后，狼人杀游戏社群会为这些预备选手组织严格的考核，这些预备选手需要满足社群的选手标准、经过系统的考核赛并通过战队内部考核和管理人员的一致同意之后才能够成为正式选手，在领队的指派和带领下参与到不同等级、类别的电竞赛事之中。从狼人杀游戏电竞赛事的举办流程来看，由于目前的狼人杀游戏电竞赛事往往会借助虎牙、B站等媒介平台进行直播，观众可以通过线上直播的方式观看比赛，一些具有代表性的赛事不仅会受到全国狼人杀玩家的关注，也在海外地区有着较高的热度。因此，为了更好地提升社群的竞争力，社群的负责人通常会将游戏水平作为选拔选手的核心标准。作为一项竞技赛事，狼人杀游戏比赛会通过一套综合的计分体系在每场比赛中为选手计分，并通过门派积分的方式排名评选出冠军。在比赛中，裁判会根据每位选手在比赛中的获胜、投票、技能发动、犯规、尽力等情况给予选手相应的分数加减，因此，选手的游戏水平也成为能否获得比赛胜利、为门派获得更多积分的关键。通过访谈发现，对于社群的管理者来说，狼人杀游戏"是一个逻辑推理游戏，在选人时会逻辑至上"（M14），而对于一名合格的狼人杀游戏电竞选手来说，逻辑往往体现在心理素质、站边稳定程度、发言技巧等多个方面。

选人最基础的就是看水平，毕竟是竞技比赛，能力是第一位的，肯定会挑最强的选手去打比赛。（M18）

我们挑选手首先是技术第一。在狼人杀技术里，站边是衡量狼人杀水平的标准，一个选手需要站边稳定，然后再说他打狼坑准不准，发言是不是人狼统一。还有就是心态，有些人平时打得很好，但是上场就会紧张、发挥不出来。（M15）

除了游戏水平之外，选手的诚信也是社群管理者在选拔选手时主要考察的因素之一。作为一款逻辑推理游戏，狼人杀游戏不会像其他竞技类游戏开局就向观众和选手划分出阵营，而是需要场上玩家结合不同玩家的角色技能、发言、投票等因素推理出场上玩家的身份，并通过同阵营的配合获得游戏胜利，在游戏中偷看、场外信息、通身份等作弊行为都会影响游戏的公平性和在场其他玩家的游戏体验。对于狼人杀游戏竞技来说，这种作弊行为不仅会破坏比赛的公平性，严重影响游戏结果，也会打破狼人杀游戏的阵容平衡，破坏整个狼人杀游戏的竞技生态，使比赛失去公信力和权威性。因此，在狼人杀游戏圈内，作弊也成为受到玩家们普遍抵制的不良行为。在这样的背景下，社群负责人为了保证比赛的公正性，维护战队的荣誉，在选拔选手时都会将诚信作为重要的标准，选手在参与游戏、比赛时需要遵守不作弊的规则，而不作弊也成为衡量一个选手人品的底线。

在有利益驱使之后就很难避免作弊的发生，有些人很想赢，会在打比赛的时候作弊，那么他就是在破坏狼人杀的生态。如果一个比赛连公平都做不到，选出来的冠军大家都说是作弊上来的，政府、企业看到这样的情况也不会想要和我们合作，那这个比赛还有什么意义，行业也没办法发展。(M24)

我个人选拔选手的标准首先是素质，不作弊，不情绪，不贴脸，这是很基本的。选手要代表门派参加高规格的比赛，全国的观众都在看，作弊会给整个门派丢脸，像招进来的发现作弊，我们就直接踢掉了。(M15)

为了更好地通过选手为社群吸粉、扩大社群的影响力，一些社群也会结合社群的特色和需求，将一些选手所具备的个人特色看作选手能力的加分项，成为综合实力考核的一部分。由于狼人杀比赛会通过直播的方式面向全网的观众，当比赛通过赛制对选手进行筛选，将选手的水平统一在一个标准线的前提下，狼人杀游戏社群需要通过更多的方式吸引观众的注意力。因此，"实力和颜值并存"（M8）和"综艺感比较好"（M16）的选手往往会"为自己和战队吸粉"（M10），也会"在比赛中更加分"（M10），而狼人杀游戏社群也会着重打造战队和选手的"统一人设"（M1），以此获得更多观众的关注，强化战队和选手在观众心中的形象，从而使选手为战队吸粉，形成"粉丝经济"效应。在访谈中，有受访者表示，一些社群会将选手的外貌作为战队的营销特色，希望通过战队选手整体、统一的高颜值在众多战队中脱颖而出，形成既有选手特色，又有比赛实力的优质战队。

在第一季比赛开始前，T跟我说想做一个颜值门派，就是说选手要有实力，也要有颜值。后来我们门派第一点就是颜值要过关，当时我们有一种做男团的理念，就是大家要又有实力，又能够看。（M1）

除了外貌之外，选手的综艺感既可以体现出一个选手的综合能力，在比赛中为自己和战队争取更多的得分机会，也是表现选手个人魅力，吸引粉丝关注，为战队引流的特质之一。由于早期的狼人杀游戏推广主要以《Lying Man》《饭局狼人杀》等综艺节目为主，一些主播、选手、明星凭借其风趣幽默的发言和神乎其神的演技吸引到了大量粉丝的关注，成为狼人杀游戏圈内颇具影响力的明星选手。随着狼人杀游戏行业的不断发展，狼人杀电竞比赛的出现以其"类似于选秀，不断地有新人加入可以打破综艺节目的模板化来维持狼人杀热度"（M24）的优势逐渐取代了狼人杀综艺节目，由不同主办方发起的常规化比赛也成为一种广大狼人杀游戏爱好者日常观看游戏直播的新渠道。在这样的背景下，狼人杀综艺节目中明星选手的综艺感也成为一种独特的风格传统在电竞比赛中被沿袭。通过访谈发现，选手的综艺感是提升比赛游戏获胜率的技巧之一。对于紧张的竞技赛场来说，有着轻松、幽默风格的选手往往具有更强的感染力，他们可以通过发言打动其他参赛选手，从而通过发言时的号票、掰票等途径达到帮助自己阵营获胜的目的。因此，选手的综艺感反映出了选手的游戏水平，一些具有强烈发言感染力的选手也成为社群选拔选手时的考核标准之一。

我们在选人的时候也会考虑那种比较有梗的选手，他们会在比赛时让其他选手愿意听你的发言。比如，我们打比赛时基本上听一圈就能定身份，有时候打很晚就不会特别专注地听每个人发言，假设申屠在场，他就会在发言的时候跟你娓娓道来，讲一些有趣的段子，让你想听他的发言，而且他不是单纯地讲段子，他会把关键的信息加在里面，即使是辨票，他也会让你跟着他的思路走。（F7）

同时，选手的综艺感也是选手个人魅力的体现，能够起到吸引粉丝、获得更多曝光机会的作用。对于可以在全年不间断观看大小赛事的观众来说，那些有着较强综艺感的选手可以通过轻松、有趣的发言和巧妙的临场发挥增强比赛的可看性和趣味性，而这些选手也可以在众多比赛选手中脱颖而出，获得更多的关注和流量，为个人和战队带来更多的曝光机会。

一个好的选手不光有技术，也有综艺体质。现在的比赛基本全年都在打，如果选手在比赛里的发言比较幽默，观众长期看下来就不会腻，你就可以为战队、为你个人吸粉。就拿李锦来说，他就是一个很有个人魅力的人，他技术很强，再加上说话很有趣，他的直播大家就会喜欢看，玩狼人杀的人没有几个不知道他的。（M16）

对选手的综合素质进行考核之后，狼人杀游戏社群还会通过严格的多轮实战来模拟高规格的电竞比赛考核选手。从社群对选手的考核方式来看，由于目前狼人杀竞技比赛每轮比赛中选手会通过随机的方式获得身份，为了更好地平衡不同选手之间由于板型、角色等随机因素带来的分数差距，比赛会通过采用多场次、多游戏板型和计分制的方式来拉平比赛中的概率误差，使比赛尽可能地得到公平的结果。因此，采用模拟实战的多轮计分制考核方式可以更好还原比赛的赛制和情境，使预备选手在高强度的赛制和竞技压力中展现自己的实力，而这也可以帮助社群负责人判断选手在比赛中的综合竞技水平。在实际的选手考核中，预备选手只有在通过战队内部技术考核之后才有机会成为战队成员，代表团队参加比赛。

像每年的新人进来之后，我们会通过自己门派里所有的现役队员，再加上几个我们邀请的其他门派的选手跟他打实战考核他们的实力。我们会打十场，各种战术打给他，也不会说因为他是新人就让他，然后就给他打分数，分数过了就进来，不过就淘汰。所以我们门派很少有人会被喷技术菜，因为确实都是层层选拔和技术非常过关才能进来。(M1)

同时，一些规模较大的狼人杀游戏社群还会为通过考核的选手在当地体育局申请电子竞技运动员资格证，通过国家认证的方式将狼人杀电竞选手定义为具有专业性的职业，而这种职业化的发展方向也会转变大众对狼人杀电竞的消极观念，进一步带动当地狼人杀文化氛围，促进当地狼人杀电竞行业的发展。有研究指出，建立区域的电竞合法性是发展当地电竞文化、为新人提供机会、去电竞污名化、构建共同价值观的前提，而活跃在当地的游戏社群则是协调商业及非商业等相关机构的重要力量。① 一项针对中国香港地区青少年的电竞调查发现，在 1400 名参与问卷调查的青少年中，仅有 13.4% 表示曾参加过电竞比赛，造成参与率低的原因主要是父母限制及电竞的负面社会形象造成的。同时，由于中国香港地区电竞职业发展不成熟、当地缺少对电竞运动员的支持，使得香港地区没有专职的电竞运动员，而这也降低了该地区年轻人对电竞的参与意愿。通过访谈发现，当地电竞体育环境、非商业文化不仅会影响该地区年轻人的电竞参与意愿，也会对当地的电竞行业的发展起到重要

---

① BRIAN M，KIERAN T & DINARA T. Shaping a Regional Offline Esports Market: Understanding How Jönköping, the 'City of DreamHack', Takes URL to IRL [J]. International Journal on Media Management，2020，22（1）：30—48.

的影响。① 由于早期电竞行业的不规范使得"当时的电竞一般都是网吧提供住处、三餐的所谓半职业，既不赚钱，也无法保证生活"，在这样的情况下，"一些家长听到你是搞电竞的，甚至听到你打游戏，那一定是不成才，身边的人都会觉得丢脸"（M16），而这也会使受访者出于现实压力产生"先学会生存，在社会立足之后再去想自己的爱好"（M17）的观念，从而放弃参与、从事电竞行业。然而，随着电竞行业的规范化发展，电竞已经成为可以"为国争光的竞技体育，选手不仅可以代表国家在国际比赛上拿到冠军，也可以获得收入"（M16）成为一种正规的职业，并得到社会的广泛理解和接受。在访谈中，为了更好地吸引当地年轻人加入狼人杀游戏社群、转变对狼人杀游戏及电竞的消极观念、扩大狼人杀游戏的影响力，一些社群会尽可能地借助自身的影响力在当地发掘狼人杀电竞人才，为他们申请电子竞技运动员资格证，而这种方式也可以提升社群在当地和全国的权威性、竞争力，有助于推动狼人杀游戏行业的发展。

我们是想要让狼人杀职业化，或者说往职业化的方向发展。因为当时 LYB 在杭州的权威性是很高的，很多杭州选手都是我们觉得他 OK，拉过来打比赛，然后走上这条路，所以当时我们是想先把我们杭州的人发掘、培养出来，然后再放到全国的竞技舞台上发光。我们当时还去体育局申请，给大家办了电竞运动员证，这在当时狼人杀圈内还是比较领先的一个概念。我们做这些不是利益驱使，如果说最后有盈利点，可能也要真的等到狼人杀大环境到了一个境界之后才会有。（M1）

除此之外，一些狼人杀游戏社群也成为推动狼人杀电竞制度化和规范化发展的重要力量，这些社群会通过制定战队长期发展规划、组织选

① Hong Kong Federation of Youth Groups. E-Sports in Hong Kong [EB/OL]. 2018-01-30. https：//yrc. hkfyg. org. hk/en/2018/01/30/esports-in-hong-kong-2/.

手定期训练、与相关公司和机构合作的方式构建起狼人杀电竞战队和电竞赛事的运营结构，不仅可以为选手提供专业的训练、场地和竞技环境，同时可以长期输出狼人杀电竞文化产品，维持狼人杀游戏和选手的热度。可以看出，狼人杀游戏社群会在长期的实践中探索出一条与其他电竞价值体系和相关机构长期合作、战队持续运营的发展道路，而这既是狼人杀游戏社群职业化发展的宝贵经验，也是推动狼人杀电竞行业规范化发展的重要力量之一。

如果只是在桌游吧里直播观赏性会很差，也不规范，粉丝可能会来看我，但是对这个行业没有推动。我们每周都会定时在一个很大的电竞直播厅里让选手穿队服上去打，相当于是我们的内部训练局，还会检验很多新的战术和打法，真的做到专业训练的程度。然后我们会全程直播，这等于是做了一档狼人杀节目，每周都会有东西给观众看。（M1）

当初做比赛其实也没想那么多，就是为了日常直播的内容而已。后来我们也想把狼人杀推广成有比赛的游戏，让更多的人能通过一个舞台证明自己，才想到要做一个比赛。华山论剑第一届和第二届都在我个人的熊猫直播间播出的，因为经济上的压力，再加上一些赞助商想投放广告，我们开始试着与一些公司合作。华山论剑真正意义上的独播是我们卖到斗鱼之后，开始有了官方直播间，包括官方微博，那个时候才慢慢地建立起运营团队。后来泛娱的刘总帮我们再次升级以后，我也开始转向幕后，回归到一个门派掌门和赛事参与者的身份，但我还是会每周去公司开会，规划、提升每一届赛事。到今天为止，华山论剑没有盈利过，但我们也一直在坚持，希望狼人杀再火一把，未来有赞助商去投我们的每一个战队，然后就像《英雄联盟》有一个很大的公司，他们来投我们的战队打比赛。接下来我们可以向一些平台、赞助商收取费用，那么每个门派都能分到钱养自己的队员，这样就很成熟了。（M16）

3. 狼人杀俱乐部：专业的线下竞技体验空间

电竞消费的核心在于为用户提供的电竞体验，这种富有想象力的体验①不仅需要玩家参与到一种作为运动形式的网络游戏中，② 在"不断地提升自己的游戏技能，使自己在高性能的游戏中具有竞争力"③ 的过程中产生竞争感，也需要用户凭借自身的能力参与到游戏过程之中，进一步产生"其他一切似乎都无关紧要"④ 的沉浸感。从电竞产业结构来看，当前的电竞体验越来越多地跨越线上和线下的边界，形成共存的状态，⑤ 电竞用户参与游戏的平台不仅存在于虚拟世界，同样存在于现实空间之中。Huhh 通过对韩国的电竞文化和运营的实证研究发现，在电竞的发展下，网吧从最初方便用户上网的连接点转变为超越线上和线下限制的培养网络游戏文化的社交空间。虽然电竞需要借助在线游戏平台、直播等设施才能得以实现，但玩家往往更希望直接在同一线下空间中竞争："除了网络中的比赛，韩国职业联赛选手会在线下 PC 端进行初步淘汰赛，玩家也更喜欢在共享相同物理环境和文化环境的前提下玩《星际争霸》。"⑥ 可以看出，一些线下游戏场所可以通过提供专业电竞设备、营造电竞文化氛围的方式使用户在参与电竞游戏和线下互动的过程中形成电竞体验。与虚拟世界中的游戏空间类似，线下游戏场所同样

① MOLESWORTH M. Adults' Consumption of Video Games as Imaginative Escape from Routine [J]. Advances in Consumer Research, 2009, 36: 378—383.

② WAGNER M. Competing in Metagame Space-Esports as the First Professionalized Computer Metagame [C]. In F·Von Borries, S·Walz, U·Brinkmann, & M·Böttger (Eds.), Space Time Play - Games, Architecture, and Urbanism Basel: Birkhäuser, 2007: 182—185.

③ WITKOWSKI E. On the Digital Playing Field: How We 'Do Sport' with Networked Computer Games [J]. Games & Culture, 2012, 7 (5): 349—374.

④ CSIKSZENTMIHALYI M. Flow: The Psychology of Optimal Experience [M]. New York, NY: Harper and Row. 1990: 4.

⑤ CHEE F. The Games We Play Online and Offline: Making Wang-Tta in Korea [J]. Popular Communication, 2006, 4 (3): 225—239.

⑥ HUHH J-S. Culture and Business of PC Bangs in Korea [J]. Games & Culture, 2008, 3 (1): 26—37.

是电竞用户参与、沉浸竞技游戏的空间之一，线下游戏场所也进一步模糊了电竞中虚拟与现实世界之间的界限。

对于电竞用户来说，虽然并非所有的电竞用户都有机会真正地参与电竞比赛，但线下活动场地中的布景、环境、设施体现出游戏所特有的"由限制元素和消费者幻想构成的超然特征"① 也会为他们带来竞技体验。在狼人杀游戏中，由不同狼人杀游戏社群经营的线下狼人杀俱乐部既是成员参与游戏、线下社交、休闲娱乐的场所，也是提供专业狼人杀竞技服务和体验的理想空间。在本次研究中，36 名受访者均有在狼人杀俱乐部中参与狼人杀游戏的经验，其中，69%的受访者表示相比于网杀，自己更喜欢面杀。通过访谈发现，33%的受访者表示，为了获得良好的游戏体验，他们会在面杀时选择能够提供专业游戏环境的狼人杀俱乐部。对于狼人杀电竞用户来说，当地用于举办专业赛事、提供专业狼人杀竞技服务的狼人杀俱乐部为他们提供了感受竞技比赛打法、赛制、氛围的机会，他们会通过前往专业狼人杀竞技服务的狼人杀俱乐部感受竞技比赛的乐趣。狼人杀俱乐部的专业竞技服务包含俱乐部内部的赛事级游戏设施、全程狼人杀法官指引两个部分。其中，游戏设施指的是狼人杀游戏中所用到的桌子、椅子、法官台、号码灯、面具、音响及卡牌等。为了满足狼人杀电竞用户的竞技体验需求，一些在当地协助赛事主办方举办比赛的狼人杀俱乐部会在日常开放用于专业比赛的设施，吸引狼人杀电竞用户到店参与狼人杀游戏。同时，一些狼人杀俱乐部也会参照当前主流赛事的标准在店中打造专业的游戏设施。通过对多地多家狼人杀俱乐部的调研发现，专业的狼人杀游戏设施通常包括同时容纳12—15 名玩家的桌子和椅子、相互独立的座位、座位前方放置的数字灯牌和面具以及含有操作每个座位的灯光按钮、话筒架和音响连接装置的法官操作台，一些狼人杀俱乐部还设有专业的直播摄像头、音频采集

① KOZINETS R V, SHERRY JR J F, STORM D, DUHACHEK A, NUTTA-VUTHISIT K & DEBERRY-SPENCE B. Ludic Agency and Retail Spectacle [J]. Journal of Consumer Research, 2004, 31 (3): 658—672.

设备和直播间。从访谈中发现，这种专业的游戏设施不仅可以避免游戏中玩家的作弊和场外干扰，保证游戏的公平性，也可以还原专业比赛的场景，使玩家在日常游戏的过程中感受到专业比赛的氛围，提升玩家的竞技体验。

其实很多人面杀都是冲着游戏体验来的，这样的玩家是真的想玩这个游戏，会有很强的胜负欲，所以他们都会选专业的场地打游戏，这样就可以少一些干扰信息，他们也会打得比较专注。（M18）

在专业性的场所里玩会让我感觉很舒服。我觉得像正规的 12 人桌子、灯光，包括狼盔这些道具在游戏里还是很重要的，因为在这样的环境里会让我感觉像是在打比赛一样，我对待游戏也会更认真。虽然狼人杀可以自己组局，但是很多人挤在一起难免会有场外，比如狼人夜里出来杀人，他腿动了，你说我能感觉不到吗，我知道他是狼，那还怎么玩？（M23）

除了赛事级的游戏设施之外，狼人杀俱乐部还会为每桌狼人杀游戏配备法官全程指引游戏。从狼人杀的游戏机制来看，狼人杀法官承担着发布游戏指令、统计票型、判断游戏结果等功能，对游戏的推进有着重要的作用。随着狼人杀游戏的竞技化发展，狼人杀法官在指导游戏进展的同时还需要结合现场玩家每轮的表现、发言、投票以及技能发动等因素给予相应判分，这要求法官不仅需要对狼人杀游戏的规则十分了解，也要熟练掌握狼人杀竞技的计分系统。除此之外，对于狼人杀竞技来说，法官在发布指令、操作灯牌、计时等都需要做到准确无误，从而做到不传达场外信息、不干扰玩家游戏，顺利地指导游戏进程。因此，在狼人杀竞技比赛中，法官有着举足轻重的地位，而在狼人杀俱乐部中，专业的法官同样为保证玩家的竞技体验起到了重要的作用。在访谈中，有受访者表示，专业的法官是他们选择狼人杀俱乐部的参考之一，能够"给每桌配一个自己的法官"（M20）和"具有专业水平的法官"（M1）

可以有效地降低对局中由于法官人手不足、法官专业度不高造成的乌龙局，也可以使玩家专注地参与到游戏之中，感受狼人杀竞技的乐趣。

一些不太专业的地方，可能就是给你一张桌子，帮你凑几个人，刚开局的时候法官过来喊一下流程，之后就是玩家闭上眼睛自己玩，出局的玩家来当法官。其实这样也可以，但如果说想专注地玩游戏，做到像打比赛那样的话，肯定还是要法官全程跟下来。这边的法官会用专门的表格计票，操作玩家的号码灯，然后计分，这样的话玩家的重心会放在游戏里面，竞技感也会好一点。（M19）

作为狼人杀游戏社群的线下实践空间，狼人杀俱乐部不仅可以为狼人杀电竞用户提供专业的竞技服务，也是与其他高手同台竞技的场所。对于狼人杀电竞用户来说，与当地高阶玩家、明星选手和外地高手的交流既可以带给他们高水准的竞技体验，也可以在与高手的交流过程中不断提高自己的游戏水平，是他们在日常游戏中感受竞技体验的主要方式之一。通过访谈发现，有受访者表示自己会出于"想要和一些高配玩家一起玩，感受高端局"（M11）的原因前往狼人杀俱乐部。由于一些规模、影响力较大的狼人杀俱乐部可以"会聚到当地一群技术、水平都可以确认的朋友"（M20），一些狼人杀电竞用户会主动报名参加当地高阶玩家的对局，感受与高手竞技带来的快感并在实战中提高自己的游戏水平。同时，一些狼人杀俱乐部还会在当地的高阶玩家中举办小型的比赛，让当地的玩家可以在比赛的过程中相互交流、学习，而这也可以带动店内的人气，进一步扩大在当地的影响力。

我觉得这边来的玩家水平都比较高，组的局都还比较高质量。我不是很喜欢和萌新玩，因为跟新手玩盘不清楚逻辑，就会觉得很难受，但是如果跟比较厉害的人玩就会感觉很过瘾，尤其是在一些很紧张的对局里，就算是输了也会很开心，自己也能学到一些新战术。（F11）

这个俱乐部的老板会经常在店里组织一些高配玩家打友谊赛，让大家都来报名参加，在打的过程中我可以和高配一起打比赛，会感觉自己真的在这个游戏里面有进步的感觉，也有了很多和他们交流、学习的机会。（F9）

对于常年参与、举办专业狼人杀赛事的狼人杀游戏社群来说，一些在比赛中取得成绩、有着突出表现的选手也会获得大量电竞用户的关注，成为狼人杀电竞圈中的明星选手。作为狼人杀游戏社群的线下竞技场地，一些狼人杀俱乐部会通过提供与明星选手同台对局的机会来提升玩家的线下电竞体验。通过访谈发现，一些狼人杀俱乐部会定期安排明星选手在店内与玩家们同台竞技，而明星选手的出现也会吸引长期关注狼人杀比赛直播和赛事的电竞用户专门前往俱乐部观战、参与游戏。对于一些受访者来说，这种电竞体验既包含了"想要见到一直在屏幕里关注的游戏大神"（F8），表达自己欣赏之情的追星体验，也包含了想要和真正的高手竞技，通过自己的技术"做局骗到大神，可以吹很久"（M5）的挑战体验。因此，受访者可以通过狼人杀俱乐部组织的集体游戏局与明星选手近距离接触、交流、游戏，满足自身的电竞体验，同时，狼人杀俱乐部也可以通过这种方式增加客流量，提升俱乐部的盈利能力。

现在很多玩家玩狼人杀，肯定是要找配置高的职业选手、玩家一起玩。因为我们门派经常打比赛，成绩还不错，所以有很多经常看比赛的玩家会慕名而来，会觉得我们店是全市配置最高的地方，这也相当于是一种引流方式。（M18）

在《Lying Man》最火爆那会儿是我对这个游戏特别喜欢的时候，我知道龙哥平时都是在上海，我就想要去认识他。一次很偶然的机会，知道他在一个桌游吧打面杀，当时也是抱着想要见荧幕大神的心态，我就奔赴过去，之后我们就经常在那个桌游吧玩。（M16）

俱乐部想要维护住客户群体，早几年看的是老板的能力，到这几年更多的是要靠一个团队。狼人杀比赛火了之后，很多战队都出了明星选手，这部分选手就是俱乐部的招牌。就像之前很多人会觉得我很强，专门来店里找我玩，他们来的目的很简单，就是为了骗你、让你翻车。其实玩家有这种心态都是很好的，他们不是真的要你输，他们只是为了好玩，让你翻车会觉得我强，我拿出去说很有面子。(M1)

除了与本地高阶玩家、明星选手共同竞技之外，狼人杀俱乐部还可以通过与其他城市的狼人杀俱乐部合作的方式，为当地电竞用户提供与其他城市的玩家、高手接触、交流、竞技的机会。在访谈中，有受访者表示，由于不同城市的狼人杀俱乐部之间会经常举行友谊赛、邀请赛、交流赛等活动，在狼人杀俱乐部中不仅可以有很多机会跟其他地方的高手打游戏，一起交流，帮助受访者"认识更多来自各地的朋友"(F1)，也为他们提供了一个与其他城市玩家竞技的平台。对于受访者来说，虽然他们没有机会成为电竞选手坐在赛场上与来自全国各地的选手比赛、交流技术，但是狼人杀俱乐部组织的日常活动、比赛为他们提供了与各地高手比赛、竞技的机会，使他们在本市就可以见到来自各地的选手，和他们共同参与游戏，而这也进一步满足了他们想要与各地高手同台竞技、交流学习的心愿。

在俱乐部里最重要的是可以有很多机会跟北京、上海、四川、北方这些地方的玩家交流，他们会经常搞一些邀请赛，大家坐在一起 PK 一下。平时的话可能更多的是自己和身边的人玩，接触不到外面的高手。(F8)

这里最吸引我的点在于即使我不能去打比赛，我也有机会和不同地方的高手学习。前段时间二龙哥来杭州了，我们在俱乐部打娱乐赛，那场游戏里全场人都知道二龙哥是狼，但他没有选择自曝，他能靠自己的发言技巧去感动所有人来扭转局势，让大家相信他是个好人。当时我左边坐的二龙哥，右边坐的恺爷，真的让我感觉到我不是在打游戏，而是在接受一堂狼人杀进阶班的课！这种机会很难得，和这些高手一起玩会让你真切地感受到狼人杀的魅力，这种感觉是自己玩游戏所感受不到的。（F6）

可以看出，狼人杀电竞体验已经超越了线上和线下的边界。其中，狼人杀俱乐部为狼人杀线下电竞实践、产生多元电竞体验起到了重要的作用，不仅可以与不同电竞价值体系和相关机构协作举办比赛、线下活动，也可以整合电竞用户，起到联结用户、游戏厂商及其他机构的中介作用。同时，狼人杀电竞用户可以通过参与线下实践的方式来丰富他们的电竞体验，狼人杀俱乐部也成为他们在现实世界中获得、消费电竞体验的主要场所。

事实上，除了作为桌面游戏、网络游戏与电竞产业的一环参与游戏价值、体验的创造之外，在狼人杀游戏社群中同样有着复杂、丰富的群体互动和实践，而这种文化实践的过程离不开玩家对狼人杀游戏社群的认同。在狼人杀游戏社群中，玩家不仅会在创造、表达、传播等过程中获取独特的亚文化意义与审美愉悦，也会在社群的实践过程中将自身的情感体验与社群产生关联，社群既是玩家们参与游戏、社交和获得丰富体验的空间，也是他们寻找归属、构建亚文化和赋予、确认自我身份的方式。同时，从前文可以看出，在狼人杀游戏的发展和狼人杀官方的带动下，狼人杀游戏社群已经从传统的人际交往社群成长为跨空间、跨媒介的综合型游戏社群，在多种网络媒介技术的应用下，狼人杀游戏社群也逐渐与现实的城市空间相结合，城市空间已经成为狼人杀游戏社群的实践场所，是"线上+线下"狼人杀游戏社群的重要组成部分。在虚拟与现实社群的社会功能和组织逐渐交融的背景下，狼人杀游戏社群将那些有着共同兴趣、目标、诉求的个体紧紧联结在一起，形成了新的社会组织和互动联结，而这势必改变狼人杀游戏社群中的主体体验，实体地方也会在与狼人杀游戏社群的交互关系中，通过以地方为基础的互动体验和情感建立起个体对地方的感知、依附和联结。因此，在下一章节中，我们将从虚拟与现实相结合的角度出发，结合地方概念对狼人杀游戏社群中群体认同的建构进行分析，探讨城市在群体意识形成、边界划分、凝聚过程中起到的作用，以及狼人杀游戏社群在情感互动和文化实践中建构城市认同的过程，而这样的视角不仅可以更好地反映出狼人杀游戏社群的群体互动特征，也可以为当前的手机游戏及电竞区域化发展趋势提供一个研究思路。

第三章　地方语境下狼人杀游戏
社群的认同建构

在上一章中，我们已经在虚拟与现实社群的交融、数字媒介技术与物理空间的嵌入的视角下梳理了狼人杀游戏社群的发展趋势，并从社交、竞技的角度对狼人杀游戏社群中的互动进行了分析，发现狼人杀游戏社群既是玩家日常游戏、交往、参与竞技比赛、获得竞技体验的空间，也是联结游戏、城市与玩家的中介。作为个体认同的重要组成部分，城市不仅是狼人杀游戏社群日常交往、开展和组织集体活动的重要实践场所，也是狼人杀游戏社群在跨空间的社会互动和实践中共同塑造而成的社会情境，这种综合了城市地方意义的群体行动既是狼人杀游戏社群通过凝聚情感和社会脉络构建群体意义的方式，也是个体通过群体实践获得个体化情感体验，并在此基础上将城市作为自我的一个有机组成部分的过程。对于狼人杀游戏社群来说，以城市为代表的地方既是他们寻找群体意义、构建游戏社群的边界，也是他们用于游戏、社交的空间，在社群互动实践过程中，对不同地方的归属和认同是群体表达、行动的核心，地方也成为社群建构、塑造群体认同和文化时不可或缺的组成部分。因此，在狼人杀游戏社群中，如何建构"我们"，地方在建构"我们"与"他们"的过程中起到了什么样的作用也成为分析群体认同形成过程的关键。在这样的视角下，城市所代表的人文意涵和空间意义也会作用于狼人杀游戏社群的群体认同形塑和建构过程之中，是狼人杀游戏社群群体认同的重要组成部分。在探讨狼人杀游戏社群城市认同的建构时，一方面需要探究个体、群体及群际之间是如何通过丰富多样的社会互动与城市产生关联，并在城市意义的作用下构建起"我们"与"他们"的边界，从而形成群体认同的过程；另一方面需要关注个体在群体实践中的能动性，即作为狼人杀游戏社群中的成员，个体是如何接纳由数字媒介和狼人杀游戏社群所塑造出的城市意义，并通过使用城市符号、标志等方式参与到社群地方性的呈现和塑造的过程。而这不仅是分析社群成员如何在互动和实践的过程中产生集体的地方认知的关键，也是进一步分析成员将狼人杀游戏社群、城市与自己的现实生活联系在一起，塑造狼人杀游戏社群的城市象征并与主流文化合流，从而实现群体性的城市认同建构的关键所在。在本章节中，本研究将通过考察狼人杀游戏社群及成员的城市互动与实践，从群体认同及城市认同两个层面出发，探究狼人杀游戏社群的认同建构机制。

一、地方化互动下狼人杀游戏社群的群体认同

社会是由个体组成的，个体并不是随机、松散的联结，而是会通过从属于不同的社会群体和范畴形成社会结构。从社会群体的属性来看，一些是随着个体出生所获得的天然群体属性，如性别、种族等，随着个体的成长与发展，个体也可以在社会中自行地选择群体属性，如兴趣、职业等。对于个体来说，认同不仅是试图回答"我是谁"的问题，也是对于"我们是谁"的追问。认同总是在基于自我反思的基础上试图通过群体来寻找自我的某种一致性，并从群体中获得自我的维度。当人们感知到与他人的相似性时，个体就会受到吸引并形成认同。因此，人们会以自身所属的群体来定义自己，自我的概念不仅是个人同一性，同时也是一种社会同一性，这也是现实社会中社群得以形成的基础。因此，从属于某一群体不仅意味着被群体接纳所带来的归属感，也代表着一种社会共识，即个体对某一地位、团体、民族及国家的归属，这种归属建立在某些社会现象或群体特征的一致性之上。社会心理学认为，社

会认同指的是一个人对其所属的社会类别或群体的意识，个体会根据所属的社会类别（如民族、社群、团体等）的特点来界定自己的倾向。[①]当个体在特定社群内对该社群所共有的价值、文化及信念产生共同和相近态度，并认识到作为群体成员带给自身的情感和价值意义时，社会认同也得以形成。[②] 可以看出，社会认同不仅认为社会类别中全体成员的自我描述是社会或群体认同的作用，同时强调个体能够通过对群体原型内化而影响自我概念、信念及态度，表现出与群体规范相符的行为。

除了相似性之外，人们也会通过彼此间的差别来区分、界定自我。当个体发现自己与他人的不同之处，并基于这些不同之处意识到所在群体具备的区别于其他群体的资格，以及群体成员所共享的情感、价值、规范所具备的重要性时，一种关于群体的身份认同便得以形成。[③] 从社会心理学的角度来看，"我们是谁"总是相对于"他们是谁"来界定和建构的，这种与他人的相似或不同之处意味着认同形成的"同一性"和"差异性"，是追求与他人相似或者相区别的过程，人们会通过感知与他人的相似或者相异来划分出群体的边界，而不同的边界也成为认同机制中的重要组成部分。

群体既是个体开展实践的单位，也是个体塑造和建立认同的途径。社会学和社会心理学普遍认为，人们都有基本的归属需求，会出于各种各样的原因寻找团体并融入其中。个体会通过多种交流手段进行互动和文化实践，并在此过程中建立、加入不同的群体，对于个体来说，群体既是他们分享对同一客体强烈情感和乐趣的载体，也是他们寻找拥有相同情感经历，获得他人接纳、认同的途径。在社会心理学的视角下，社

---

① 乐国安，赖凯声，姚琦，薛婷，陈浩. 理性行动——社会认同整合性集体行动模型 [J]. 心理学探新，2014，34（02）：158—165.

② 张莹瑞，佐斌. 社会认同理论及其发展 [J]. 心理科学进展，2006（03）：475—480.

③ TAJFEL H & TURNER J C. The Social Identity of Intergroup Behavior [C]. In: Worchel S, Austin W（eds）. Psychology of Intergroup Relations, Chicago: Nelson Hall, 1986: 16—17.

会是构建个体心理的关键，而个体的心理也会在群体中形成和发展。当一个人认为自己是一个有价值的群体的一员，并从该群体的角度看待事物时，不论是否直接参与该群体的互动，都认为存在与该群体相关的社会认同。① 同时，个体对群体的认同是解释个体行为的核心。群体成员产生的身份意识是形成群体行为的基础，群体成员的主观认同意识会产生客观的行为后果。②

（一）社群认同的形成与演化

共同的兴趣是构成社群的核心，也是联结不同成员的纽带。从前文了解到，狼人杀游戏玩家会通过手机游戏 App、狼人杀俱乐部、朋友组局等方式参加狼人杀游戏，在互联网的发展下，除了在手机游戏和现实生活中寻找游戏机会之外，各种网络社交媒介中也出现了狼人杀游戏社群，如豆瓣中会有"杭州狼人杀面杀群""狼人杀交友群"、QQ 群中会有"大连狼人杀交友群""大连狼人杀交流群"等，玩家可以通过加入线上社群的方式获得更多参与游戏、结交同好、分享观点的机会，而这也为玩家加入、建立狼人杀游戏社群提供了契机。从行为的角度来看，狼人杀游戏玩家加入游戏社群并不等于融入其中，对自己玩家身份的认可并不等同于对群体身份的认同，当个体参与到社群实践和关系建构，并认同社群的意义体系产生相应的行动时，狼人杀游戏玩家才能确认自己身为狼人杀游戏社群成员的身份，成为其中的一员。对于狼人杀游戏玩家来说，通过网络媒介、参与线下游戏、他人介绍等方式寻找并加入游戏社群是他们建立与群体有关的认同的第一步，而通过后续的互动判断游戏社群是否能满足自己的需要并形成情感共鸣则是玩家个体身份向社群身份转化的开始，玩家会在持续的群内互动中建立与游戏社群的情感联系，深化自己对群体的归属感和认同感。因此，狼人杀游戏玩家加

---

① ASHFORTH B & MAEL F. Social Identity Theory and the Organization [J]. Academy of Management Review, 1989, 14 (1): 20—39.

② 周晓虹. 认同理论: 社会学与心理学的分析路径 [J]. 社会科学, 2008 (04): 46—53+187.

入游戏社群的动机以及希望通过群体互动所满足的需要则是形成群体认同的关键，而狼人杀游戏玩家在群体互动中对情感的建立、参与群体活动的体验也是决定他们是否长期选择游戏社群并将个体层面的认同演化为对群体的认同的核心所在。

有研究发现，游戏社群为玩家提供了一个组织集体游戏、经验交流、社交娱乐的平台，游戏玩家会出于分享游戏经验、寻求游戏机会、结识游戏合作伙伴等动机进入游戏社群。[①] 作为以狼人杀游戏为核心的社群，玩家加入狼人杀游戏社群的原因往往是出于对狼人杀游戏的喜爱。在访谈中，有36%的受访者表示，自己加入狼人杀游戏社群是出于自身对狼人杀游戏的兴趣和喜好。对于受访者来说，玩狼人杀游戏是一种不带有其他目的性和功利性、追求纯粹快乐的方式，狼人杀游戏社群"是一帮同样兴趣的人玩到一起，自然而然的聚集"（M1），加入狼人杀游戏社群也是他们寻找同好的方式。在狼人杀游戏社群中，他们可以通过和有着相同兴趣的伙伴共同推理、沟通体验狼人杀游戏带来的乐趣。

我对狼人杀没有什么太大的需求，我玩这个游戏的时候，不要求它给我带来金钱上的收益，为的是快乐，就这么简单。因为我只是喜欢这个游戏，所以才会想要说自己找群，然后加群，和真正喜欢狼人杀游戏的朋友来玩。（M20）

除此之外，受访者也希望通过加入狼人杀游戏社群来提升自己的游戏技术。对于喜欢狼人杀游戏的受访者来说，在狼人杀游戏社群中会与一些水平较高的成员共同参与游戏，并在平时的游戏过程中接受他们的指导，通过学习游戏技巧、锻炼游戏技能的方式来提升自己的游戏水平。因此，一些受访者会主动加入成员水平较高的狼人杀游戏社群之

① CHEN C H, SUN C T & HSIEH J. Player Guild Dynamics and Evolution in Massively Multiplayer Online Games [J]. CyberPsychology & Behavior, 2008, 11 (3): 293—301.

中，而这也是他们寻求进步的方式。

我进群是因为这边成员的整体素质好一些，玩得还不错，我比较喜欢跟那种水平高一点的人玩，因为我本来很热爱这个游戏，也是希望自己能进步，像在这里我会有一个提升。(F8)

我对于提升自己的游戏能力是很注重的，进群主要是练技术，我对这里的实力是蛮认可的，比较符合自己对游戏本身的期待。(M22)

在访谈中，有受访者认为，狼人杀游戏具有较强的社交属性，"是一种很好的放松、休闲方式"(M17)。从前文了解到，由于一些狼人杀游戏社群不仅有线上游戏社群，也在现实空间中设有游戏场地，对于狼人杀游戏玩家来说，狼人杀游戏社群不仅是一个与有着共同爱好的玩家共同参与游戏、分享游戏乐趣的平台，也是一个理想的社交场所。因此，加入狼人杀游戏社群，参与社群的集体游戏也是他们在日常生活中打发业余时间、排遣孤单、结交朋友的社交性活动。对于受访者来说，狼人杀是他们的业余爱好，加入狼人杀游戏社群也是打发业余时间的方式之一。他们通常会在空闲时间选择参加狼人杀游戏社群组织的集体游戏，并会自发地寻找、加入狼人杀游戏社群参与游戏，狼人杀游戏社群也成为他们日常游戏、休闲的主要空间。

2016年的年初，我在家特别无聊，其实除了工作之外我没有什么业余爱好，所以很多时候就是宅在家里面。当时我玩了一个上海的狼人杀App，是一个很简单的游戏，玩了几天之后发现没什么人玩了，但我又很想玩，就去交友软件上找狼人杀群，然后进群，开始在群里面和大家玩，我们也会组织面杀，基本上闲下来就会去玩。(M16)

通过访谈发现，由于城市生活的流动性和工作带来的压力使他们难以拥有社交、娱乐的机会，长期处在孤独的生活状态中，最初加入狼人杀游戏社群是出于想要缓解"生活中的压抑，找到一个能让自己一直保持说话，走出自闭"（M12）的方式，狼人杀游戏社群中的集体游戏为他们提供了与他人接触、交往的机会，而这也是他们在日常生活中与他人交往、参与休闲娱乐活动的途径之一。

我是把打狼人杀当成自己的一种社交方式的，虽然早就习惯自己待着，但我还是会觉得有种想和别人相处的想法在。后来我在手机上搜"杭州狼人杀"，搜到了这个群，然后我就开始玩面杀了。其实群里有局我都会倾向于参加，因为在家待着也不太好，就还是想社交的。（M7）

对于受访者来说，结交更多的朋友，扩大自己的社交圈也是他们加入狼人杀游戏社群的动机之一。在访谈中，有受访者认为狼人杀游戏是一个帮助自己结识朋友的桥梁，可以将自己"新认识的朋友和即将要认识的朋友联系在一起"（M13），而狼人杀游戏社群则是会聚有着相同爱好、成员"都是抱着交朋友的心态加入"（F10）的社交平台。因此，一些受访者会带着"想要认识更多人，不会有什么利弊考虑"（F12）的社交需求加入狼人杀游戏社群，而狼人杀游戏社群也成为他们扩展人脉、发展人际关系网络的渠道之一。

很多人都是冲着交朋友进群的，但也没有说今天我一定要交到朋友还是怎么样。很多人都是抱着如果成就成，不成就玩一下游戏的心态，因为我觉得大家都有这样的一个社交需求，这是人类最原始的需求，所以在群里比较宽松的氛围里，大家才会去想交朋友。像是有些做销售行业的，他们也会来玩狼人杀，想要多认识一些人，有些发展成朋友，有些发展成客户。（M18）

除了结交朋友，扩展自己的人脉之外，寻找浪漫关系也是玩家加入狼人杀游戏社群的动机之一。作为一个可以在线上、线下交往的社交空间，狼人杀游戏社群为玩家之间在现实生活中发展浪漫关系提供了便利。在访谈中，有受访者表示，对于狼人杀游戏玩家来说，加入狼人杀游戏社群"多少都有些社交的心态"（F10），而"尤其是为了交男女朋友的人也很多"（M22）。对于狼人杀游戏社群的成员来说，当一个玩家独自参与狼人杀游戏社群中的游戏时往往代表着该玩家是单身的状态，"因为如果有男女朋友的话，出去玩一般都会带着，那如果没有带的话基本都是单身"（F10）。随着这种观念被越来越多的玩家接受，狼人杀游戏社群有助于发展浪漫关系的社交功能也成为成员之间默认的共识。因此，对于一些期望寻找、发展浪漫关系的玩家来说，加入狼人杀游戏社群、参与社群游戏活动的方式也成为在群内结识男女朋友的新途径。

确实很多人对狼人杀是蛮有兴趣的，但最多的是想来交男女朋友，不然他们也不会在组局的时候问今天有没有小姐姐、小哥哥之类的，或者是想参加一些高颜值局。（F12）

我在这里观察下来，我觉得大家来的目的不一样，有些人是单纯为了玩，但比如说像是 Lie 这种类型的，他对游戏的态度就不是那么认真，他来玩狼人杀主要是为了社交，我觉得是为了泡妹子，所以他会在游戏里说话很搞笑，为的就是吸引女孩子注意。（M23）

现有研究认为，玩家在游戏社群中的互动能够影响玩家对社群的认同感。当社群内部成员的自身利益和需求得到满足时，他们会选择长期留在社群之中，反之则会选择离开社群，以随机团体或是单人的形式进行游戏，或是加入新的游戏社群。① 通过访谈发现，受访者会因为社群中的集体游戏、人际互动等实践能够满足他们的游戏水平提高和社交需

---

① SNODGRASS J G, BATCHELDER G, EISENHAUER S, HOWARD L, DEN-GAH H F & THOMPSON R S, et al. A Guild Culture of Casual Raiding Enhances its' Members Online Gaming Experiences: A Cognitive Anthropological and Ethnographic Approach to World of Warcraft [J]. New Media & Society, 2016, 19 (12): 101—117.

求而选择长期留在特定的社群中参与游戏并沉浸在社群互动中，而这也是他们将社群的工具性依赖转变为情感性依恋，并将自己从一个普通成员转变为对社群有着归属感和认同感的群内成员的关键所在。其中，一些受访者表示，由于自己在社群的游戏中不断积累经验、学习技巧，受访者会认为在社群中自己的游戏水平有着较大的提高和进步，而这是"自己玩游戏所得不到的东西"（M17）。因此，受访者也愿意花更多的时间参与社群的游戏活动，并对社群产生认同感。

我进群的时候什么都不会，是群里几个玩得很好的朋友从最基本的规则教起，一直到现在我可以打一些很高端的局。这个群带给我的东西很多，让我不断进步，真正感受到狼人杀的乐趣，现在我自己每天都泡在群里，也想要这样一直钻研下去。（M12）

最初我进群纯属玩玩游戏，然后顺便锻炼一下自己的逻辑，刚开始因为水平不够，我以为自己不适合这个游戏，后来是群里的朋友们教给我很多抵人、发言的技巧，然后我突然就变得厉害了，这种感觉挺好的，我自己的心态也在变，毕竟我在这里学到了很多，对这里还是很认可的。（F10）

除了对自身技术、逻辑能力的提升之外，在狼人杀游戏社群中与其他成员建立起亲密、稳定的人际关系既满足了受访者的社交需求，也是他们愿意长期参与社群互动，对社群产生认同感的核心。作为一个具有情感联结特征的人际关系形成场所，[①] 成员之间的人际关系是创造、维护游戏社群的有效方式。[②] 在访谈中发现，狼人杀游戏社群中，成员之间会发展成朋友、恋人等关系，当他们在社群中发展出良好的社交关系

① 关萍萍. 游戏公会的社会网络关系与意见领袖研究——以《大话西游 Online Ⅱ》为例 [J]. 北京邮电大学学报（社会科学版），2017，19（06）：1—10.

② WILLIAMS D. Groups and Goblins：The Social and Civic Impact of an Online Game [J]. Journal of Broadcasting & Electronic Media，2006，50（4）：651—670.

时，他们也会更愿意参与社群中的游戏等活动，并介绍、带领自己现实生活中的朋友加入社群。

群里玩家们之间应该蛮多对谈成的。像是最近我有一个朋友，他在群里玩游戏的时候认识了一个女生，他当时觉得这个女生很可爱，对这个女生有好感，就问我要这个女生的联系方式。后来有一天他俩告诉我两人在一起了，我挺为他们高兴的。（F12）

成员之间在一起的案例挺多的，像之前有人会在俱乐部里表白，他们会特别提醒我们布置一下场景，然后去表白，基本上都会成功。毕竟都是玩狼人杀认识的，一般在一起之后也会经常一起来打狼人杀，还会带自己的朋友过来。（M22）

同时，对社群的依赖也会在长期的社群实践中转化为对社群的认同感。对于受访者来说，虽然狼人杀游戏社群是一个为他们提供参与游戏场所、途径的工具，但更是一个凝结、维系着自己友情、爱情等"泛亲关系"的情感空间，对狼人杀游戏社群的认同感最终会落实在"一个个朋友，还有和他们之间的羁绊上"（F1）。对于受访者来说，人际关系会影响他们对社群的观念，他们会在朋友、恋人等人际关系的影响下频繁参与社群集体活动和游戏，并在长期的互动和实践中对社群形成依赖，如"每天都去俱乐部里玩"（M16）、"天天都会在群里打游戏"（F5）等。他们选择与自己的朋友、恋人在特定狼人杀游戏社群中共同参与游戏，既是他们维持自己人际关系的方式，也可以帮助他们通过社群不断强化自己的情感体验，而这也会进一步增强他们对社群的情感依恋，产生对社群的认同感。

我老公特别喜欢狼人杀，特别喜欢这个群，喜欢这里，我就常来玩。因为我自己也是一个老玩家，也在很多群里玩过，所以刚开始没有觉得有什么不同，后来他带我认识了这里的群主，还有其他水平比较高的玩家，我们几乎每天都在一起玩，跟大家熟起来之后，我也觉得这边挺好的，无论是玩家的技术还是氛围，都蛮认可的。现在我们玩狼人杀，只会在这个群里玩。(F9)

作为一个社会互动空间，社群的功能体现在为成员提供情感归属，① 成员对社群的情感归属能够将短期情感转化为长期情感，成员间高度情感互动能够使社群成员在情感互动中实现群体融合，从而达到群体认同的目的。对于受访者来说，狼人杀游戏社群是一个获得陪伴、安全感及归属感的空间，他们会通过长期参与社群游戏、活动的方式结识其他社群成员并融入社群的日常实践之中，长期参与社群互动也会使受访者与其他成员相互熟悉、了解，从而产生对社群的归属感。

在门派里会觉得我终于有个归属了，我可以跟一些我认识的人一起玩，虽然也是网友，但是我可以跟一些稍微熟悉的人玩，玩久了就互相认识了，也不至于每天去匹配，这种归属还是很重要的，不会让人有那种失落感。(F1)

从具体的互动来看，与其他成员产生情感联结，拉近彼此之间的心理距离，在相互接纳和融入的过程中消除陌生感和孤独感是成员对社群产生归属感的途径。在访谈中，有受访者认为，狼人杀游戏社群的魅力在于其中的人际关系，而建构成员间良好、和谐的人际关系需要"以心换心，真诚、热情地对待彼此"(F12)。在实际的交往中，狼人杀游戏社群中的成员会通过彼此间相互关心、主动问候等方式消除成员的陌生感，使成员获得较好的情感体验，而这也可以帮助成员积极融入群体之中，产生对社群的归属感，成为群体的一分子。这种方式能够使成员在

① 徐明宏. 城市休闲的社会整合与管理创新研究——以杭州趣缘群体为例[J]. 浙江社会科学，2015（12）：82—88+157—158.

游戏社群中结交朋友，发展人际关系，使成员能积极地参与到社群的日常游戏和活动之中。同时，这种情感性的人际关系也可以进一步加强成员对社群的认同感。

因为这里让我感觉很舒服，主要是大家人都很好，即使是玩得很好的人也没有什么架子，在群里问问题大家都会回复，还会主动邀请你玩游戏，在线下组局也会和你打招呼，那这样的话，我也会去和他们聊天，也会问他们要不要一起组局，一来二去就熟悉起来了，现在我基本每天都会在群里玩狼人杀，大家已经是非常好的朋友了。（F2）

我记得特别清楚，我们那里有一个成员，他第一天谁都不认识，一个人很胆怯，我就去和他聊聊天，让他把防备心理放下来。从此我们就成了朋友，之后我把我的朋友再介绍给他，后来他就和大家打成一片，每天都会过来和大家一起玩。其实大家能成为一个群就是在于聚住人心，就是要一个一个地来感染朋友，这种关系就把人心都勾住了。（M3）

(二) 社群中的多重边界划分
从群体认同的形成来看，边界是促成人们对群体共同性产生更深的认识，区分群内成员与群外成员，并架构二者之间互动的重要标识。边界是社会运动研究中关于集体认同感中的一个概念，指的是那些在反抗群体和占主导地位的群体之间建立起差异的社会、心理和物理结构，通过突出强调竞争性社会世界中的社会运动积极分子和由他者组成的网状组织之间的差异。从现有研究来看，边界概念的运用已经超越了社会运动研究的范畴，边界的建构已经不再局限于不同社会阶级之间的压制、反抗的斗争关系中，同样存在于社群之中。作为一个社会运动的主体，划分边界对于社群的群体认同感的建构也有着重要的作用，划分边界能够通过寻找"我们"与"他们"的差异所在，并通过社会行动者的具体行动来对边界进行标记，以此来建构"我们"的群体认同感。① 因此，对于一个社群来说，社群中的边界是群体认同建构的关键。在对现有访谈的梳理和初步考察发现，狼人杀游戏社群中存在着以地方来定义"我们"与"他们"的方式，而这种根据地方所划定的边界不是单一的，会在群体互动的过程中按照从大到小的地方范围逐渐精确多重边界。首先，作为狼人杀游戏的玩家，他们会在日常观看狼人杀比赛、直播及参加游戏的过程中学习、接触到自己所在地区狼人杀游戏玩家普遍采用的打法，通过与其他地区玩家的对比感知到彼此间的差别，并在长期的游戏实践中将这种特定的游戏打法转化为一种特定的风格，被玩家所接受，而这种风格也成为不同地方玩家之间的标记，将狼人杀玩家划分成南方、北方玩家；其次，在这种具有地方特性的风格之下，不同地区之间的狼人杀游戏玩家也会通过强调社群所在的城市特性、符号来进一步划分群体边界，建构内群中的群体认同，增强群体的凝聚力。同时，城市边界也成为不同狼人杀游戏社群在丰富、多元的群际互动中进行竞争、合作的重要影响因素。可以看出，在狼人杀游戏社群的群体互动中，地方起到了重要的作用，也是群体认同构建的核心，本章节将以这两个层次的群体认同和边界划分作为分析狼人杀游戏社群中群体认同的建构框架。

因此，这种多重边界的存在说明狼人杀游戏社群的群体认同是在不断的地方互动中寻找和建构起来的，也是一个动态的发展过程。在狼人杀游戏社群中，地方的相似性与相异性是他们在互动中感知他人与自我是"我们"还是"他们"的重要参照。对于狼人杀游戏玩家来说，这种基于地方的边界是多维的，既是帮助玩家在宏观的地区范围之间感知、了解彼此异同的方式，也是狼人杀游戏社群在微观的城市范围之间通过竞争、合作分辨自我和他者，增强群体凝聚力，建构群体认同的方

---

① 邓惟佳. 能动的"迷"：媒介使用中的身份认同建构——以"伊甸园美剧论坛"为例的中国美剧网上迷群研究 [D]. 上海：复旦大学，2009.

式。对于狼人杀游戏社群来说，群体认同的建构离不开地方意义，这种关于"我们"与"他们"的区分实则是建立在地方基础上的相似性和差异性共存的建构、发展过程。接下来，本研究将探讨狼人杀游戏社群中是如何通过地区、城市的异同来划分群体边界，并在边界的作用下建构"我们"与"他们"以及群体认同的过程。

1. 社群中玩家的地域区分

边界是人、事物之间的边缘、界限，是"我们"与"他们"之间得以区分并表明差异的刻度。这种区分也是人们的认知活动，是一种具有社会共识性的分类或范畴化过程。社会认同理论认为，人们会在与自己相似的他人互动的过程中获得对自身的评价，而这一过程不仅会使人们受到相似的人的吸引结成群体，也会使人们在特定的情境下产生社会归类，成为人们态度和行为的基础。Tajfel 指出，人们会根据自身所在的社会环境对人或事物进行分类并纳入不同的类别，进而帮助个体对事物的理解，而这种社会分类的过程也被视为对社会的范畴化，是社会认同形成必要的心理过程。[①] 从群体互动来看，人们会通过标志性的关键词来对人和事进行归类，这种关键词既是明确个体身份的方式，也可以将群体放置于社会提供的参照体系之中，方便个体寻找群体及群体间的相互识别。

在狼人杀游戏中，地区是狼人杀游戏玩家对彼此进行分类的重要依据之一，他们会根据真实地理区域对不同地区的玩家进行划分，如以江浙沪、广东、四川等地区为代表的南方玩家，以北京、天津、东北等地区为代表的北方玩家。在访谈中，受访者会用南方、北方对不同地区的玩家进行社会分类，玩家也会根据所处的地区将自身进行社会范畴化。

虽然都是玩狼人杀，但是南方人和北方人之间还是会有区分。像是

---

① TAJFEL H & TURNER J C. The Social Identity of Intergroup Behavior [C]. In: Worchel S, Austin W (eds). Psychology of Intergroup Relations, Chicago: Nelson Hall, 1986: 16—17.

离得比较近的玩家之间经常在一起玩，大家就会觉得他们是一块儿的。比如上海、杭州的玩家，大家就会觉得他们是南方玩家，北京、天津、东北的都是北方玩家，这种地域上的区分还是存在的，玩家之间也都会认。（M17）

从狼人杀游戏的发展来看，不同地区边界的形成离不开早期知名狼人杀游戏玩家的带动。随着狼人杀游戏直播、综艺、电竞的发展，狼人杀游戏玩家有了更多的曝光机会，出现在全国观众的视野之中。其中，一些游戏实力强、个人技术突出的玩家也会成为圈内知名的狼人杀玩家和所在地区的代表人物，他们所擅长的打法也会被广大狼人杀游戏玩家认可，并将他们的特点总结成为所在地区的象征。通过访谈发现，狼人杀游戏圈中存在着诸如"东钩、南枪、北影、西丑、中舒服"之类的称号，通常是广大玩家结合圈内具有代表性的玩家所擅长的打法总结并得到的狼人杀游戏圈公认的称号。对于这些称号，辣是富德瓦解在百度pandakill 贴吧中做出了这样的总结：

传说中狼人杀五大邪门教派　各具风格

五大门派分别为：南枪　北影　东钩　西丑　中舒服

南枪派：南枪派的特点是不管什么牌都能打出枪牌的效果。发言强势，但绝不贴脸，就可以震退狼队，这是南枪派的中心思想。南枪派的掌门正是"炸弹人"李锦——楼主最喜欢的狼人杀玩家，虽然阶位不如 JY 饮料申指桃这些 4 阶准四阶的大神，但是我们南枪派别具一格，傲立于狼人杀界。

北影派：一个字——演。人生如戏全靠演技，掌门：李斯 3.4 阶。

东钩派：实力不够就打倒钩，发言太烂，污死真预言家。掌门：二龙，3.0 阶。真正的倒钩是什么？就是预言家倒牌后，谁也想不到你就是那匹狼。

西丑派：代表人物王宝宝。特点就一个字贴脸发言——我是狼咯？

是狼死全家。PS：谁有王宝宝那张贴脸发言的图，给我发一个呗。

中舒服派：掌门正是大名鼎鼎的国服第一位 4.0 阶玩家——申屠。发言煽动人心，听着真舒服！无敌！①

可以看出，"东钩、南枪、西丑、北影、中舒服"是对狼人杀游戏圈中具有代表性的五位玩家游戏打法的总结。同时，这些称号也能够被该玩家所在地区的玩家接受，成为该地区主流的游戏打法之一。通过访谈发现，虽然这些称号最初来源于狼人杀游戏玩家之间的"梗"，但在狼人杀游戏长期的发展中，这些称号能够简单、直接地反映出这些知名玩家的特点，随着这些知名玩家通过比赛、直播、综艺节目获得更多的荣誉，进一步扩大他们在狼人杀游戏圈中的影响力，他们所代表的打法也会受到该地区其他狼人杀游戏玩家的推崇和认可。在访谈中，有受访者表示，对同城知名选手的欣赏实际上是他们表达自己"某一方面、某一块像我想要成为的那种样子"（M10），他们会称自己欣赏的同城知名选手为"老师""偶像""师父"，这种称谓表达出的不仅是受访者对他们的尊重和钦佩，也是受访者对理想自我的要求和期待。当这些知名玩家逐渐成为该地区的象征时，他们也会通过日常观看直播、比赛、游戏的方式主动通过拜师等方式学习、模仿该地区知名玩家的打法和思路，并运用到自己日常的游戏中，而这些游戏打法也会进一步流传在玩家之间，形成不同地区游戏打法的差别。

我师父最早是玩杀人游戏的，她在北方很有名，前段时间她在沈阳的一个面杀游戏里面作为邀请嘉宾，可以说火爆沈阳。她是一位顶级玩家，逻辑非常强，而且她对狼人杀的理解非常高，她会给我讲一些很细微的发言的逻辑技巧，包括神牌、狼牌会在什么时候发出什么样的言，

---

① 辣是富德瓦解. 我来给大家科普一下狼人杀五大门派 [EB/OL]. 2017-03-14. pandakill https：//tieba. baidu. com/p/5021587801.

听到这样的发言之后如何去组织你的逻辑。在她指点之后，我听神、刀神的准确率明显提高。可能也是受她的影响，我平时自己在打比赛、玩游戏的时候也会强调狼人杀是逻辑至上。（M15）

南枪这个名字最开始是一些狼人杀玩家叫起来的，是因为大家觉得李锦拿猎人牌的时候打得很猛、很强势，而且他抿人也很准，那会儿他会常跳猎人，报枪徽流，让人的印象比较深。再加上他在《PandaKill》拿了冠军，包括他后来在上海和二龙一起做《华山论剑》，提到江浙沪的玩家，一定不会少了他，所以后来很多上海、杭州的玩家也开始用一些抿人的技巧，慢慢地就有了"人性流"这个打法，他算是"人性流"的代表人物了，是很多人的偶像。（M22）

随着狼人杀手机游戏的出现和各地玩家之间交流的增加，不同地区之间玩家打法的差别也在相互交流的过程中显现出来。通过访谈发现，不同地区玩家的狼人杀游戏打法是受访者形成南北分界的主要依据。目前，狼人杀游戏的打法主要有"人性流""深推流"两种。其中，"人性流"指的是玩家在听发言的同时，也会大量结合现场其他玩家的微表情、动作、反应（也被称为"抿面相""抿卦象"）来判断该玩家的身份。"深推流"指的是以场上玩家发言为基础，通过梳理玩家之间发言的联系来建立思考逻辑，判断在场玩家发言的真伪并断定身份。在访谈中，受访者普遍认为，南方玩家的打法以"人性流"为主，侧重于对现场信息的收集，北方玩家的打法主要以"深推流"为主。通过调研发现，北方地区早期更加流行警匪游戏。相较于狼人杀游戏，警匪游戏的板型比较简单，通常在游戏中设有警察（类似于狼人杀游戏中的预言家）牌及匪徒（类似于狼人杀游戏中的小狼）牌，没有女巫、猎人、狼王等功能牌。然而，这种简单的板型也更加依靠玩家之间的发言和个人的逻辑思考能力，玩家在游戏时需要尽可能地通过彼此发言去判断在场玩家的身份。由于有着较长的警匪游戏的经验，北方玩家在玩狼人杀游戏时会更加看重场上玩家的发言，倾向于纯逻辑输出。

南北玩家的打法不一样，可能这是一个差别。我在北京玩的时候发现他们不怎么抿卦象，他们只是通过你的发言、你的视角去判断你的身份。杭州这边的玩家太喜欢抿了，上来就会拿抿出来的面相、状态点狼、点神，而且大部分都挺自信的。（F6）

很多北方玩家都是打杀人起家的，相对于南方的话，我们天津玩家打深推局就会很厉害，就是所有人都是闭眼视角，纯靠发言。因为打杀人主要是警匪对冲，警察也不会说所有的都起跳，好人纯听发言互相认，去找匪徒、找警察，警察找匪徒、找平民，当然南方的玩家也会听发言，打逻辑，但会比较看重抿面相这一块。（F3）

在狼人杀游戏社群中，不同地区的玩家会形成特定的游戏打法，而不同地区的狼人杀玩家在形成不同游戏打法的同时，也会在游戏中体现出相应的游戏风格。从社会认同理论来看，当个体在互动中感受到自己的群体身份时，会在这种观念的作用下做出与群体相符的行为。对于受访者来说，他们会在日常的游戏、交往过程中不断地被群体同化，接纳群体的风格。通过访谈发现，南北方狼人杀游戏玩家"虽然玩的是一个游戏，但是也有不一样的'格式'在"（M10），除了一些狼人杀游戏中诸如"两狼打配合卖队友做倒钩狼身份"（M1）的公认"格式"之外，不同地区之间的玩家也会在自己所擅长的打法中发展出相应的策略和技巧，形成"格式"差别，而这些在游戏中运用到的"格式"也会在长期的游戏过程中成为不同地区之间玩家在参与狼人杀游戏时默认的规范，并在游戏中自觉地遵守。在不同地区玩家的交流下，这种关于狼人杀游戏"格式"的地区差别也逐渐凸显出来，成为南北狼人杀玩家所特有的游戏风格。在访谈中，受访者会以这种地区间的游戏风格为来自不同地区的狼人杀玩家贴上"标签"，而这种以游戏风格为关键词进行社会分类的方式也成为狼人杀游戏玩家之间用于身份定位的依据，进一步明确了不同地区玩家之间的差别。

有些人会觉得北方玩家打游戏时比较保守，比如说天津、北京的玩家，他们之前很多是打杀人游戏出来的，杀人游戏里功能牌比较少，都是靠听发言打逻辑局，所以在狼人杀游戏里他们就会有一些固定的格式，比如说滴滴代跳这种。当然，这种格式肯定是稳，但是对一些想要尝试新玩法的人包容度就会比较低。在南方的话就会更灵活一些，比如说杭州的玩家比较喜欢打"人性流"，那么在游戏里他们就可以乱跳，打出很多新的板子，因为他们不光听发言，还喜欢抿面相，那么局势越乱就会越好玩。（M20）

2. 社群中的城市符号分类

从狼人杀游戏圈中的边界形成过程来看，由不同游戏风格形成的南北方玩家的差别是玩家感知地方身份、形成群体边界的第一步。从第二章可知，分布在各个城市中的狼人杀游戏社群是狼人杀游戏玩家用于线上、线下参与游戏和日常活动，相互沟通、休闲社交、体验竞技的重要实践空间。作为狼人杀游戏社群中的成员，无论是组建社群、发起群体活动的社群负责人和工作人员，还是通过社群参与狼人杀线上、线下游戏与相关社交活动的成员，他们都能够清晰地知道自己所在狼人杀游戏社群的名称、所在城市以及与其他狼人杀游戏社群的差别。其中，出于对城市的归属感、责任感和荣誉感，他们会选择成立、加入与自己同城的狼人杀游戏社群，城市也成为不同狼人杀游戏社群之间的边界之一。可以看出，除了根据游戏风格大致区分出南北玩家边界之外，城市既是狼人杀游戏玩家进一步组建、加入狼人杀游戏社群以及区分群际差异的重要边界，也是凝聚狼人杀游戏社群内部成员，构建群体认同的关键。

作为一种观念、认知，地方感通常凝结了某一地方人群的情感归属，也是一种共同拥有的价值取向，是存在于人们意识之中的先验性经验，构成了人们的认知方式。通过访谈发现，根植于受访者观念之中的城市观念会成为他们组建、选择狼人杀游戏社群的实践的前提。虽然狼人杀游戏社群是一个以狼人杀游戏兴趣为核心的趣缘群体，分布在网络空间和现实空间之中，具有脱域性和在地性两种属性。但是在实际的社群实践中，一些受访者还是会基于共同的城市价值取向聚集在一起，形成具有城市效应的狼人杀游戏社群。在访谈中，有受访者表示自己会出于"想要组建一个属于自己城市的战队，在当地推广狼人杀"（M1）的原因自发建立狼人杀游戏社群。对于受访者来说，他们会在与不同城市的玩家与社群的交流中意识到自己所在城市与其他城市狼人杀游戏发展的差距，为了将对游戏的热爱和对家乡的热爱结合在一起，他们希望通过组建当地狼人杀游戏社群的方式召集同城的狼人杀游戏爱好者组织群体游戏活动，成为当地在全国狼人杀游戏推广的"据点"，并通过参与全国狼人杀游戏活动来展现自己城市的实力。

平时我们也会跟别的城市的朋友们一起打游戏、交流，想着怎么把狼人杀做好。当时看过很多城市之后，我们就是自发地觉得能不能带动一下武汉的狼人杀游戏。我们武汉这么大一个城市，在中国来讲各方面也不差，那既然我们热爱狼人杀，我们也要让武汉走向全国，希望武汉能够跟上全国的脚步，所以我们就是以这种初衷成立了这个门派。（M9）

除了组建本市的狼人杀游戏社群之外，一些受访者也会出于对城市的归属感和荣誉感加入同城狼人杀游戏社群。通过访谈发现，由于不同城市之间的狼人杀游戏社群会通过比赛、人气、活跃度等方式进行比较和排名，因此，出于想要为城市做贡献、争取荣誉的心态，受访者会主动选择加入同城狼人杀游戏社群。对于受访者来说，加入同城狼人杀游戏社群意味着自己参与游戏、比赛等实践"不是在为你自己，而是为了整个城市"（F4），这种对城市的归属感也会将同城的狼人杀游戏爱好者聚集在一起，为了城市的荣誉而共同努力。

我觉得《狼人杀官方》里面这个门派机制做得比较好，系统会在各个城市之间搞一些排名之类的，这样就会把人都聚在一起，先是一个城市里的门派拼人气，然后再看整个城市在全国的人气，那么大家肯定会为了城市排名进同城门派，而不光是考虑自己。（M1）

当时为了去参加华山论剑，LYB 基本上网罗了杭州所有的顶尖选手。那会他们邀请了我，我想也没想就答应了，因为 LYB 就是杭州本土的门派，我对杭州还是很有归属感的，平时在这个门派里玩游戏、打比赛也是为了杭州，那种感觉是不一样的。（M12）

同时，对于受访者来说，由于同城狼人杀游戏社群中往往聚集着较多的同城玩家，这种共同的地缘属性也能消除彼此间的陌生感，拉近成员之间的心理距离。同城狼人杀游戏社群能够使成员有更多的机会在现实生活中交往，加深彼此的了解，而真实、良好的人际关系也能够提升他们对所在社群的归属感，增强社群成员之间的凝聚力，使他们选择长期留在社群之中。

我去面杀的时候有人问我要不要来 XY 派，因为我在杭州，XY 也是杭州的门派，我觉得会比网上的门派要真实一点，我就加入了。其实在同城门派蛮好的，我们平时面杀都在一起，网杀也在一起经常玩，因为 XY 里面大部分的人都在杭州，我们基本上都在一起玩过了，跟大家相处得都很愉快，所以就在这里扎根下来，一直到现在。（F1）

黄少华认为，构成族群区分和差异的基础，需要人们依据一定的符号性分类标志来确立"我族"与"他族"之间的社会边界。① 这表明在群际情境中，"我群"与"他群"需要明确的表征来强调群体之间的区分和差异。对于狼人杀游戏社群来说，建立、加入同城社群是将分散在

① 黄少华. 网络空间的族群认同——以中穆 BBS 虚拟社区的族群认同实践为例 [D]. 兰州: 兰州大学, 2008.

城市中的狼人杀游戏爱好者聚集在一起使其成为一个群体的主要方式，这种地方的独特性是他们将视为某一地方的人并与其他群体进行区分的异质性要素，需要在与其他相似群体互动并产生联系时才能得以凸显。有研究指出，人们会根据自己的生活和经验将自己视为特定地方的人，产生对某地的归属感，这种归属感也会融合在认同之中，包含了个人的记忆和共同的历史记忆，形成了区别于其他地方的地方性。① 然而，对于每一个独立的狼人杀游戏群体来说，区分不同的狼人杀游戏社群不单依靠社群成员对城市的感知，同样需要独特的标识来突出社群的城市属性。因此，城市也得以成为狼人杀游戏社群中有效的群体边界的划定和呈现方式。正如每个人都有自己的名字并以此来区分彼此一样，狼人杀游戏社群也会通过名称来划分群体之间的边界，形成一个个独立的社群，是社群最基础的自我标识方式。其中，为了凸显社群的城市属性，增强社群内部的凝聚力，一些狼人杀游戏社群会采用知名的城市地标、象征为自己的社群命名。通过访谈发现，受访者在建立狼人杀游戏社群时会结合城市的历史文化、地标建筑、精神象征等城市符号来为自己所在的社群起名，使社群以最直观的方式表现出鲜明的城市风格和特色。这种方式不仅表现出了受访者对城市的认同感、希望通过具有城市代表性的名称来帮助成员建立对所在群体与外群体之间城市差异的认识，提升对内群体的认同度，同时，这种方式也可以帮助社群在参与群际互动的过程中通过比较来不断增强社群之间的差异，强化社群的城市属性，进一步加深群体之间的边界印象。

我们这个门派是 2017 年 12 月 27 日成立，取名武林门。武林门是杭州十大古城门之一，到现在杭州还有武林门这个地方，有一个武林广场，我们当时也是因为这个给门派取名的，用这个名字，是想让我们出

---

① TWIGGER-ROSS C & UZZELL D L. Place and Identity Processes [J]. Journal of Environmental Psychology, 1996, 16: 205—220.

去别人一听就会知道我们是杭州的一个门派。而且这样也会让大家有更强的归属感，像是我本人一直生活在杭州，未来也会在杭州成家、立业，我们门派里一些资格比较老的成员也都是杭州的，大家留下来一定是有价值观上面的趋同，包括对杭州的归属感，以及对这个大家庭的认可。（M6）

除了狼人杀游戏社群的名称之外，一些受访者还会将具有鲜明地域特征的名称作为成员的 ID，以此来突出内群成员的身份，并在群际交往的过程中呈现出社群独特的地域性属性，划分内群体与外群体之间的边界。在访谈中，受访者会将对城市的情感转化为自己的身份象征，会将社群所在城市所独有的文化视为社群的特色，认为这是"区别于其他门派的一个门槛"（M14）。在社群实践中，他们会主动地接受城市所具有的文化形式来塑造自己的社群文化，将社群内部的文化与城市的精神气质联系在一起，形成"通过日常生活经验将自己视为特定地方的人"① 与共同趣缘爱好的联结，构建出了一种基于一致地方感凝聚而成的狼人杀游戏共同体。对于受访者来说，用城市所具有的特色来设计游戏中的 ID，既可以表达出对自己家乡的热爱和归属，也可以成为所在社群与其他社群进行区分的特色所在。

我们的门派其实很有特色，因为蒙古族是特别有地域性的。我们来自呼市，是目前内蒙古唯一能打比赛的门派，而且内蒙古出猎人，又有草原狼，我就感觉和狼人杀特别搭，所以在成立战队的时候，我们每个队员的 ID 都是蒙古名字，这样去全国的舞台上打比赛的时候，大家都会知道我们是来自内蒙古的选手，在我们身后还有一群内蒙古的玩家。现在大家都给我们起代号，说我们是草原猎人，我觉得特别符合我们这

---

① DIXON J & DURRHEIM K. Dislocating Identity: Desegregation and the Transformation of Place [J]. Journal of Environmental Psychology, 2004, 24: 455—473.

个来自草原城市的门派。(M3)

　　通过访谈发现，地方是狼人杀游戏社群中划分群体边界的途径之一。无论是根据游戏风格的差异区分开来的南北分界，还是根据城市特色来区分狼人杀游戏社群，这些都是来自不同地区、城市的狼人杀游戏玩家与社群进行分类的方式。从社群与地方之间的关系来看，地方不仅构成了社会群体认同的一部分，社群也在不断的空间实践中汲取、融合地方文化、意义，形成社群的地方风格，而这种特有的地方风格也会成为不同社群之间划分边界、积极区分的标志，从而成为构建群体认同的重要组成部分。对于狼人杀游戏爱好者来说，这种范畴化有助于划分出内群与外群之间的边界，使他们能够加入符合内在地方感知的社群，并参与到社群互动之中。在地方边界的作用下，群体成员可以在群际互动的过程中清晰地意识到"我群"与"他群"之间的差别，从而在众多狼人杀游戏社群中感受到自己和群体的独特性，进一步明确自己的群体身份。因此，以地区、城市为代表的地方是狼人杀游戏社群中区分"我们"与"他们"之间的重要边界，也是建构群体认同的重要组成部分。

　　在后亚文化的研究中，社群在创造、表达、传播时往往会与独特的地域符号紧密相关，无论是社群本身还是传播内容都被纳入亚文化所营造出的地域符号和场景之中，成为一种具有鲜明地域风格的青年文化场景。[1] 对于狼人杀游戏社群中的成员来说，地方是一个长期的、先验的经验，是他们在空间实践中积累的一种关于"我在哪"与"我是谁"的相互关系。在这种关系的作用下，狼人杀游戏爱好者在进入以狼人杀趣缘为核心的社会互动空间中也会在经由内化的地方观念的影响下开展群体实践活动，并在此基础上自发地寻找与其他地方的不同之处，通过接受、吸纳地方文化、符号的方式来塑造狼人杀游戏社群的群体特征，

---

　　[1]　BENNETT A & KAHN-HARRIS K. After Subcultures ［M］. London：Ashgate，2004：54.

而不同地方的群际互动也会凸显出群体之间的差别，从而起到明确"我们"的作用。因此，从狼人杀游戏社群中社会分类的过程来看，社群的独特性一方面体现在成员对于自己家乡的感知，是以现实生活、实践空间为主的生活环境、情感体验的群体差别；另一方面，这种独特性同样体现在社群内部的文化风格塑造上。以城市坐标为边界的狼人杀游戏社群能够将有着共同地方认知、情感、体验的狼人杀游戏爱好者吸引到一起，在群际互动中凸显内群与外群之间的差别，形成区别于其他同类型狼人杀游戏社群所特有的群体认同感和归属感。

可以看出，在当前数字媒介时代的背景下，社群中内容生产的来源和传播渠道是超地方化、流动化、远距离化及全球化的，但是在受众接受、认知、聚合的过程中则是具有地方性的。由于"知识不可避免地具有'来自某处'和'与某处相联系'的特点，地方不能被简单地视为一处具体的定位，而是与当时、当地日常经验密切相关"①，地方不仅是一种现象范畴，也是一种认识论的本体范畴，是一种具有历史性、连续性和具体性的"认知图式的地方"②。这意味着即使是在面对超地域化的社群文化时，不同主体在感受、应对、接纳时也会有着地方化的差别和意义，社群中的内容创造、生产和文化表征也会发生相应的转向，通过地方化的象征符号形成特定的社群文化，地方也会成为重塑社群的重要因素。同时，地方作为一个文化主体，对社群风格、文化和传播的重塑不只是一个由网络数字技术造成的"工具性"效应，而是反映出现代社会中个体、群体在主动通过自身与地方有关的日常经验、情感体验参与的意义创造和构建，既是数字媒介时代人们文化行为的具体表现，也是多元、丰富的社会互动的聚集，体现出数字媒介时代地方空间与虚拟空间的关系以及主体地方感和深层精神结构之间的关联。

① 李小敏. 国外空间社会理论的互动与论争——社区空间理论的流变 [J]. 城市问题，2006（09）：89—93.

② 彭兆荣，吴兴帜. 作为认知图式的"地方" [J]. 北方民族大学学报（哲学社会科学版），2009（02）：71—75.

（三）城市荣誉下社群的边界伸缩

从群体认同的形成来看，社会分类能够表明群体自身的属性和特质，寻找、确认群际之间的差异，划定内群与外群之间的边界是形成群体身份认知、建构群体认同的初始阶段。然而，对于群体认同的建构来说，群体所具有的显著意义需要将群体置于与其他群体的关系网络之中，在对群体进行社会分类之后，群体的认同通过与其他群体的比较和对比才能呈现出来。社会认同理论认为，群体间的比较是群体成员获得认同的重要手段之一，社会比较可以使社会分类的意义更加明显。社会比较指的是人们倾向于以积极的特征来定义自己所在的群体，同时以相对消极的特征来定义外群。[1] 在群际背景下，通过突出我群的积极表现和优势，加大内群与外群间的差异是个体提升自我评价、获得自尊的重要途径。[2] 因此，在获得自尊与认可的动机下，人们会将自己所在的群体与其他群体进行比较，在比较的过程中会产生"内群体偏好"，即认为自己的群体比别的群体更好来提升个体的自尊。这样的区分，包含着"我们的群体"，同时也排除了他人，形成了"他人的群体"，在比较的过程中会对其他群体产生"外群体偏见"。在社会互动过程中，由于对共同目标的竞争和资源的争夺，同类型的内群与外群之间、群体与外部社会群体之间会产生竞争和冲突，内群偏好和外群偏见能够有效地提升群体内部的凝聚力，提高群体内部成员的团结感和归属感。

通过前文可以发现，狼人杀游戏玩家会在社会互动过程中结合地区、城市边界在主观上将自己归类，进入能够满足自身地方价值观念和对自身有吸引力的特定社群之中，并通过与其他相似的群体成员在互动、交往的过程中接受并内化群体规范，从而形成一个稳定的群体。然

① TAJFEL H & TURNER J C. The Social Identity of Intergroup Behavior［C］. In: Worchel S, Austin W（eds）. Psychology of Intergroup Relations, Chicago: Nelson Hall, 1986: 16—17.

② 迈克尔·A·豪格，多米尼克·阿布拉姆斯. 社会认同过程［M］. 高明华译. 北京: 中国人民大学出版社, 2011: 42.

而，从社会认同建构的过程来看，社会分类是对同一范畴内成员相似性和与此范畴之外的他人的相异性进行区分的第一步，为了进一步强化地方边界，在以地方为符号性分类标志的社会范畴化概念下进行群际比较、竞争则是突出地方对狼人杀游戏社群认同建构作用的重要过程。因此，对于狼人杀游戏社群来说，通过城市为代表的符号性分类标志进行社会比较既是他们在群际交往的过程中凸显出群体的优势、积极评价获得自尊的途径，也是群体提升群体凝聚力的方式。在本节中，本研究将通过考察狼人杀游戏社群中群际差异和竞争的意义，以及群际之间态度设定的标准来梳理狼人杀游戏社群中群际比较的形成过程，进一步探讨城市作为符号性分类标志对狼人杀游戏社群群体认同的建构作用。

1. 不同城市间社群的竞争

从之前的章节我们可以了解到，在游戏厂商、赛事机构等相关行业的推动下，狼人杀游戏玩家会以城市为坐标组建社群、参与狼人杀比赛，形成"城市+社群"的线上、线下运营模式。在这样的背景下，作为狼人杀游戏社群的实践空间，城市也成为不同地区狼人杀游戏玩家、社群之间进行比较的单位。通过调研和访谈发现，一个城市的狼人杀游戏实力主要表现在《狼人杀官方》游戏 App 中同城门派在全服排行和该城市的狼人杀游戏玩家、社群在全国性的比赛中取得的荣誉和名次上。在《狼人杀官方》App 中，门派在本地及全服进行排名，以下为截至 2022 年 7 月 25 日，全服门派排行榜前三名的具体情况：

表 3.1　《狼人杀官方》全服门派排行榜

魅 力 榜					
排名	名称	城市	魅力	人数	等级
1	武林门	杭州	191278	299	15
2	你好特别	合肥	189198	93	12
3	一眼沉沦	海外	177004	99	6
荣 誉 榜					
排名	名称	城市	荣誉	人数	等级
1	迷沙之城	福州	1022 万	246	15

2	一一阁	北京	993 万	272	15
3	Closer	海外	889 万	299	15
等　级　榜					
排名	名称	城市	总活跃	人数	等级
1	EA' Club	上海	388 万	282	15
2	控场	上海	375 万	294	15
3	奥斯卡	太原	351 万	296	15

可以看出，《狼人杀官方》门派全服榜单中会清晰地标注门派的魅力值、荣誉值、等级值来对门派进行排名。从这三个榜单来看，除去两个海外门派，上榜的门派主要以南方地区的门派为主，其中，来自杭州的武林门不仅魅力值位列第一，门派的等级、成员数量也明显高于其他两个门派。同时，来自上海的 EA' Club、控场也以较高的总活跃值占据等级榜前两位，充分说明了这些社群内部成员的活跃程度和对成员的吸引力。在访谈中，当谈到"如何看待门派之间的排名"时，受访者普遍对这种排名表示认可，认为这是"一个门派人气、实力最直观的表现"（M8），其中，有受访者表示，这种排名也能够通过数据的方式直观地反映出一个城市狼人杀游戏的热度。以《狼人杀官方》中的活跃度为例，系统会要求门派成员每天完成相应的门派任务，比如：每日上线、拿狼获胜一局游戏、游戏超过 20 分钟等。当一个城市的门派能够经常出现在全服的排行榜中，实际上也证明了该城市中往往有着较高的狼人杀游戏普及度，而这也意味着该城市拥有相对庞大的狼人杀游戏玩家群体和很高的狼人杀游戏参与度。为了提高门派的排名，门派里的掌门、长老会组织成员完成门派任务，一些门派也会专门组一些任务车。① 从《狼人杀官方》中的门派系统生态来看，门派想要上榜全服前二十名，还是需要依赖当地玩家的大基数和活跃度，对于门派来说，

---

① 注：指专门用于成员完成门派任务的游戏房间。

"你要组一个十二人的任务车很容易，但是如果门派里上线的人少，或者当地没什么人玩狼人杀，就很难靠刷任务来提升活跃度"（F1）。

现在榜上前十的门派，上海、杭州、北京的会比较多，我们从后台数据来看也是这些城市的玩家更多一些，他们对狼人杀更加有热情，每天的日活量也很高，而且这些地方的门派也很多，有些城市可能就一两个门派，但是这些地方大大小小的门派能有几十个，门派的等级都挺高的，门派之间也会有一些排名、热度上的竞争。（M24）

除了城市的狼人杀游戏玩家的基数和活跃度之外，在各类狼人杀比赛中所取得的荣誉、知名选手和玩家也是不同城市之间进行比较的重要标准之一。从前文了解到，狼人杀竞技比赛已经逐渐成为狼人杀游戏圈中常见的实践形式之一，狼人杀游戏社群也会以战队的形式参与各类比赛。在这样的背景下，一些经常参加比赛并在比赛中获得名次的社群不仅可以为社群夺得名次、吸引人气，也会在全国性的比赛中代表社群所在的城市取得荣誉。因此，一些狼人杀游戏社群也会在《狼人杀官方》的门派简介和活动中列举曾经取得的荣誉及知名选手。作为多次在全国比赛中获得名次的门派，杭州逍遥派也在《狼人杀官方》简介中列举了门派取得的荣誉（见图 3.1）和人气选手：

图 3.1　逍遥派 WPL2020 全国冠军门派的领奖现场直播中的弹幕祝贺

华山论剑元老级门派

华山 S3 季军，S7 亚军，S10 踢馆冠军

WPL2018 北京冠军 全国亚军

WPL2019 杭州冠军

WPL2020 全国冠军门派

拥有线下面杀馆，被誉为狼人杀黄埔军校，江浙沪狼人杀圣地

逍遥派为狼人杀职业联赛输送了大量的血液，其成员活跃在各大门派内。业界名言，打着打着逍遥就绑票了。掌门三叔儒雅英俊，副掌门宝玉活泼可爱，副掌门恺爷成熟内敛。

面杀馆地址：杭州市西湖区中天 mcc2 号楼

可以看出，对于逍遥派来说，这样的门派简介可以凸显门派的实力和影响力，起到吸纳来自各地狼人杀游戏玩家加入门派、前往杭州市参与门派组织的面杀活动的作用，同时，这种方式也可以强调杭州市在狼人杀游戏圈中的地位，凝聚当地狼人杀游戏玩家。作为狼人杀游戏圈中的元老级门派，逍遥派参与的华山论剑、WPL 均为圈内顶级的全国狼人杀比赛，并多次取得全国冠军、亚军，为杭州市赢得荣誉。首先，门派通过列举获奖经历的方式不仅可以展现出自身的实力，也可以表现出门派为所在城市做出的贡献；其次，由于逍遥派是杭州拥有赛事级面杀场地及相关配套设施的社群之一，"拥有线下面杀馆""狼人杀黄埔军校""江浙沪狼人杀圣地"，对门派中知名选手的介绍可以进一步起到对外宣传的作用，清晰地说明门派在当地及周边地区的影响力，强调了自身在狼人杀游戏圈中的地位，而门派所在的杭州市也成为向狼人杀各大赛事及门派培养、选送选手的核心城市之一，提升门派和杭州市在圈内的知名度。

从地方的视角来看，地方会对个体的自尊产生影响，个体能在自身所认同的环境中获得积极的反馈。自尊（self-esteem）是个体对自我价值的评估，指的是一种积极的个体评估或所认同的群体，与个体的情感机制和社会价值息息相关。当个体处于自己喜欢、熟悉的环境中能够有效地维持自尊，获得积极的自尊感，而这种自尊不仅体现在个体对一个

地方的感受和评估上，也体现在为这个地方感到骄傲，并将地方视为自己身份的一部分。① 通过访谈发现，将个人、社群与城市荣誉关联在一起不是某个玩家或社群的个体行为，而是已经成为狼人杀游戏圈中的共识。在狼人杀游戏社群中，成员的自尊与他们所在的门派和城市紧密相关，门派和城市所拥有的荣誉和成就可以有效地提升他们的自尊，使他们发自内心地产生骄傲和自豪的感受，将自己看作该门派和城市的玩家。因此，对于受访者来说，这种"拼尽全力为了自己城市在最高等级的赛事中捧杯"（M10）的行为会被狼人杀游戏圈视为一种最高的荣誉和褒奖。同时，由于一些有着较高人气和实力的狼人杀游戏社群、选手及玩家会在日常的游戏和比赛中在当地不断地培养、推出更多有实力的新人，在荣誉、名气的积累和持续推出有实力的玩家的共同作用下，这些知名狼人杀游戏社群、选手及玩家所在的城市也会成为狼人杀游戏玩家心中实力的象征。在这样的背景下，一些狼人杀游戏玩家较多、狼人杀游戏普及度较高、经常在全国比赛中取得名次、有较多狼人杀职业选手和高配玩家的城市也被受访者们视为"狼人杀发展好"（F3）的城市，主要以杭州、上海、北京等国内一线城市为主。通过调研和访谈中发现，一个城市狼人杀游戏环境的好坏离不开当地的经济发展状况。由于这些城市的经济发展程度高，消费能力强，当地的玩家也会投入更多的时间和精力在狼人杀游戏中，会在线上、线下参与狼人杀游戏，并消费相关的狼人杀游戏产品。同时，当地经济条件好、狼人杀游戏玩家基数大也会进一步带动相关狼人杀娱乐产业的发展，形成地区的游戏产业链，不仅能够吸纳更多的玩家加入狼人杀游戏之中，也可以在大玩家基数之中做到优中选优，选拔出狼人杀游戏高手。当这些高手通过全国比赛、直播、综艺等途径进入大众视野，他们所代表的城市也会受到广大玩家的关注。因此，在狼人杀游戏的发展下，狼人杀游戏圈中也会根据

① KORPELA K M. Place-Identity as a Product of Environmental Self-Regulation [J]. Journal of Environmental Psychology, 1989, 9: 241—256.

城市形成一定的阶层，那些经常出现在全国比赛中，并有着突出表现的城市也会成为圈内的"高配城市"。

现在狼人杀的职业选手基本上在江浙沪地区，加上北京、广东、四川，几乎别的地方就很少有高手出现。从整个狼人杀圈子来讲，狼人杀第一高配肯定是上海，上海下来就是杭州，杭州再到北京，再就是江苏。谁更强，其实就是哪个地区的玩家有更多时间去玩狼人杀。狼人杀最初也是在上海的白领里面流传开来的，可能更适合这一类人群或这个阶层的人群玩。这也映射出一个问题，就是经济实力更强的人才会更娱乐，有钱有空的人才能打游戏。而且我们官狼赛事中心每年会认证狼人杀俱乐部，这些城市里会更多一些，像是官狼里的一些卡牌、周边，也是江浙沪、广东地区，还有北京、武汉这些城市的玩家买得比较多，体现出来的就是他们会经常在线下组狼人杀局，是一种全民参与的状态，和别的地区差别还是很大的。（M24）

在这样的背景下，由城市之间人气、实力带来的阶层差异也会成为狼人杀游戏玩家之间进行相互比较的依据。在访谈中，一些受访者谈到自己社群所在的城市时，他们往往会通过列举城市荣誉、知名选手以及狼人杀游戏相关行业发展状况的方式来凸显城市的游戏实力和地位，并且会因为自己生活、游戏的城市是圈中的狼人杀游戏强市而产生骄傲、自豪的感受。随着狼人杀游戏的发展，不同城市之间社群、玩家的交流也逐渐增多，受访者会在与其他城市玩家交流、游戏的过程中结合城市荣誉、知名选手等因素进行比较，并且用更加积极的评价来描述所在的城市，而这种对所在城市的"内群体偏好"也会排除"他人的群体"，凸显出"我们的群体"的优势，起到提升自尊的作用。

杭州这两年的成绩很好，像2018年WPL冠亚军都在杭州，2020年的冠军也是在杭州。其实杭州整体的水平很高，像杭州逍遥派的三叔、恺爷，还有武林门的皮皮、爆炸，包括园长、33 这些人，他们都是老玩家了，名声都很好。我玩下来，包括跟网上的伙伴接触过之后，觉得咱们杭州的水平还是蛮高的，我不能说高于上海或者怎么样，但我感觉不是第一也是第二，跟咱们国家其他地方比，我觉得还是不错的。因为我本身玩狼人杀，身边有一群大神让我觉得蛮骄傲的，和那些氛围不太好的地方肯定是不一样的。(F1)

从访谈内容来看，受访者的表述充分体现出了他们将自己视为城市玩家一分子的归属感和对这种群体身份的认同感。在接受访谈时，"咱们杭州""不是第一也是第二"这样直白的说法充分表达了受访者对于自己所属城市这一群体的认可，因为只有从内心真正地将自己视为某一群体的成员才会在话语中流露出身为群体一员的自豪感，并且愿意去了解所属群体相比于其他群体的优势。从受访者的访谈中可以看出，作为"高配城市"中的一员，他们并没有理所应当地接受这样的称号，而是会在日常游戏的过程中主动了解自己城市的优势所在，在与其他城市玩家、社群的交流和互动中通过游戏环境、实力、人气等标准来明确内群体与外群体的边界，并以这些经过观察、比较得出的结论来支撑自己的观点。对于受访者来说，这种自发的内群与外群的比较不仅可以帮助他们理解和内化城市对于社群的意义，也可以循环式地强化和凝聚更多对群体的认同感。

可以看出，不同城市之间狼人杀游戏社群自发的社会比较不仅可以清晰地划分出群际边界，也可以增强内群成员的群体凝聚力和认同感。社会认同理论认为，内群体成员在进行群际比较的过程中会出于满足自尊的需要及自我激励的动机，通过改善群体内部结构、增强群体差异等行动来强调内群优势，在群际比较的过程中体现出优于外群的特征。对于狼人杀游戏社群来说，这种比较不光表现在成员中的认知、情感层面，也会在遇到"外力"的情况下转化为实际行动，并通过竞争的方式来提升内群体在其他同质外群体间的优势，起到维持自尊的作用。在狼人杀游戏圈中，这种竞争也存在于不同的城市之间，不同城市的狼人杀游戏玩家、社群会通过举办比赛的方式提升城市在狼人杀游戏圈中的知名度和影响力，并以此来强调内群优势，提高内群成员的认同及自尊。2017 年，一些狼人杀游戏起步较早、玩家基础好的城市率先开始举办狼人杀赛事，其中，由知名电竞选手 JY 在北京发起的"京城大师赛"和由有着狼人杀教父之称的刘二龙、狼人杀头部主播李锦共同在上海发起的"华山论剑"是狼人杀两项一直延续至今的具有代表性的赛事，这两项赛事的出现极大地调动了全国各地狼人杀游戏玩家的热情，吸引了大量选手参赛。同时，一些选手也通过这两个比赛走到台前被大众所熟知，走上了狼人杀职业比赛的道路。因此，对于狼人杀游戏圈来说，这两个比赛有着很高的地位和影响力，也被玩家们称为"南华山北京城""南魔北帝"。通过访谈发现，随着赛事的发展和成熟，赛事的影响力和规模也进一步扩大，一些分布在其他城市中水平较高的狼人杀游戏玩家会希望前往上海、北京参加比赛，获得与高手同台竞技与曝光的机会。然而，这种由狼人杀赛事带来的竞争不仅体现在赛场上选手之间关于游戏实力的较量，同样带来了不同城市之间对狼人杀游戏权威性的竞争。在访谈中，有受访者表示，华山论剑的出现打破了不同城市之间的壁垒，改变了狼人杀游戏圈的生态，通过打造一个相对统一、完善和具有全国影响力的竞技平台的方式将全国高水平的狼人杀游戏玩家聚集在一起，而华山论剑的火爆和创始人在全国的影响力也势必会对其他城市的狼人杀游戏发展带来一定挑战。在华山论剑的带动下，狼人杀游戏的中心逐渐向上海倾斜，上海也成为狼人杀游戏圈中最具代表性的城市之一。

当时我们确实是有点受到华山论剑的影响。华山论剑开始之后，很多人都想去上海打华山论剑，因为那个时候这个比赛影响力最大。当时北面是 JY，南边是李锦、二龙，包括几个厉害的人物都在上海。华山论剑是龙哥、李哥他们主办的，所以在圈内的权威性还是比较高的，大家也会觉得上海是狼人杀的核心。因为他们的影响力是全国性的，然后我们主要是杭州，只是说可能在浙江省内比较厉害，我们个人的粉丝会关注我们，但是认可度来说还并不能在圈内起到带动游戏发展的作用。（M18）

对于狼人杀游戏社群来说，城市是一个重要的群际边界，不同社群之间的互动都会受到城市边界的影响，城市的边界也会在群际互动的过程中进一步强化。在访谈中，有受访者认为参与其他城市的比赛会存在着一定的排外性，而这种排外性的根源在于狼人杀游戏的游戏方式和狼人杀游戏小众性的特征。出于线下组局的需要，狼人杀游戏玩家往往会依据就近原则在所在城市中形成相对封闭和稳定的社群，而相比于其他游戏，狼人杀游戏的小众性也使得宣传、受众等资源相对稀缺，当狼人杀游戏社群举办比赛时，有限的资源也会相应地向本地的玩家倾斜，而外地的玩家也会在比赛中处于权力不对等的状态。因此，当收到其他城市的比赛邀请时，有受访者表示，由于担心自己城市的成员没有办法在比赛中得到同等的宣传和推广，他们最初会对其他城市的比赛产生不信任和怀疑的态度。在这种心态下，受访者往往会选择不去参加外地的比赛，并带着观望的态度看待其他城市的比赛。

华山论剑是上海办的，然后他们有自己的圈子，我们也会考虑到排外性。最早的时候我们不愿意去参加华山论剑，因为前几届是他们自己人在打，大家可能会觉得你很厉害，但是就感觉是自己人在热闹，我们从外地过来参加你的比赛，你也没理由捧我，我们去等于是衬托他们去了，那为什么要去呢？我们跟他们是不对称的关系，所以当时我们也没着急去参加，还是想再看看的。（M1）

在这样的情况下，为了维护、凝聚内群的稳定和人气，一些城市的狼人杀游戏玩家、社群会通过组建能够代表自己城市的战队、在自己的城市中举办比赛的方式来提升内群在狼人杀游戏圈内的权威性和代表性。同时，他们也会在实现自尊动机的驱动下，通过积极区分的方式来强化自身的优势，使自己在群际比较的过程中体现出优于外群的特征，而这也会有效地提高内群成员的自尊和对群体的认同感，实现内群的团结。对于狼人杀游戏社群来说，召集同城的高手玩家组建一支战队，不仅意味着"至少这些人的技术在你的城市里一定要是最强的，这样大家才会服你，你才有资格代表这个城市去比赛"（M13），在自己的城市建立一个受到所有成员公认的权威，也象征着自己所在的城市要"在竞技层面上和其他的城市进行对话"（M1），从实力的角度出发参与到与其他城市的交流、互动之中，并以竞技的方式进行群际之间的竞争。通过访谈发现，在实际的实践过程中，受访者会清晰地认识到自己的优势与不足，会结合实际情况来制订、实行城市间积极区分的计划和策略。为了凸显相比于其他城市战队的优势，受访者会将重心放在挖掘、培养本地人才上，通过公平的选拔机制、正规的日常训练、职业经理人统一管理的方式来使自己城市的战队向职业化、专业化的方向发展，并通过战队在全国性的比赛中参赛、获奖的方式来推广自己的战队和城市，使城市处于狼人杀游戏圈中的上层位置，而这种方式也可以帮助受访者进一步强化内群的优势，区分出内群与外群的差别，起到提升同城狼人杀游戏玩家自尊、凝聚社群团结和认同感的作用。

从圈内的资源和影响力的角度来讲，我们是没有办法和上海相比的。后来我们换了一个方向，上海可能是做 IP 为主，我们是以培养人为主，因为单从流量上来讲，我们没办法做一个和华山论剑同等级的比赛，把他们邀请到杭州来，我们只能靠自己把人才挖掘、培养出来。当时有很多人会过来说想进 LYB，但确实有些人的实力没有达到我内心的标准，包括在选人的时候也会有很多人推荐，但是做这个的初衷是为了想在杭州做一个权威，所以也是抗住了很多压力，狠心拒绝了很多人，通过专业比赛的方式来选拔。当时我们有投资人、训练的场地还有资源、由我来带队，和 G 他们全程一起做下来，就还是想往职业化的方向发展，这样才能真正地把杭州的玩家推出来，让杭州达到圈内 A 阶的位置，所以当时杭州的玩家都很认可，很团结，而且大家都没有什么利益驱动，只是想要在一起把这件事做好。（M1）

除了组建当地实力最强的战队之外，在自己城市中举办含金量高的狼人杀赛事也是受访者实现自尊、提升城市在狼人杀游戏圈中地位的重要方式。通过访谈发现，对于受访者来说，在所在的城市举办比赛，既是"把玩家都聚在一起，做一个平台让大家切磋，展示自己"（M18），也是一件对城市、社群及自身来说都"很重要的事情，是一种责任和情怀"（M6）的体现。有受访者表示，在狼人杀游戏圈中，举办城市比赛不仅可以选拔当地的实力玩家，也可以通过邀请其他城市玩家参赛的方式促进城市间的交流，从而有效地提升城市影响力、凝聚同城玩家人气。然而，比赛中选手作弊等行为不仅会导致大量玩家对狼人杀游戏失去信心离开游戏，破坏内群的稳定和团结，也会影响主办比赛的城市在狼人杀游戏圈中的公信力。因此，为了团结同城的狼人杀游戏玩家、维护城市的声誉，即使"在自己办的比赛里抓作弊会得罪人"（M18），受访者也会通过设置现场监控、场内及场外监督、阻断移动设备信号等方式来打造公平、公正的比赛，对于受访者来说，这样的比赛才能真正凸显出同城玩家的实力和与其他城市玩家交流的诚意，而这种有较高含金量的比赛也可以与其他城市的比赛进行区分，提升城市玩家、社群在狼人杀游戏圈中的口碑，并在与其他城市公平、公正的竞争中起到实现内群成员自尊的作用。

很多狼人杀比赛里都有人作弊，我们叫这种玩家"天秀"，外边有人给他指别人的身份，他一眨眼就可以知道所有信息，很多比赛都没办法避免这种情况，弄得大家都不开心，所以一些人也因此离开了这个游戏。当时我们办了一个杭城大师赛，是我亲手操刀，我可以很负责任地告诉所有人这个比赛是零作弊。我们当时除了安排场内场外巡视的法官、把比赛包间全部密封、屏蔽手机信号之外，只要有人举报，或者裁判团觉得这个人发言不对劲，我们就不断看360度的所有回放，真的做到了这种地步。我们抓到了很多有嫌疑的人，甚至于那些作弊玩家是我员工，是我很重要的客户，但我一样发通知，当然我也损失了很多东西，但是我必须要做到这一点，首先因为比赛公平，选出来的人都是有含金量的，杭城大师赛在杭州、上海参赛选手和玩家中间的地位很高，再一个就是确实能表现出杭州玩家对狼人杀的态度，也让更多的人知道了我们这个城市玩家的配置和状态，我认为这么做是有意义的。（M8）

事实上，群体的边界并不是固定不变的，本群对他群的感受会随着情境而发生变化，对于同一群体来说，依据群体之间互动的情境和背景不同，人们对目标群体的评价和情感体验也会发生变化，而这也会进一步影响群体的行动。① 随着华山论剑的不断发展和成熟，华山论剑已经从最初上海本地玩家的比赛发展为面向全国狼人杀游戏社群的高规格职业赛事，成为集直播、电竞、娱乐等相关资源于一体的综合型狼人杀文化 IP。在这样的背景下，城市之间的竞争也发生了相应的改变，从最初不同城市通过各自组建社群、举办比赛来进行游戏实力、专业性的比较，转向积极配合、参加由全国统一竞技赛事，通过在比赛中获奖的方式来为城市争取荣誉。从根本上来看，这种转向既来自狼人杀游戏的高速发展和相关产业的成熟，也来源于不同城市中狼人杀游戏社群、玩家想要共同推动狼人杀游戏发展的目标。通过访谈发现，当看到上海市的狼人杀游戏社群、玩家通过数年的积累和努力，能够举办专业、高规格的全国赛事时，受访者不会将其视为威胁而故步自封，而是会积极地配合华山论剑调整内群的群体结构和发展策略，通过参加比赛的方式来促

---

① BERND W, CHARLES M J & BERNADETTE P. Spontaneous Prejudice in Context: Variability in Automatically Activated Attitudes [J]. Journal of Personality & Social Psychology, 2001, 81 (5): 815—827.

进当地狼人杀游戏的推广和发展。同时，这种良性的竞争也会直接作用于群际边界的强度与清晰度，由于受访者会将参加华山论剑视为共同推广狼人杀游戏的方式，这种互相成就的关系也能帮助受访者有意识地消解城市间的群际比较和区分，在群际互动和交往的过程中形成更有包容性和稳定性的群体。

华山论剑办了几个赛季之后，慢慢地变成了一个全国性质的比赛，成为全国玩家展示自己的舞台，我们确实看到了他们的努力和诚意。因为他们做得比较好，影响力比较大，所以当时我们想让杭州的狼人杀发展得快一点，有几个玩家就说要不我们从现在的这个门派分开，再去做些战队，让杭州的狼人杀开枝散叶，放在华山论剑的舞台上发光发热。所以当时一个门派的朋友出去，都有了自己的门派，发展出很多新人，也带动了杭州狼人杀的氛围。我觉得这样很好，尽管很多人认为杭州和上海之间存在着一些竞争，但我不认为这是冲突，因为良性的竞争只会让杭州的狼人杀越来越好，让这个行业越来越好，所以有什么活动我都会很支持、尽可能地去配合。(M18)

2. 同城社群间的和谐共存

2019 年 9 月 28 日，2019 华山论剑职业联赛夏季赛在杭州落下了帷幕。杭州门派武林门最终夺得冠军成为武林盟主，来自杭州的逍遥派和来自天津的津门派分别夺得了亚军和季军。比赛结束后，华山论剑职业联赛官方微博也发布了官方消息：①

2019 华山论剑职业联赛夏季赛武林盟主终于诞生！
恭喜武林门在经历了重重挑战后，一路披荆斩棘登顶盟主宝座！

---

① 华山论剑职业联赛. 2019 华山论剑职业联赛夏季赛武林盟主终于诞生！[EB/OL]. 2019-09-28. https：//m. weibo. cn/7012612544/4421664710100577.

感谢一路支持和陪伴的所有华山选手和粉丝！本季华山画上了圆满的句号！

在这条官方微博下，有很多评论都向武林门表达了祝贺：

叶小强呀呀呀：恭喜武林门！2019-9-30 15：13

解说 SF：武林门夺冠啦！队友们牛×！2019-9-30 21：01

Spirft：恭喜武林门获得冠军，终于拿到了！2019-10-2 09：57

五哥有点迷：恭喜武林门！2019-9-30 09：18

在评论区中，除了恭喜武林门在比赛中夺冠之外，也有粉丝以"我爱逍遥""恭喜杭州狼人杀"等形式的评论表达了对同在杭州的亚军逍遥派及杭州狼人杀的祝贺和认可：

宝玉妹妹—：恭喜武林门！我爱逍遥派！2019-9-29 01：10

亲耐的宝贝文：恭喜武林门！我爱逍遥！！2019-9-29 09：06

哐苍苍一道大闪电：恭喜武林门，恭喜杭州狼人杀～2019-9-30 14：44

Kapabilly：恭喜武林门！终于拿到了冠军，逍遥派也是厉害！2019-9-29 08：29

是蹄蹄不是猪蹄：恭喜武林门和逍遥。恭喜杭州。自己的话稍微有点遗憾吧。2019-9-29 07：28

从评论区的内容来看，对于狼人杀游戏爱好者来说，这次华山论剑的决赛不仅代表着武林门一个门派及门派成员的荣誉，也是杭州市的荣誉。在评论区中，获得亚军的杭州门派逍遥派同样得到了粉丝们的祝福，从"恭喜武林门，恭喜杭州狼人杀""恭喜武林门，……逍遥派也是厉害"这样的表述中可以看出，虽然武林门和逍遥派是两个不同的门派，有着冠军和亚军的先后名次，但是在粉丝的心目中，这两个门派有着共同的归类，它们是来自杭州的门派，同属于杭州，因此，即使是两个在比赛中存在着竞争关系的门派在比赛中决出胜负之后，粉丝们依然会按照门派的所在地将它们统一视为杭州的代表，并将这次比赛的成绩看作杭州狼人杀实力的象征。对于这种同城门派之间共存大于竞争的情况，首先，从社会范畴的角度而言，在狼人杀游戏社群中，武林门与逍遥派都属于杭州市的狼人杀门派。从具体的分类来看，在《狼人杀官方》App中门派都需要选定所在城市，在报名参加官方比赛等活动时都需要通过门派资质的审核，并且在相应的城市赛区参与线下活动。同时，华山论剑中也会要求参赛门派以"城市+门派"的形式进行报名。因此，基于同一种地缘认同，相比于其他城市的门派来说，同城的门派更具有文化、情感上的亲和度。其次，从狼人杀游戏的特性来看，狼人杀游戏以面对面参与游戏的方式也会有助于同城的狼人杀游戏玩家在现实生活中见面，平时门派间组织的面杀局、城市中的狼人杀游戏俱乐部也成为他们在线下共同参与游戏、社交、娱乐的平台和场所。因此，对于同城的狼人杀游戏玩家来说，即使分属于不同的门派，他们也会在长期的线下互动中建立起人际关系，这种门派建立的共同地缘属性和门派间人员频繁的交往模糊了同城狼人杀游戏社群之间的群际边界。在访谈中，有受访者表示，相比于外地的狼人杀游戏社群，同城的狼人杀游戏社群往往会把城市的狼人杀发展和荣誉放在第一位，认为"大家的根本目的是一样的，都是为了杭州、为了狼人杀好"（M18），这种为城市努力、奉献也是一种"以大局为重，团结一致、识大体"（M6）的行为。因此，在这种观念的影响下，即使同城的狼人杀游戏社群之间存在着人气、热度、比赛等名次排名，但社群之间实际上"没有什么利益上的冲突和竞争"（M1），不同狼人杀游戏社群的成员也会经常在一起组织、参与日常游戏和社交活动，而成员间的互动和交往也会模糊同城社群的边界，形成以城市为核心的共同社群属性。

对我来说，杭州这些门派之间真心没什么区别。我一直都在 XY，但我也会跟别的门派的人一起玩。我们会经常在一起面杀、网杀，大家都是很好的朋友，不同的地方就是我进了这个门派，他进了另一个门派。像是官狼里的热度这种排名，其实大家也不会很看重，因为每个门派都有不同的理念，但是不同门派的出发点都是一样的，所以彼此之间也不会真的有什么矛盾，平时还是很团结的，毕竟都是杭州的门派，没有必要真的争出一个高下。(F1)

从访谈中可以看出，在同城的语境下，狼人杀游戏社群中的关系从"争出一个高下"转变成了彼此的和谐共存，这意味着受访者不再通过凸显内群的积极表现、拉大群际之间差异，并通过区分、偏见等方式来进行社会比较，提升内群的自尊，而是在寻找共同的利益点，即"都是为了杭州的狼人杀好"的方式来弱化群际间的威胁和同城狼人杀游戏社群之间相互区分与划分边界的动力。对于受访者来说，城市所代表的情感、精神意义远远大于某一个狼人杀游戏社群的利益，不同社群之间的竞争与冲突也会在共同推进所在城市狼人杀游戏的发展这一目标下得以化解。因此，在这种共同的地缘认同和成员间的交往下，当同城的门派、选手在比赛中取得优异成绩时，受访者们也会在自己的朋友圈、微博等社交媒体发布相关的祝贺信息：

恭喜新一代武林盟主，环保 nb，杭州狼人杀 nb！［彩虹］会重整旗鼓地进化成完整体［彩虹］，蟹蟹陪在我身边的每一个人！爱你们［爱心］2020 年 1 月 19 日(F4)

恭喜武林门！恭喜杭州狼人杀！2019 年 9 月 28 日(M18)

从节选的这两条消息来看，受访者均是将杭州选手、门派所取得的成绩看作城市所有玩家共同的胜利，而这种基于城市所产生的集体荣誉感也使得受访者感到骄傲、自豪，并在个人的社交媒体中发布了祝贺的消息。通过田野调查发现，虽然这两条消息都是在表达对同城选手和门派的祝贺，但由于不同的社会情境、互动对象，这两条消息实则代表着同城狼人杀游戏社群看待、处理群际边界的不同方式。事实上，群体认同是人们在交往互动和参照对比的过程中建立的一种关系，群际边界会随着交往互动和参照对比的对象的改变而伸缩，① 这使得群际边界的建构不仅会体现在与不同互动对象交往过程中彼此形成的不同强度的关系之上，也体现在特定社会情境下群际之间所包含的特殊情感与意义之中。其中，F4 发布的朋友圈主要是为了庆祝自己同城好友环保在总决赛中的优异表现。2020 年 1 月 19 日，环保在 2019 华山论剑狼人杀职业联赛冬季总决赛中四局比赛中上场两次，以两次获胜并在第三局中获得 MVP 的成绩协助鱼乐会取得了冠军，站在了武林盟主的领奖台上。作为杭州的狼人杀游戏玩家，F4 与环保都是深度的狼人杀游戏爱好者，经常在当地的狼人杀游戏俱乐部中面杀，共同交流、切磋狼人杀游戏技巧。因此，虽然鱼乐会不是杭州本地的门派，但是当自己的好友在比赛中有着突出表现并站在冠军领奖台上时，F4 依然将环保的成就视为杭州的荣誉，在朋友圈中表达了对朋友的祝贺以及自己作为一名杭州玩家的骄傲与自豪。可以看出，受访者往往会基于彼此间关系亲疏远近的程度来处理不同社群之间的边界，当对方是与自己关系密切、相熟的好友时，群际之间边界的划分也会更加柔和，不再是通过强调差异来对彼此进行区分，而是主动通过寻找城市共性来建立连接，形成一种关于城市的正面叙事和共同进步的群体情感。

除了人际关系之外，特定情境下对他群所蕴含的态度、情感也是影响群际边界的因素之一，而这也成为进一步促进同城狼人杀游戏社群和谐共存的重要动力。M18 在朋友圈发布的恭喜武林门夺冠的消息，虽然只有简简单单的 12 个字，背后包含的却是这场狼人杀决赛的重大意义以及 M18 带领的门派和杭州全体狼人杀游戏玩家的心愿。由于 2019 年华山论剑职业联赛夏季赛是华山论剑首次开放线下观赛场地的赛事（见

---

① 黄少华. 网络空间的族群认同——以中穆 BBS 虚拟社区的族群认同实践为例 [D]. 兰州：兰州大学，2008.

图 3.2　2019 年华山论剑职业联赛夏季赛决赛现场的实时热度、热门选手发言及官博对武林盟主武林门的祝贺

图 3.2），同时，赛事主办方把场地选在了杭州，因此，作为当前全国顶级狼人杀赛事的首场线下赛的举办城市，杭州一时间成为全国狼人杀游戏玩家中的焦点，这场决赛也在杭州狼人杀游戏圈中引起了极大的反响，为了体现出杭州的狼人杀游戏水平和主场作战的优势，在赛事开始前，M18 以及多位杭州狼人杀门派的主理人和参赛选手都表示了对这次比赛的重视，不仅选送优秀的选手积极地参与到比赛之中，一些门派也派出了掌门、副掌门级别的资深狼人杀游戏玩家出战。其中，M18 在日常与队员的交流中也多次传达出"想要将这次的冠军留在杭州"的心愿，而这样的观念也成为当时杭州狼人杀玩家、门派的共识。因此，即使在国内最高规格的狼人杀竞技比赛中同台竞争时，他们也会出于为城市争取荣誉这一共同的目标在赛后发自内心地祝贺取得荣誉的同城狼人杀游戏社群，并将这份成绩视为全体同城玩家的荣誉。虽然自己所带领的门派没有捧得冠军奖杯，但武林门获得该赛季的冠军"其实也算变相

填补了这些遗憾"（M18）。在这种心情的背后，更多的是受访者将城市荣誉视为高于自身社群利益的群体认同感。在这种价值观的作用下，比赛不再是相互竞争、一分高下的群际比较方式，而是同城的狼人杀游戏社群并肩战斗、为了共同的目标一起努力的表现，当比赛结果公布时，受访者不会因为其他社群获得冠军而感到群际威胁，反而会发自内心地为对方感到高兴，并为自己也是同城狼人杀游戏玩家的身份感到自豪。因此，在这样一场有着重要地缘意义的狼人杀赛事中，城市的象征意义被充分地调动起来，并在群际互动中不断得以强化，从而超越了单一群体的利益。在这种对城市共同情感的作用下，不同狼人杀游戏社群之间的边界也在更为宏大的集体意义之下淡化，形成了一个以城市荣誉为核心的共同体，而这种荣誉感也进一步弱化、消解了群际之间的竞争和差异，将不同的社群紧紧凝聚在了一起。

　　群体认同的形成是一种社会分类过程，作为价值的判断，创造群体之间的差异既是一种范畴划分的过程，也是各类代表认同的符号得以运作的基础。对于狼人杀游戏社群来说，城市是设置、划分群际边界的重要参照，也是以集体荣誉为核心的情感、精神象征，这种根植于城市的地方感既是形成群体认同的前提，也会带来充满变动、具有弹性的群际关系，不同社群也会在特定的社会情境和事件下互为竞争对象，彼此包容和谐共存。同时，这种基于地方感所产生的群际边界实际上也体现出了群体认同的建构机制，不仅可以在与不同群体互动下进一步巩固现有的群体认同，也体现出了群体认同形成的灵活性。事实上，虽然人们关于在地的自明性是人们对地方本身产生的相应认知、情感和体验，直接作用于人们的行动，[①] 但人们的社会关系往往处在一个动态的过程之中，人们关于地方的感知并不是一种绝对的先验性经验，这种文化实体本身也会随着人们的互动和实践充满意义且处在不断的变化之中，并与

·　① 　KORPELA K M. Place-Identity as a Product of Environmental Self-Regulation [J]. Journal of Environmental Psychology, 1989, 9: 241—256.

地方共存的外界及社会关系产生联系。① 因此，在群体的语境下，城市所代表的地方意义不仅是构建群体认同的核心，群体关系及互动表现出的能动性也成为构筑地方性及地方认同的途径，地方意义不仅会在群体行动与社会结构互动下进一步凸显出来，群体实践也能够起到扩展地方意义、重塑地方认同以及促进城市融入等作用。在狼人杀游戏社群中，"我们"与"他们"的建构不仅是城市边界划分下的被动选择，也是群体在不断借助社会资源、拓展社会关系、参与社会结构建构的能动过程，而这种能动性主要是以社群对与城市有关的各种个体、群体、官方实践的参与来推动的。

二、地方性实践下狼人杀游戏社群的城市认同

社群最早可以追溯到亚里士多德时期的政治共同体。随着人类社会的发展和进步，社群的概念也逐渐延伸开来，社群被视为一种建立在自然情感基础上的社会联系或共同生活方式。在这种生活方式的作用下，人们可以在血缘、地缘的基础上确认自己的社会角色，形成联系紧密、互动频繁、相互依存的生活共同体，如家庭、村落等。在现代化的进程中，这种基于小范围的、社区性的和地方性的社会规范逐渐被一整套普适性的社会制度所取代，科学主义和理性主义取代了传统的信仰与地方性知识，理性主义也成为当前社会的主要价值观。在这样的背景下，虽然人们身处在一个充满机会的社会，但这种缺乏稳定性和确定性的社会情境也彻底地将人们放置在流动的社会之中，家庭、社区等传统地缘群体逐渐被城市中疏远、分散的人际关系所取代，原子化成为现代社会最基本的特征之一。

在现代社会中，这种流动生存体验使得人们陷入了人际关系的缺失

---

① MASSEY D. Space, Place and Gender [M]. Minneapolis, MN: University of Minnesota Press, 1994: 146—156.

以及功利主义下的生存困境，社会关系高度不稳定造成的身份与认同的不确定性使得人们不可避免地处在焦虑之中。① 在这样的背景下，为了获得积极的社会、文化与空间实践，抵抗社会风险并重塑认同，基于共同兴趣爱好而建立起的社群不仅成为人们满足社交需求、确认个体身份、寻求归属感等心理需求的方式，也在创造新型社会互动模式、逐步取代传统社区功能的过程中成为维系、构筑现代社会关系的全新场域，社群关系也逐渐成为联结人与人、人与群体、人与社会之间的重要纽带。同时，城市人口基数大、城市人际关系的疏离、城市群体的异质性及现代化通信、交通的手段都为有着不同兴趣和爱好的个体提供了群聚条件，基于个人兴趣、爱好形成的社群成为重新建构现代人的归属感、认同感的重要途径之一。

事实上，社群的实践与空间、地方有着紧密的关系。列菲弗尔指出，任何社会事实和社会行动本身都具有特定的空间属性特征。② 作为一种社会行为，由行动者经由社会行动衍生出来的社会空间是对物理空间的一种拓展，在多种社会实践的作用下，社群所依赖的空间会生长出各类社会关系，而这也使得空间从一开始的物理空间转化成为具有丰富意义的社会与文化空间。当人们对特殊的地理空间产生情感时，空间就变成了地方，相对于空间，地方是一个由人们经历所建构出的意义中心，其意义在于人的情感和关系。③ 从人文地理学的视角来看，地方认同强调个体通过参与人—地实践并建构与地方有关的认同的过程，人们会在空间体验和实践中与地方形成一种亲密的相互关系，并将地方作为

① 钱俊希，杨槿，朱竑. 现代性语境下地方性与身份认同的建构——以拉萨"藏漂"群体为例 [J]. 地理学报，2015，70（08）：1281—1295.

② LEFEBVRE H. The Production of Space [M]. Oxford：Blackwell，1991：141—145.

③ TUAN Y F. Space and Place：Humanistic Perspective in Philosophy in Geography [M]. Springer, Dordrecht, 1979：54—58.

自我的一部分进行内化，而地方也会成为人们身份的一个隐喻。① 因此，在讨论社群与空间的关系时，社群将空间转化为地方的过程，以及对社群成员产生相应的地方和身份认同影响也成为考察人、社群、地方关系的重要面向之一。

在现代社会，由于知识反思性的存在，任何意义与认同的建构都是不稳定的。因此，通过积极参与社会、文化与空间实践既是社会成员寻找、实现现代性城市体验的方式，也是确立、建构与不断流动的城市生活场景有关的认同的途径。从这个角度来看，这种认同的形成也是一个地理学问题，现代性主体对熟悉的生活领地之外的地方的好奇、渴望，不仅与人们在不同物理空间之中的迁移有关，也在很大程度上涉及人们对特定地方的地方性的想象、建构与体验。这种流动性带来的旅行、迁居等行为，本质上体现的是不同地方之间的差异，而这种差异的来源不仅包括客观存在的经济与社会现实，也体现在一整套关于地方的话语、想象与行为之中。从社会群体所体验到的地方性来看，地方既是在特定社会情境之下符号化的情感、价值与意识形态，也依赖于群体基于地方的文化意义进行的自下而上的社会与空间实践。② 因此，社会群体所建构、体验的地方性并不是一成不变的，而是被复杂意义、话语和实践所定义的主观建构，是不断变化的社会关系和实践持续作用的产物。③ 对于狼人杀游戏社群来说，城市既是开展群际实践的主要空间，也是社群成员得以在现实生活中聚集的重要前提。作为一个物理空间，城市从一开始的实践场所逐渐演变成意义中心的过程，也是狼人杀游戏社群将城市这一空间升格为地方的转化过程。因此，狼人杀游戏社群通过相关实

---

① 庄春萍，张建新. 地方认同：环境心理学视角下的分析 [J]. 心理科学进展，2011，19（9）：1387—1396.

② 钱俊希. 地方性研究的理论视角及其对旅游研究的启示 [J]. 旅游学刊，2013，28（3）：5—7.

③ MASSEY D. Space, Place and Gender [M]. Minneapolis, MN：University of Minnesota Press, 1994：146—156.

践活动，将城市这一抽象空间转化为有着情感依恋和关系附着的具象地方，以及这种情感和关系如何改变、塑造狼人杀游戏社群关于城市的认同感是探讨狼人杀游戏社群参与地方实践能动性的核心问题之一。同时，狼人杀游戏社群所具备的社会与文化意义是多元的，不同群体在不同的社会情境中开展的多样化实践也会呈现出不同的社会空间意义。为了尽可能地梳理、了解这一问题，本节将结合狼人杀游戏社群中的城市互动与实践，深入分析狼人杀游戏社群如何通过话语对不同城市的地方性进行表征，以及这些表征如何折射出不同城市之间的差异；同时分析，狼人杀游戏社群如何通过具体的空间实践来践行群体构建出的地方性，以及这种实践对成员地方认同感的影响。

（一）社群的城市话语建构

与早期游戏社群不同的是，狼人杀游戏社群的群体实践不仅存在于同城的线下空间中，也表现出跨门派、跨城市的特征，在不同的城市中开展、组织狼人杀游戏及相关活动已经成为日常群体实践的基本方式之一。通过访谈发现，受访者经常会与恰好来自己所在城市出差、旅行的朋友打面杀："朋友都是天南地北的，他要是来我这个城市，正好我也在，我们就会召集很多朋友一起去打个面杀。"（F2）除了偶然因素之外，受访者还会在现实生活中专门组织狼人杀线下游戏。2019 年 10 月 19 日傍晚，由 XY 派运营的狼人杀俱乐部中聚集了众多狼人杀游戏玩家，在这些玩家之中，很多都是即将参加华山论剑的职业选手，他们要举行一场多门派的赛前热身局。这场活动的参与者不仅包含杭州市狼人杀游戏门派的选手和玩家，也吸引了一些其他城市的选手，如 M3 和 F3 也为了这场活动专程从呼市、天津市前往杭州，与来自全国各地的高手进行切磋。在 XY 派狼人杀俱乐部独具特色的星空包间、法官指引等一系列专业的配套设施和服务下，这场活动从 19：30 左右开始一直进展到 20 日清晨，虽然持续了近 10 个小时，但是包括参加游戏的选手及在全景式包间外观赛的观众在精彩、刺激的对局下毫无倦意，整个狼人杀俱乐部灯火通明，游戏气氛高潮迭起，众人的游戏热情丝毫没有因为时间的变化而消减。

从这些线下活动的共性来看，受访者组织、参加这些活动往往具有相似的动机，主要是与在网上结识的来自全国各地的朋友见面，加深彼此之间的了解和感情，以及和高手切磋游戏，扩展自己的眼界，提高游戏水平等。因此，为了满足自己的社交和竞技需求，即使要花费额外的差旅费、耽误工作、通宵往返，受访者也会专程前往组织线下游戏的城市，参加线下游戏。

像今天这些朋友其实都是网杀认识的，因为要打比赛，所以大家约好，从各个地方飞到杭州来，打热身赛，见见面。因为杭州高手很多，Y这边也有资源能把这个局组起来，我也希望能现实地去跟他们切磋一下。而且我过来也是大家关系比较好，如果只是为了打比赛，我直接去上海就好了，来杭州多了一笔开销。（F3）

碰着了打得好的狼人杀玩家，我们之间会加微信，可能也不太会经常见面，但是有空聚在一起了就会很开心，会跟朋友一样，而且会相互欣赏。因为上海狼人杀氛围比较好，他们经常在上海组局，我只要有空就会专门开车到上海去，打一个晚上，有时候甚至会打通宵，然后第二天再回杭州。（M17）

本文认为，狼人杀游戏群体文化身份的形成本质上是对群体开展实践城市的地方性建构的过程，而这一过程离不开群体在实践中对城市与群体有关的文化意义的塑造及体验。通过实证分析发现，这一过程主要通过群体实践中对城市地方性的话语，以及在群体社会空间实践中对城市地方性的践行和展演两个途径实现的。从第一个层面来看，狼人杀游戏群体会结合自身的体验与狼人杀游戏有关的资讯、新闻、消息等在主观层面描述、构筑城市所具有的狼人杀特质与文化意义，这种与狼人杀有关的地方性通常会以"狼人杀氛围"这一表述出现。在狼人杀游戏社群中，"狼人杀氛围"指的是玩家对一个城市狼人杀游戏发展状况、阶段做出的综合判断，与玩家自身的游戏体验、主观感受、群体交往经历等密切相关。通过对访谈内容的梳理发现，受访者对这种关于狼人杀游戏的城市氛围表述，实际上包含城市中狼人杀游戏战队及选手的水平、狼人杀游戏相关配套产业及狼人杀游戏玩家的基数三个层次，具有群体的一致性。同时，这三个层次不仅与受访者的狼人杀游戏体验息息相关，也参与到狼人杀游戏群体对不同城市的地方性构建过程之中。

狼人杀游戏群体对"狼人杀氛围"的第一层解读，聚焦在城市所取得的荣誉上，而这种荣誉具体表现为城市中的狼人杀游戏战队、选手的游戏实力。近年来，随着狼人杀产业化、电竞化的发展，以华山论剑、WPL为代表的各大狼人杀赛事吸引了各地玩家的目光，一些城市的玩家会自发地以团队形式参与到比赛之中。在狼人杀游戏圈中，将个体、团体的成绩与城市荣誉联系在一起已经成为一种共识。在访谈中，狼人杀游戏群体会通过该城市战队所取得的荣誉、选手的个人奖项来衡量一个城市的狼人杀游戏实力，并将其视为该城市"狼人杀氛围"的一部分，其中，那些荣誉较多的城市会被受访者视为"狼人杀氛围"好的城市，成为实力的象征。

一个城市的氛围还是要拿实力来说话。这两年杭州的狼人杀氛围是比较好的，像是WPL2018、2019、2020的冠军，包括2018年的冠亚军都是杭州的门派。不光是WPL，杭州的门派在华山论剑里的表现也很突出，像是S10赛季冠军就是杭州的。（M8）

像杭州有逍遥派的三叔、宝玉，武林门的皮皮、爆炸，还有雪碧、园长这些人，上海也有很多厉害的选手，比如李锦、二龙。我不敢说杭州、上海谁是第一，但这两个城市的氛围在国内是能排到前三的位置的。（F1）

同时，在赛事官方和游戏厂商等宣传资源的推广下，这些在比赛中有着优秀表现的战队和选手也会通过网络直播平台、社交媒介等渠道被广大玩家所熟知，而这也会进一步影响狼人杀游戏群体对城市的感知和态度。通过访谈发现，在网络媒介的宣传下，受访者对比赛、综艺中取得名次、成就的战队和选手产生欣赏的态度。即使还未实际到访该城市，这种对战队和选手的态度也会向城市"迁移"，形成对城市的积极评价。

狼人杀综艺、比赛刚出来的时候我就知道逍遥派了，三叔、恺爷水平很高，而且逍遥派的成绩很好。那会儿对杭州这个城市没什么概念，但心里觉得杭州是一个狼人杀实力很强的城市，对杭州的印象还挺不错的。（M11）

狼人杀游戏群体对"狼人杀氛围"解读的第二个维度，在于城市中赛事级狼人杀场馆的开设及对大型狼人杀赛事的承办能力上。作为赛事的承办方，专业的狼人杀游戏场馆是本地大型狼人杀赛事得以推广、举行的重要保障。狼人杀俱乐部往往会与大型的直播平台、游戏公司、广告商、社交媒介合作，在大型赛事中承担本地选手组织、场地提供、赛事运营等工作。目前，赛事级狼人杀游戏场馆的开设方式主要有加盟狼人杀游戏圈中权威的狼人杀俱乐部（如 JY CLUB）和开设经过狼人杀官方赛事中心认证的狼人杀俱乐部（如杭州逍遥派旗下的 ooi/疆界狼人杀俱乐部）两种，狼人杀俱乐部会打造专业的比赛场地、培养赛事法官，配合《狼人杀官方》等游戏厂商，联合花椒、斗鱼等直播平台及广告商，协助 WPL、WCO、PSL 等大型赛事中心举办当地的海选赛、城市赛等。其中，作为国内

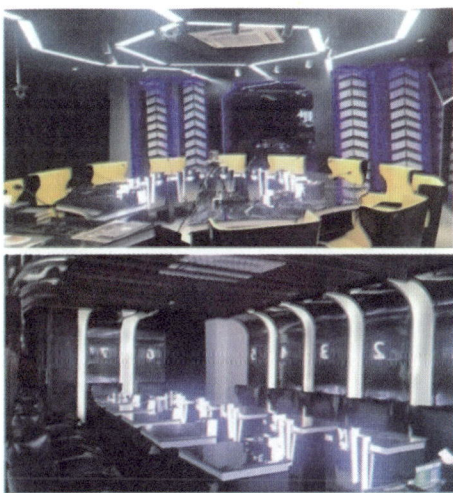

图 3.3　杭州 JY CLUB 赛事级狼人杀游戏场地

189

顶尖的连锁狼人杀俱乐部，JY CLUB（见图3.3）已经成功承办了 WCO、PSL、花椒百万狼人杀比赛等多项国内大型狼人杀专业赛事，并在上海、深圳、南京、成都、天津等多地开设分店。① 除了连锁品牌之外，经过赛事中心认证，具有大型赛事主办资格的狼人杀俱乐部也成为各大城市中狼人杀游戏爱好者

图 3.4　WPL 赛事中心记者对 ooi/疆界狼人杀俱乐部主理人的采访

感受赛事级游戏体验，与职业选手、民间大神同台竞技以及展示自我的理想空间（见图3.4）。同时，为了确保战队及俱乐部的日常运转，这些狼人杀游戏俱乐部也会通过提供日常狼人杀游戏组局的方式为广大狼人杀游戏爱好者提供专业的狼人杀游戏服务和体验。从功能上来看，狼人杀俱乐部不仅可以承办专业赛事，也可以通过组织高阶局、小型比赛的方式将明星选手、高配玩家聚集在一起。对于狼人杀游戏群体来说，狼人杀俱乐部是他们在日常游戏中"在专业的环境里感受比赛现场气氛"（M23）、"见到一直在屏幕里关注的游戏大神"（F8）、"和高手同台较量"（M5）的途径。因此，狼人杀俱乐部不仅可以体现出一个城市对大型赛事的承办能力，也可以反映出一个城市能否为狼人杀游戏玩家提供专业、便利的服务，而有着赛事级狼人杀俱乐部的城市也成为狼人杀游戏群体心目中的朝圣之地。

---

① 滚动新闻 腾讯游戏. 狼人杀爱好者福利 顶尖 JY CLUB 正式落户杭州 [EB/OL]. 2018-02-06. https://games.qq.com/a/20180206/016560.html.

现在很多真的想玩这个游戏的玩家会专门去北京、上海、杭州打狼人杀，因为这些玩家有比较强的胜负欲，所以他们就想要去专业的场地和配置高的玩家一起玩。在氛围比较好的城市，他的游戏体验也会更好一些。（M18）

狼人杀游戏群体对"狼人杀氛围"解读的第三层，在于城市中狼人杀玩家的基数，而这也是构成"狼人杀氛围"的关键所在。通过访谈发现，在受访者的观念中，一个城市的玩家基数涉及狼人杀游戏相关产业的持续发展能力。那些有着较大玩家基数的城市在组织狼人杀游戏、举办比赛与活动，以及狼人杀俱乐部的盈利能力上都更具有优势，其原因在于这些城市中已经具有了相对成熟的狼人杀游戏市场和游戏环境，而良好的游戏环境也会进一步吸引新人的加入，壮大狼人杀游戏市场，形成良性循环。在访谈中，受访者会认为一些狼人杀氛围不够好的城市是因为"玩家数量不够多"（F3），并以玩家数量的多少来判断一个城市的狼人杀游戏氛围。在实际的狼人杀游戏社群实践中，不同城市中狼人杀玩家的基数不仅关乎狼人杀游戏实践的组织频率，也能反映出当地狼人杀俱乐部的经营状况。基于较大的玩家基数，一些城市的狼人杀俱乐部可以实现每日快速、高频地组织集体游戏，不仅可以使玩家有更多的机会参与游戏，也可以帮助狼人杀游戏俱乐部"通过经营线下组局、发展玩家会员等方式实现盈利"（M18），促进行业的良性发展。同时，一些大型赛事也会将城市海选赛、门派预选赛安排在玩家基数大的城市，这不仅意味着赛事主办方也可以通过"玩家基数的保障选拔出更优秀的队伍"，将赛事打造成全民参与的活动，这些城市中的玩家也可以"有更多的机会、以更低的成本参加比赛"（M24）。在访谈中，受访者 M17 结合个人的经历强调了玩家基数对一座城市的"狼人杀氛围"所起到的重要作用：

我以前在珠海做俱乐部，卖过咖啡、卡牌，也组织过会员的圈子，但这个模式还是没有办法盈利，因为当时珠海狼人杀玩家不够多，靠个人力量也没办法把整个城市的游戏氛围带起来。目前可能只有上海、杭州的俱乐部能真正实现盈利，因为这两个城市玩家多，市场也比较成熟。

事实上，一个城市的"狼人杀氛围"离不开当地政府对游戏的相关政策及合作意愿。随着互联网技术和网络游戏的发展，电竞、游戏成为年轻人休闲、娱乐的主流，一些城市的相关政府机构也开始通过与狼人杀游戏合作来打造全民参与的活动，实现带动城市新娱乐方式、宣传城市形象的作用。在狼人杀官方和地方政府的合作下，狼人杀主题乐园、城市线下狼人杀相亲活动、城市狼人杀比赛、线下推广等活动也在上海、杭州、西安等城市中相继出现。其中，为庆祝祖国 70 华诞，由新华书店总出品，《狼人杀官方》团队与国内多家桌游团队在 2019 年开发、2020 年 8 月上线了一款名为《强国梦》的桌面游戏，并配合新华书店在杭州举行了现场的游戏展示及售卖活动，① 同时，《狼人杀官方》也会积极配合各地的文旅单位、文化厅落地更多比赛。由于狼人杀游戏"不需要太高的门槛，没有设备、手速的限制"（M24），非常有利于在不同年龄层的受众中推广，具备全民参与的潜力，而且狼人杀游戏的逻辑推理、社交游戏属性也可以"锻炼思维，代替小时候在酒吧、KTV喝酒、泡吧的活动"（M19），起到培养一个"积极、健康，还能交到朋友的兴趣爱好"（M1）的作用，因此，政府也会在"不违背法规、道德的前提下，尽可能地释放狼人杀项目的魅力，来营造全民参与感，打出一个年轻、向上的城市形象"（M24）。在政府的政策、资金支持

---

① 桌游爱好者丘比酱 狼人杀英雄榜. 新华好物 | 小丘推荐：桌游推新出圈之《强国梦》文创桌游 [EB / OL]. 2020-08-01. https：// mp. weixin. qq. com/s/Gj6_KU9YraSYydEadsUhiw.

下，以上海、杭州、北京等为代表的城市有了更多举办狼人杀比赛、合作与衍生活动的机会，不仅会吸引更多城市居民了解、关注狼人杀游戏，拓展狼人杀游戏社群的数量和规模，更加宽松的政策环境也有利于狼人杀俱乐部等相关行业的发展和盈利。

（二）社群的城市地方性实践

对于狼人杀游戏群体来说，城市地方性话语层面上的表达是通过对城市狼人杀发展状况的比较形成的。在群体的互动和交往下，狼人杀游戏群体围绕"狼人杀氛围"建构起来的城市表征及话语体系，其本质是在"先进"与"后进"逻辑下构建起的关于城市地方性的价值观念。在狼人杀游戏社群中，"先进"与"后进"是一个相对概念，是狼人杀游戏玩家结合自身的经历与感受，基于不同城市间"狼人杀氛围"的对比，形成的与狼人杀游戏体验相关的城市评价与观念。通过访谈发现，狼人杀游戏社群会在城市比较中形成城市间"氛围好"与"氛围不好"的对比。在受访者眼中，这种"狼人杀氛围"与城市的评价息息相关，"狼人杀氛围好"被视为狼人杀游戏发展较快、较先进的城市，反之则是发展较慢、较落后的城市。

这些年我接触了很多玩家，虽然说每个城市的玩家水平都各有特色，但不同城市的"狼人杀氛围"会有一些差别，那些氛围好的城市狼人杀发展得比较快，比如杭州就会比我们那边的氛围好一些。（F7）

由于地方性强调地方对人的吸引，群体互动共同创造出的地方性话语体系也会进一步使人产生对地方的向往。通过访谈发现，在"先进"与"后进"的城市地方性价值观念下，那些"狼人杀氛围"好的城市对狼人杀游戏群体来说往往更具有吸引力。由于"先进"的城市通常是狼人杀游戏群体中实力的代表和象征，受访者通常会使用更加积极的表述定义这些城市，在主观层面将那些"狼人杀氛围"好的城市视为自己理想中"狼人杀应该有的状态"（F7）。在这样的观念下，受访者也会主动参与到"先进"城市的群体互动与实践之中，并通过线上及线下的群体实践对这种地方性加以践行和体验，而群体中的社会与空间实践对文化身份的建构同样起到了重要的正反馈作用。

首先，狼人杀游戏群体会通过加入"先进"城市中的知名狼人杀门派、获得群体身份的方式来表达对知名狼人杀游戏门派实力的认可，体现对"先进"城市的文化归属感。在访谈中，有受访者认为，一些城市之所以处在"后进"的位置，是因为城市中没有"能在比赛中拿到名次的战队和选手"（F7），而这种城市间实力的差距也会进一步强化他们对"先进"城市的向往。受访者会出于想要"与知名战队选手一起打游戏"（F5）、"证明自己的游戏实力"（M1）、"锻炼自己的技术"（M11）、"提升自己的游戏体验"（F11）等目的，在《狼人杀官方》手机游戏中搜索并申请加入知名战队的狼人杀游戏门派，通过线上游戏的方式参与群体的集体活动。即使自己不与该门派同城，受访者也会主动在游戏的个人界面中佩戴门派、城市的标志，彰显自己的游戏身份。在长期的线上交往中，即使是从未前往门派所在城市，受访者往往也会用积极的表述来评价门派所在城市，并将前往该城市，与其他成员一同在线下见面、游戏视为自己的心愿和目标。

我很早就知道 XY 了，那会儿刚出来各种狼人杀综艺和比赛，XY 成绩很好，而且 Y、K 他们打得很好，很有人气，我就在《官狼》App 里搜 XY 派，然后经常和大家一起打游戏、聊天，慢慢地就熟悉了。其实那会儿对杭州没什么概念，但心里对杭州的印象还不错，一是觉得杭州狼人杀发展得很快，有很多玩得好的人；再一个是在门派里实际相处下来，感觉那里的人也挺不错的，就想着退伍以后要来杭州。（M11）

除了线上的群体实践之外，一些受访者也会通过实际到访门派所在城市，以参加门派日常活动、比赛的方式与高手同台竞技、交流学习。通过访谈发现，当受访者身临其境地观看、参与狼人杀游戏时，他们也会在实力的对比之下更为直观地意识到城市之间的差距，产生较强的落差感。通过访谈发现，一些来自狼人杀游戏起步较晚城市的受访者认为，自己所在城市之所以落后是因为没有出现过"能在有知名度的比赛中拿到名次的战队和选手"（F7)，而这种游戏水平的差距也会进一步强化他们心中关于"我们"与"他们"之间的差异，并在特定的社会条件和背景下形成一种地方性的文化价值观念。

我之前一直在绍兴和当地一批很厉害的人打。后来上海、杭州这边出来很多高手，这点我来之前是知道的，但是真正在一起玩过之后还是有比较大的冲击，就算我在绍兴打得还不错，在这边也还是会经常被骗到，在实力上绍兴和杭州还是有很大的差距。（M5)

可以看出，对于狼人杀游戏群体来说，通过参与较好"狼人杀氛围"城市中的群体实践获得游戏身份的方式，不仅可以使他们"在游戏中很有面子"（M8)，并以此来向他人展示、确认自己游戏能力及水平，也体现出在狼人杀游戏群体语境和背景下形成的"先进"城市的吸引力。在群体的地方性实践下，个体现实身份与游戏身份的相互融合，表达的实际上是狼人杀游戏群体自身杂糅的文化身份。

其次，前往"先进"城市的赛事级狼人杀俱乐部参与群体活动与游戏，也是狼人杀游戏群体践行地方性的方式之一。通过访谈发现，33%的受访者表示，为了获得更好的游戏体验，他们会选择狼人杀俱乐部参与日常的狼人杀游戏和集体活动。其中，一些受访者也会专程前往"先进"城市的赛事级狼人杀俱乐部感受比赛打法、赛制和气氛，体验竞技比赛的乐趣。通过对多地多家狼人杀俱乐部的调研发现，赛事级狼人杀游戏俱乐部的设施通常包括同时容纳12—15名玩家的桌子和椅子、相互独立的座位、座位前方放置的数字灯牌、面具以及含有操作每个座位的灯光按钮、话筒架和音响连接装置的法官操作台，一些还设有专业的直播摄像头、音频采集设备和直播间。有受访者认为，在赛事级狼人

195

杀俱乐部中打游戏"会让我感觉像是在打比赛一样，我对待游戏也会更认真，玩起来也会更尽兴"（M23），并在游戏过程中产生沉浸体验。同时，赛事级狼人杀俱乐部还会配备专职法官全程指引游戏。在访谈中，有受访者表示，赛事级狼人杀俱乐部中"具有专业水平"（M20）和"每桌专职"（M1）的法官有助于提升他们的游戏竞技体验和乐趣。

因此，为了还原职业竞技比赛的场景、打法、赛制和气氛，一些狼人杀游戏群体会将线下集体活动的场地安排在"先进"城市中的赛事级狼人杀俱乐部，即使需要花费较多的时间和较高的经济成本，一些受访者也会尽可能地前往"先进"城市的赛事级狼人杀俱乐部参与狼人杀游戏。2019 年 11 月 23 日，WLM 在杭州 ooi/疆界狼人杀俱乐部中组织了一场门派内部的聚会（见图 3.5），主要是通过组织集体狼人杀游戏比赛的方式来加深彼此的了解，凝聚门派内部的情感联结。作为《狼人杀官方》中的大型门派，这次线下活动吸引了来自福建、陕西、广东等省份的数十名门派成员参加，虽然是门派内部的比赛，但是用于比赛的包间中还是会不时爆发出阵阵笑声，现场气氛轻松愉快。对于门派的负责人 M6、M8 来说，这次活动倾注了他们很多的心血，无论是聚会选址还是活动内容，都是他们经过反复思考之后做出的决定。由于当时 WLM 还没有自己专属的线下游戏、活动场地，门派的负责人特意将线

图 3.5 WLM 在杭州 ooi/疆界狼人杀俱乐部中的门派内部聚会

下活动的地址选择在了由 XY 派运营、当时杭州最专业的狼人杀俱乐部之一的 ooi/疆界之中，希望 ooi/疆界专业的法官服务、硬件设备、游戏环境能带给那些远道而来的成员良好的狼人杀面杀体验。同时，ooi/疆界中包容、开放的游

戏环境也能带给成员更多与各地玩家接触、交流的机会。在后续的交流中，一些来自其他城市的 WLM 门派成员向笔者分享了自己本次参与活动的感受，认为这次来到杭州不仅实现了和门派里的小伙伴们一起打面杀的心愿，也在赛事级的狼人杀俱乐部中切身体验到了"坐在职业比赛赛场上打狼人杀的感觉"，而这种全新、专业的游戏体验是他们在自己城市中很难感受到的。因此，对于前来参加门派活动的外地成员来说，这次在杭州的集体活动经历既是一次开心、难忘的聚会，也在实际的人地交流、互动和对比中构建起了关于不同城市地方性的理解。①

可以看出，尽管将赛事级狼人杀俱乐部视为城市地方性的一部分是群体文化中的特定产物，但是对于狼人杀游戏群体来说，前往"先进"城市的赛事级狼人杀俱乐部参与群体实践的方式，不仅客观地展示了"先进"城市在游戏设施和服务上所具有的优势，也体现出了该优势对城市地方性构建起到的积极作用。随着狼人杀游戏社群向区域化、城市化发展，为了进一步通过专业的狼人杀俱乐部来对外扩展、提升城市在狼人杀游戏圈中的形象和地位，吸引更多狼人杀游戏爱好者前往"先进"城市参与群体实践，将偶然性到访转化为规律性的游戏体验，就需要降低外地玩家前往"先进"城市参与线下狼人杀游戏的成本。在访谈中，M8 也向笔者分享了他对狼人杀俱乐部行业未来发展的看法与构想：

我和 P 也认真考虑过，大家现在的问题不是不爱狼人杀，不想来杭州，而是来一趟要花很多钱，对很多年轻人，尤其是学生来说真的是很大的负担。所以将来我们希望能在杭州租一个 loft，下层是狼人杀面杀场地，上层是住宿，这样全国各地的小伙伴到杭州，我们都会专门给你安排好，帮你解决掉住宿的问题。这个地方就相当于是所有喜欢狼人杀

① 注：2019 年 11 月 23 日杭州 ooi/疆界田野调查笔记，对话内容来自福州市的 WLM 门派成员小方。

的孩子在杭州的一个家一样，这就是我们对于狼人杀发展的最终想法。

最后，狼人杀游戏群体会通过长期留居的方式来表达对"先进"城市地方性的认可，而这种在群体互动中产生的地方依恋也是城市地方性的本质体现。通过访谈发现，在狼人杀游戏社群中，很多玩家都将"打一个狼人杀全国巡回"（M1）视为一个梦想。与普通旅行不同的是，这种地域的流动主要体现为玩家在不同城市中参与狼人杀群体游戏实践上，而地方的差异性也是通过这些实践表现出来的。对于受访者来说，前往不同城市打狼人杀是一个可以接触到各种各样玩家，学习不同玩家打法的"修炼武功心法"（M5）的方式，类似于不断积累、自我提升的过程。当一个玩家结束一场全国之旅之后，他的个人游戏水平和能力也会随之提高，成为狼人杀游戏圈中第一梯队的玩家，这种个人实力上的巨大转变也会促进其他玩家对巡回之旅的期待。同时，在长期的流动下，受访者也会在实际的游戏体验中感受不同城市"狼人杀氛围"的差异，形成对不同城市的感知和态度。

在我狼人杀全国之旅刚出发的时候，我遇见一位国服的高手玩家，他在之前生活的地方默默无闻。他当时离婚了，就在全国打了一圈狼人杀，回去以后就封神了。我听到他这个故事，觉得很酷，很江湖。因为狼人杀本来就有点像练武，去全国打，就像是凭着自己的能力闯天下的感觉。比如说练武有内功心法，狼人杀的逻辑、抿人就好像内功心法，各地的武功是不一样的，像杭州和上海的抿人不一样，你融汇各地之后，你就会变强。像是我现在去了这么多地方，我会在我喜欢的城市多停一停，在当地找个工作，在维持生活的基础上去打狼人杀。虽然我说不上有什么意义，但是现在也被热血推动着，目前狼人杀也给了我足够的动力全身心地投入做这件事情。（M12）

对于受访者来说，这种带有流浪气质的生活方式不仅体现出对狼人杀游戏的热爱，也是他们在现实生活中践行地方性的方式。首先，这种四处游历、自由自在的生活方式在修炼狼人杀"内功心法"的诉求下转化为自我提升、成长的必要条件，满足了受访者对古典英雄主义的浪漫幻想。其次，在流动的实践过程中，在"喜欢的城市多停一停"是他们表达对一个城市"狼人杀氛围"认可的方式，他们会出于不断积累、自我提升的目的前往各个城市打狼人杀游戏，也会因为狼人杀游戏选择长期停留在能够满足自身对狼人杀游戏的期待、有着良好游戏氛围的城市之中。与前往特定城市观看游戏比赛、参与游戏聚会等短期旅行①的游戏爱好者不同的是，一些受访者会在有着良好"狼人杀氛围"的城市之中停留几个月甚至数年。由于这种长期留居往往带着"被热血推动着，想要全身心投入狼人杀游戏"的兴趣取向，他们通常不会要求在新环境中获得稳定、高收入的职业，谋生手段主要以经营、从事狼人杀俱乐部中的相关工作为主。对于受访者来说，选择长期留居在"先进"城市最重要的目的不在于赚钱，而是想要在"先进"城市中获得更好的游戏体验、提升游戏实力以及结交朋友等。由于地方性的意义最终指向于社会成员对于地方的特殊性所呈现出的情感满足及由此产生的情感偏好，② 当受访者在地方性的吸引下前往"先进"城市参与群体实践，并在城市中的群体实践满足了自身的情感、行动目标之后，该城市也会从一开始陌生的公共空间转化为与"我"相关的地方，使受访者在群体互动中形成"想要长期生活、不愿离开此地的依恋感"③，进而长期留居在"先进"城市之中。因此，这种带有流浪气质的留居行为，不仅客观地描绘了狼人杀游戏群体的生活方式，也体现出了有关狼人杀游戏群体的城市地方性在主观层面上起到的作用。

---

① 汪明磊. 互动仪式链视角下电竞用户文化研究——以英雄联盟粉丝为例 [J]. 当代青年研究, 2021 (04): 18—24.

② 胡宪洋, 白凯. 拉萨八廓街地方性的游客认同建构 [J]. 地理学报, 2015, 70 (10): 1632—1649.

③ TUAN Y F. In Place, Out of Place [J]. Geosience and Man, 1984, 24: 3.

这几年台州狼人杀的热度已经下去了，身边没什么人玩，包括面杀馆也不是很多，然后杭州的热度很高，我就跑来杭州打狼人杀。玩过之后觉得杭州的玩家实力不错，我就想留下来。我就开始在这个俱乐部上班，做的工作也是和狼人杀有关的，所以也不会太在意收入这些，目前还是很满意的。当初确实是因为想要玩狼人杀留在杭州的，现在已经两年了，也就这样留下来了。（F7）

（三）社群的城市认同建构

地方性具有可感知性，是可以描述、被建构并构成某一特征和结果的具体呈现；同时，地方性的呈现与存在来自人们对地方直接经验的深入，与人们的认同密切相关。[①] 对于狼人杀游戏群体来说，理解狼人杀游戏群体在地方性实践中建构身份认同的核心，不仅需要分析群体对城市地方性的话语表征，以及在日常实践中对话语的践行，也需要探讨这种群体所栖居和体验的地方性与群体所建构的身份认同存在的关联。本文认为，在地方性实践下，狼人杀游戏群体的身份认同是在强调城市间的差异上建构起来的，包含身份认同的重塑和强化两个维度。

1. 社群实践对城市认同的重塑

首先，狼人杀游戏群体会通过地方性体验和栖居中参与群体社会实践，发展社会关系，并对新城市产生归属感和认同感。从交互的角度来看，个体关于地方的认同是一个变动的过程，会随着人地关系的变化发生改变。个体的生活情境和人地互动关系可以使个体与正在居住、生活的地方建立关系，并在自我结构中形成新的认同。[②] 通过访谈发现，一些受访者会通过学习、适应新城市中狼人杀游戏的打法融入当地的狼人

---

① 胡宪洋，白凯. 拉萨八廓街地方性的游客认同建构 [J]. 地理学报，2015，70 (10)：1632—1649.

② HERNANDEZ B, HIDALGO M C, SALAZAR-LAPLACE M E, et al. Place Attachment and Place Identity in Natives and Non-Natives [J]. Journal of Environmental Psychology, 2007, 27 (4)：310—319.

杀游戏社群，并在参与游戏的过程中逐渐获得当地玩家的接纳。对于受访者来说，想要融入一个全新、未知的城市，并被当地的狼人杀游戏社群接受是一个需要时间和耐心的过程，因为游戏水平不够而在游戏中被"高配实力碾压"（M23）也成为每个玩家想要在新城市中站稳脚跟的必经之路，被玩家们称为"交学费"（M11），而这一经历也是玩家之间建立彼此信任的过程。当一个玩家的诚意、实力都得到认可时，他就会真正地融入全新的城市之中，成为当地狼人杀游戏社群中的一分子。

来杭州之后，更多的是想要尽可能地融入他们。因为他们一开始也是不接受的嘛，我毕竟是一个新人，还是绍兴来的，他们会觉得我不知道你什么水平，也不知道你到底是什么人，所以那时候我就一直主动找机会和他们玩。刚开始的时候确实是不太会这边的玩法，但多被骗就会了嘛。后来慢慢地水平上来了，得到了他们的认可，而且大家相处之后也感受到了我的诚意。（M5）

当受访者的诚意、实力得到认可时，他们也会真正地融入当地的游戏群体之中，而这种对社群的归属感也会进一步促进受访者深入参与到群体互动之中，并通过深入参与群体互动与实践，与群体紧密地联系在一起。通过访谈发现，F7 在来到杭州之后加入了由 M18 运营的 XY 派中，并在杭州的狼人杀俱乐部中担任法官等工作。随着游戏水平的提高和对狼人杀行业理解的深入，F7 也从一个新人成长为 XY 派线上门派的副掌门，担任成员管理、活动组织、文案策划等工作，负责狼人杀俱乐部的日常运营、队员选拔及赛前训练等工作，而她自己也因为稳定、出色的狼人杀游戏技术成为一名狼人杀职业选手，多次代表门派所属战队参加华山论剑、WPL 等高规格狼人杀赛事，是门派内部的核心成员和选手。因此，对于 F7 来说，无论是狼人杀游戏还是 XY 派，都已经成为她生活、工作中的重要组成部分，是"每天除了睡觉时间之外，一睁眼就要开始忙碌的事情"，而她对门派日常运营的付出和在赛场上为门派争得荣誉的优秀表现也使得她与门派紧密地联结在一起，形成"别人一提到我可能就会想起 XY 派，一提到 XY 派就会想起我"的状态，可以看出，作为社群中的核心成员，F7 在门派中的身份作用于她的生活、工作之中，成为她个人身份的重要组成部分。

对于受访者来说，参与狼人杀游戏社群中的社会与空间实践，不仅能够拉近他们与社群的关系，形成紧密的情感联结，也会进一步作用于个体"自我中与地方相关的意义系统"①，形成对社群所在城市的认同感。由于地方的意义来源于人们在心理上与地方产生的认知和情感上的联系，② 人们会在复杂的社会交往和互动中，通过为地方赋予某种意义的方式形成与空间有关的联结形成地方认同。③ 对于受访者来说，他们与群体产生的联结会为他们带来群体身份，而对群体的认同也会在群体的社会与空间实践的作用下超越群体的边界，群体所在的城市也会在受访者主观层面被建构为与自我相关的一部分，进而升格为对城市的归属感。2020 年 7 月 13 日 23 点 6 分，F7 在朋友圈中发布了与门派成员一起聚餐的照片，配上了"喜欢一座城市是因为这座城市的人和事有所牵挂，也有所归属"这样的文字。可以看出，F7 只身来到杭州，并决定在杭州生活、工作是因为喜欢狼人杀游戏，而真正将她留在杭州，产生对杭州的归属感则是通过狼人杀游戏在杭州结识的朋友和目前所从事的与狼人杀游戏有关的工作，而这些也成为她对杭州产生归属感的因素。从这行简单的文字和搭配的照片可以看出，对于 F7 来说，杭州已经从最初想要来玩狼人杀游戏的物理空间，转变为有着情感依恋和寄托的精神家园，与刚来杭州的她不同，此时的 F7 已经在狼人杀游戏社群中找

---

① WANG S. & CHEN J S. The Influence of Place Identity on Perceived Tourism Impacts [J]. Annals of Tourism Research, 2015, 52: 16—28.

② 朱竑，刘博. 地方感、地方依恋与地方认同等概念的辨析及研究启示 [J]. 华南师范大学学报（自然科学版），2011, 1: 1—8.

③ PROSHANSKY H M, FABIAN A K & KAMINOFF R. Place-Identity: Physical World Socialization of the Self [J]. Journal of Environmental Psychology, 1983, 3 (1): 57—83.

到了能够扎根在一座陌生城市的支点。

在访谈中，F7 的经历呈现出的是众多狼人杀游戏玩家的生活切面。事实上，这种将社群与城市联系在一起的方式反映出的是受访者在个体、社群、地方互动之间认知、态度转变的过程，其本质是受访者在群体实践中建构城市认同的过程。这一建构过程体现在两个方面，首先，狼人杀游戏社群为受访者提供了在陌生环境中建立社会关系网络的社会交往空间。与日常的社会交往不同的是，由于社群的成员往往是因为对狼人杀游戏共同的兴趣聚集在一起的，狼人杀游戏社群中的"友情、人际关系更加纯粹"（M17），不涉及利益等现实因素，因此人与人之间的交往更加简单，他们更容易交到志同道合的真心朋友，建立如同家人一般的友情；除了人际关系之外，狼人杀游戏社群也在他们初到一个新城市时提供给他们从事喜欢的工作的机会、实现个人发展的渠道，而这些因素成为他们得以在城市中立足的重要保障。对于狼人杀游戏群体来说，这种认同的转变本质是受访者在群体实践中重构身份认同的过程，在群体中形成的良好的人际关系和对当前的生活、工作状态的满意程度是他们愿意将自己视为城市中的一员，产生对城市的归属感和依恋感的根本所在。

2. 社群实践对城市认同的强化

除了重塑身份认同之外，狼人杀游戏社群中的社会与空间实践也可以使个体在与"他们"的对照中明确"我们"的位置与意义，强化关于"我们"的"这里"的身份认同，巩固他们现有的认同感。事实上，社会成员在不同空间中的实践是一种体验"差异"的行为，这种差异既体现在"我们"前往一个新的地方与"他们"相遇，感知到的与"我们"所不同的文化、社会规范，[1] 实际上是通过这种相对关系来回

---

① CLIFFORD J. The Predicament of Culture：Twentieth - Century Ethnography, Literature, and Art ［M］. Cambridge, MA：Harvard University Press, 1998：67—90.

答"我是谁"的问题，最终指向的是关于自我的建构。① 对于狼人杀游戏群体来说，在不同城市迁徙的过程会使原有关于地方的认同不再是一个孤立的概念，而是会在不断的流动过程中形成"我们"与"他们"的比较，这种相比于"我们"的"那里"也会在特定社会情境的差异性中一起被纳入整个文化体系之中，进而作用于他们的身份认同。通过访谈发现，一些受访者自费、自发参与不同城市的狼人杀游戏群体实践是希望通过学习把先进的游戏技术、硬件设施及经营理念等带回自己的家乡，凭借自己的努力带动、提升当地的狼人杀游戏氛围。对于这些受访者来说，这种比较会使他们清晰地意识到"我们"与"他们"的差距，对自己所在城市的狼人杀游戏的发展状况进行思考。

> 我家那边狼人杀热度起来也就是最近的事情，在当地接触到的主要是内蒙古圈子里的玩家，如果一直待在我们那边，可能会觉得我们还不错，但是我只有到别的城市看过才会真正感受到我们之间的距离，虽然我们现在狼人杀热度特别高，但是玩家的水平是参差不齐的，一些配套都有待提升。所以这也是我一直主动去杭州、上海这些城市打比赛、打面杀的原因，只有我了解其他地方是什么样，我才会知道我们处在一个什么样的阶段，后续应该怎么做。(M3)

除了意识到差距之外，受访者也会在这种对比中明确自己对"我们"的"这里"的情感联结。在访谈中发现，与F7、M5等受访者不同的是，一些受访者在不同城市间的游历、停留不是为了选择一个符合自己期待和要求的城市长期生活、工作，而是希望通过学习把先进的游戏技术、硬件设施及经营理念等带回自己的家乡，凭借自己的努力带动、提升当地的狼人杀游戏氛围。受访者认为可以通过自己的努力来影响当

---

① CLIFFORD J & MARCUS G E. Writing Culture: The Poetics and Politics of Ethnography [M]. Berkeley, CA: University of California Press, 1986: 56—72.

地的狼人杀游戏环境和城市文化，通过在外学习、提升之后再回到当地推广狼人杀游戏，不仅可以"凭借个人的知名度吸引更多的人来关注狼人杀，在一起打游戏、练技术，最后再代表城市参加比赛"（M18），也可以"在整个城市文化和游乐属性上有所提升，大家不会只是去喝酒、打牌，而是可以一起坐下来聊聊天，交朋友"（M1），从而在城市中建立一种全新的休闲、社交、娱乐方式。对于这些受访者来说，这种想要"推动家乡狼人杀文化，为自己城市争光"（M1）的信念已经不再仅限于想要借助狼人杀游戏来彰显个性和发展兴趣，而是体现出了一种关于改善环境所需要的个人力量和信念，这种自我效能感也是与地方有关的身份认同的表现形式之一。①

我在我家那边也开了一个面杀馆，我到杭州来，其实就是想学学这里面的东西。上一届华山论剑冠军、亚军都在杭州，算是现在狼人杀行业里的最高水准了。我喜欢狼人杀，就想把新东西带回我们那里，也是我对自己的一些要求，或者说使命感吧。（M3）

不难看出，受访者游历各地，参与不同城市的狼人杀游戏社群实践活动，不仅是一种地方性体验，也是受访者在流动的生活状态中产生的自省与反思，而这种自省与反思体现出了一个内在的地理维度，即在"他者"的地方中感受"我者"地方所没有的狼人杀游戏氛围。他们可以在不同的城市中游历，选择扎根某地或学成返回家乡，体现了个体关于空间能动性的表达。从人文地理学的角度来看，狼人杀游戏社群城市认同的核心是"我者"对"他者"地方性的想象与体验。首先，通过网络媒介、群际交流等途径感受到的不同城市狼人杀游戏氛围的差异会使他们产生对"他者"地方的期待和向往，并在表征及话语的层面放

① BREAKWELL G M. Coping with Threatened Identities [J]. Psychology Press, 2015 (5): 151—181.

大不同城市的差异；其次，这种对城市地方性的表征也会进一步地驱使他们前往不同的城市游历，形成了现实意义上的流动、迁徙行为；最后，对不同城市地方性的表征与实践，引导受访者在反思中重新定义了"他者"和"我者"在狼人杀游戏话语体系中的相对位置，丰富的群体社会空间实践也通过对"我者"的反思以及对"他者"的吸收、融合、重塑、强化了受访者的城市认同。

三、狼人杀游戏社群的城市融入与归属

自 20 世纪 70 年代改革开放以来，我国现代化进程不断推进，逐渐实现由传统社会向现代社会的转型，我国社会结构也面临着从社会整合向社会分化的转型挑战。随着我国城市化进程的深入，以"85 后""90 后"为代表的城市青年群体脱离了传统社会以血缘、地缘为主要联系的社会关系网络和生活空间，呈现出个体化的生存方式。虽然时代的变迁和社会结构的变化使城市青年脱离传统社会关系进入全新的城市空间，完成了"个体化"的发展和对自我价值的重视，但是精细的城市分工也将城市空间划分为"单元格"式的生存空间。[①] 同时，职场竞争激烈、城市人口流动频繁和社区交往减少也加剧了城市青年的社会关系萎缩，造成了他们现实社会关系网络的断裂。[②]

在这样的背景下，日益个体化的现代城市生活也使得城市青年群体在现实生活中更容易感到孤独和空虚。在访谈中发现，一些受访者随着工作、学习等因素迁徙到新的城市时，往往会感到缺乏安全感和归属感。由于全新的生活环境中没有熟悉的朋友和玩伴，他们最开始会选择宅在家中，而这种缺乏集体活动的生活方式也会使他们感到"很孤独、

---

① 常进锋. "空巢青年"缘何"空巢"——一个时空社会学的解读 [J]. 中国青年研究，2017（05）：79—83.

② 聂伟，风笑天. 空巢又空心？——"空巢青年"的生存状态分析与对策 [J]. 中国青年研究，2017（08）：57—63.

空虚"（M20），一些受访者也会因为孤独的生活状态难以对当下生活的城市产生归属感，进而抱有"很想回家"（F6）的心态，一些受访者甚至一度产生想要放弃现有的工作、学业的念头。

刚来杭州的时候真的很不适应，那会儿刚大学毕业，换了一个全新的环境，基本上就是上班去单位、下班回家，基本没什么社交。那段时间经常眼睁睁地看着太阳落下来，有时候手机、电脑的屏幕突然暗下来，你发现自己一个人，这种感觉其实还挺孤独的。（F1）

我刚去北京那段时间几乎没有跟人熟悉起来，因为通常都是一个人，每天除了上班之外也不知道该干什么，那阵子也想过还要不要继续坚持，直接回老家算了。（M7）

（一）发展社会关系，融入全新环境

通过访谈发现，在流动性的生活背景下，当受访者由于学业、事业等变动来到一个全新的城市环境中时，重新寻找、发展当地的社会关系也成为获得更多陪伴、情感和心理支持的方式。对于受访者来说，狼人杀游戏是一个在"新城市里结识新朋友"（F6）的理想中介，当他们到达一个新的城市之中，他们会主动地通过大众点评、微博、微信公众号、《狼人杀官方》等网络媒介搜索当地的狼人杀俱乐部、狼人杀游戏社群，通过参与群体游戏的方式结识更多的朋友。在实际的交往中，受访者会出于"平常能经常叫出来一起聚会"（F8）、"能在一起搞见面会之类的活动"（M9）等目的结交同城的朋友。对于受访者来说，基于共同的狼人杀游戏爱好来结识朋友既可以扩展自己的人际关系和视野、满足自己的社交需求，也可以在现实生活中结识有着共同兴趣爱好、生活方式和价值观的朋友，使他们能够在新的生活空间中建立社会关系，发展出稳定的人际关系网络。

来杭州之后，因为工作圈子局限性比较大，并且工作上的人也不是你自己筛选的伙伴，这些人跟你的爱好、聊天的方式、三观都不一定一致。我上大学的时候接触过狼人杀，感觉蛮容易玩，并且它有一定的社交性质，我就开始专门去一些面杀店，像萧山、西湖区比较有名的店我都去过。狼人杀的另一个魅力在于你可以认识到不同的朋友，在你玩游戏的过程中，你能遇到很多来自各行各业的人，假如这辈子只是上班，都很难遇见这些人。（F1）

因为我工作的性质，我要经常出差，如果待得久，我都会找当地的狼人杀组织和大家一起玩。因为狼人杀有线下的活动，能见面，组织活动也会比较方便。其实进到这些狼人杀组织里，主要是想在陌生的环境里面好过一点，多认识一些朋友也好，有个消遣也好，反正不至于说让自己一个人待在这里。（M20）

通过访谈发现，对于来到全新城市的受访者来说，狼人杀游戏可以扩大他们的社交圈，参与群体狼人杀游戏可以有效减轻他们身在他乡的孤独感。在访谈中，受访者普遍认为狼人杀是一款"社交游戏"，可以帮助自己认识更多的朋友，一些身处他乡的受访者也会通过狼人杀游戏社群结识很多新朋友，而这些朋友也成为他们在新环境中发展人际关系、建立亲密、稳定情感联结的方式。受访者会在日常生活中参与、组织除了狼人杀游戏之外的篮球、摄影、爬山、逛街、旅游等活动，谈论、分享自己日常生活、工作、家庭中的烦恼，成为能够分享彼此心事、相互信任的伙伴。在这种"走心"的人际关系的作用下，受访者独自生活在新环境中的孤独感逐渐被亲密的人际关系所取代，有效地拉近彼此之间的心理距离。

我在杭州认识的朋友大多数都是通过狼人杀认识的，我看一下我所有的微信好友分组，里面狼人杀分组最多，都是玩狼人杀之后留下微信，然后彼此之间有联系，特别是我一开始来杭州玩狼人杀认识的几个小伙伴是到现在关系最好的，已经到无话不谈的程度。我们有时候出去

玩、聚一下都会互相叫，比如我们会一起打麻将，还会摄影、逛街什么的。(F8)

(二) 获得现实支持，建立情感归属

对于受访者来说，这种亲密的人际关系不仅停留在社群成员相互分享心事、一起组织活动的层面，也会随着彼此之间互动、了解的深入向更深层次的关系形式递进，由这种情感性依恋所表现出的"不愿意离开所依恋的地方的倾向"[①] 也被视为地方认同的重要表现方式。[②] 从狼人杀游戏社群的功能来看，除了为成员提供情感、陪伴之外，成员之间也可以通过相互提供信息、物质的方式来彼此支持，不仅可以帮助成员在新环境中获得社会资源、积累社会资本，也可以进一步拉近彼此之间的关系，形成更为多元、丰富的社会关系网络，从而对城市产生归属感。从访谈中可以发现，在日常的群体互动中，受访者往往会抱有"你愿意去帮助别人，在你困难的时候别人也自然会帮助你"(M6) 的心态，在这种互助心理的背后，反映出的是一种想要在异乡中通过相互扶持、相互帮助的方式建构社会关系网络，依靠现有的人际关系资源在城市中站稳脚跟的现实需求。因此，对于一些已经在城市中立足的受访者来说，他们都会主动地在其他成员遇到困难的时候伸出援手，"在自己能力范围内尽量去帮助他们"(M8)。同时，对一些在生活、工作中遇到困难的受访者来说，当他们遇到房屋出租、介绍工作、法务纠纷等实际问题时，他们不会选择告诉自己的家人，而是会主动向其他社群成员寻求建议和帮助，应对、解决自己所面临的困境。通过访谈可以发现，这种与同城的朋友相互帮助、扶持的互动、交往方式打破了以往城市生活中个

① HIDALGO M C & HERNANDEZ B. Place Attachment: Conceptual and Empirical Questions [J]. Journal of Environmental Psychology, 2001, 21: 273—281.

② WILLIAMS D R, PATTERSON M E & ROGGENBUCK J W. Beyond the Commodity Metaphor: Examining Emotional and Symbolic Attachment to Place [J]. Leisure Sciences, 1992, 14: 29—46.

体化、原子化的生存状态，形成了类似于传统社区中守望相助的生活方式，不仅可以使受访者感受到被接纳、被关爱的情感体验，也可以帮助他们解决独自生活在异乡时遇到的困境，而这种来自狼人杀游戏社群的物质支持也可以有效地提升受访者的生活满意度和城市融入意愿，愿意长期生活在迁居的城市之中。

你想一个人来一个新城市，能碰到这么多小伙伴，不管说这个朋友能持续多久，或者以后我会不会走，或者这个门派会怎么样，这段经历都是很美好的。我现在身边很多朋友都是因为狼人杀认识的，在这个城市里面结识到的朋友，会让我很有归属感。包括 XY 派的 D、K、L 他们，都是一个很大的缘分。其实一个门派里的朋友玩归玩，但你有什么事情大家都会帮衬着，像我现在的工作就是 W 给我介绍的，当时他听到我找工作不顺利，二话不说就介绍我去他们公司上班。还有之前我租房遇到了一些问题，也是 L 让我去她那里过渡了一段，幸好有这一群朋友，会让我感觉杭州和别的城市不一样。未来还是蛮希望能留在杭州的，不管是狼人杀游戏，或者是朋友们也好，也算是我脱离学校之后建立起来的第一个圈子，杭州是一个很重要的记忆节点，是因为认识了这些朋友、圈子，所以不想走。反正我永远都是把人放在第一位，我很少单独分析城市适不适合我，我感觉人情是最重要的。(F1)

2018 年 7 月 3 日深夜，进入夏季的杭州卸下了一天的暑气，整个城市都笼罩在一种潮湿的空气里。在这个寻常的周二，笔者和 X、F11 在 XY 派组织的常规面杀活动结束之后，一起坐上了返程的出租车。面对着车窗外不断闪过的路灯和万家灯火，F11 慢慢地降下后座车窗，用手托着下巴，用一种近似于自言自语的音量说道："我一个人在杭州，有时候晚上睡不着，不想在家待着，我就会出来和群里的人玩狼人杀。你之前问我为什么喜欢这个群，我也说不太清楚，但我觉得 XY 派就像是另外一个家一样，因为你随时去，随时都会有一扇门为你打开。"对于受访者来说，这种将狼人杀游戏社群看作"另外一个家"的观念并不是 F11 的个例，狼人杀游戏社群不仅为受访者们提供了日常消遣、娱乐的途径，也成为他们获得情感慰藉、日常陪伴和社会支持的精神家园。

地方是具有意义的生活空间，强调人在认同环境的同时也可以通过环境来定位自己，人可以通过"我在哪"的追问实现对"我是谁"的确认。地方认同的概念来源于地方本身，强调人对地方产生的心理与精神意义，其意义在于地方为人们带来的稳定感、安全感和归属感。① 通过访谈和田野调查发现，当受访者在城市中满足了目标、行为，就会对城市产生归属感和依恋感，而城市也从一开始陌生、疏离的公共空间转化为与"我"相关的、与"我"意义相关的情感场所，人也会因为内心对城市的归属感产生地方认同。对于个体来说，这种归属感是由一系列人生经历与社会文化关系堆叠而成的，是个体在城市中所汲取的探索、拓展其生活空间的内在驱动力以及对城市产生的依恋。在流动的生存背景下，狼人杀游戏社群的出现弥补了受访者处在现代都市生活中社交空间的欠缺，缓解了受访者在告别学校、家乡进入快节奏、碎片化城市生活时所带来的冲击和影响，其不仅满足了受访者在现代城市的个体化文化冲击下对群体生活的向往和需求，也填补了他们在流动的城市生活状态中社交活动的空白。同时，狼人杀游戏社群中的社交互动也可以帮助外来城市青年群体了解和适应当地的生活环境与生活方式，为他们提供建构、扩展社会关系网络的机会和一定的社会支持，而这也可以进一步增强他们对生活的满意程度，形成对城市的归属感，从而更好地融入城市生活之中。

---

① TUAN Y F. In Place, Out of Place [J]. Geosience and Man, 1984, 24: 3.

第四章　结　　论

在人文地理学的语境中，地方是一个感知的价值中心以及社会与文化意义的载体，而地方意义在于无意识的能动性使其成为人类"存在"的中心，以及人类在整个社会与文化结构中定位自身的一个坐标体系。[1] Relph 的表述精确地论述了地方意义与个体、社会群体身份认同建构的关系：由于认同是个人或社会群体在一系列社会文化符号和社会关系中确认自身角色、所处位置的建构过程，因此，只有个体和社会群体在一个空间意义系统中明确所处的坐标时，个体和社会群体才有可能在栖居的地方实现认识自我，确认与"我"有关的价值与意义的目标。对于个体与社会来说，地方不仅是一个意义中心，也是构建社会关系的媒介，地方意义在身份认同的建构过程中有着十分重要的作用。

梅罗维茨在《消失的地域：电子媒介对社会行为的影响》一书中指出，电子媒介的出现打破了物质地点和社会场景的传统联系，消解了物理场景的边界，并重构出了一种由电子媒介营造的"新场景"。这种"新场景"可以使任何地方发生的事，发生在人们所处的任何地方，而这种对物理空间、物质场所的消解使得关于真实空间的地方感进一步消失，地点已经成为"消失的地域"。[2] 20 世纪 80 年代之后，随着全球化的加速发展和现代化进程的推进，科学、理性原则主导下的空间法则作

---

① RELPH E. Place and Placelessness [M]. London：Pion, 1976：2—46.

② 约书亚·梅罗维茨. 消失的地域：电子媒介对社会的影响 [M]. 肖志军译. 北京：清华大学出版社，2002：3—54.

用于地方性的社会与文化脉络，虽然加快了经济与资本要素无差别的流动，但地方之间的独特性也在这一空间过程中被消解。① 同时，网络技术的出现和发展覆盖了人类社会的每一个领域和角落，不仅瓦解了人们的时空观和个体完整性，流动与碎片化的生活方式也打破了人们从传统价值中获得意义感的途径。在这样的背景下，地方所固有的社会与文化边界等意义逐渐被消解，这种地方性的消失也使得一些学者认为在当前网络化、流动化的世界中，人们所面临的是一个无地方化的空间形态，② 在此基础上产生的社会关系本质也是去地方化的，而这也势必会对个体和社会群体基于地方的身份界定与认同产生影响：个人和社会群体基于特定地方的认同边界逐渐模糊，认同也开始从地方的社会与文化网络中分离出来，消解在抽象的空间形态之中，人们也开始在不断的流动的生活、空间与互动关系中以"我"为中心更新、重构认同。事实上，人无论选择何种方式生活，以怎样的形式流动，其最终仍需要依托于某一个具体的、现实的地方栖居，而这种人地互动也势必会带来一种与地方相关的、能够说明我们是谁的个人身份认同感，而这种时间感、地点感也牵涉着相对稳定、有边界的物质空间及物理地点。因此，当我们在"流动的空间"的背景下探讨人的认同时，需要以一种动态的、开放的结构来看待虚拟与现实空间的关系：全球化并不是简单地将不同的地域同质化，而是会在当前社会关系高速变化过程中形成不同地域的不平衡发展，进一步造成地域的独特性。在这样的背景下，地方性并不会消失，而是会随着现代化的发展在新的社会关系体系中被重新定义；网络化对地方的影响并不会导致地方性的消亡，而是会在数字媒介的作用下重构地方意义。

在这样的意义下，狼人杀游戏社群为现代性、空间与地方认同的探

① TAYLOR P J. Places, Spaces and Macy's Place-Space Tension in the Political Geography of Modernities [J]. Progress in Human Geography, 1999, 23 (1): 7—26.

② CASTELLS M. The Rise of the Network Society [M]. Oxford: Brasil Blackwell, 1996: 407—460.

讨提供了一个典型的分析案例。首先，狼人杀游戏社群的互动涵盖虚拟与现实空间，在充分开发出数字媒介潜力的同时也尽可能地调动了现实中的空间资源，社群对空间的认知既包括对想象中"他们"所构建出的"那里"，也包括正在感知、体验的"我们"的"这里"；其次，狼人杀游戏社群中丰富、多元的实践也可以使他们切身前往各地，对不同的空间进行实际的体验，而由此生成的空间关系、社会关系也反映出了现代性语境下的地方认同特性，即地方的认同是一个超越"纯粹本质"而存在的不断变化、重构的过程，应该在特定的时空与背景下理解地方认同的建构与再建构；① 最后，与传统单一线上、线下社群不同的是，狼人杀游戏社群中的认同实质是一种虚拟与现实空间相融合、城市与社群互动相联结的结合体，这种复合性反映出了当今生活在城市中 16—40 岁青年群体的现状和需求：他们随着学业、工作的变动迁居在不同的城市之中，在高度分工和精细化区分的城市中建构社会关系、寻找归属也成为他们除生存、工作压力之外所需要面对的考验，而这既是现代性带来的社会经济发展与精神束缚之间的二元矛盾，也体现出他们通过狼人杀游戏社群来追求个性、自由与归属的能动性。狼人杀游戏社群所代表的群体是对当前时代变化、经济环境感受最为直接的社会群体，他们生活在城市之中，以狼人杀游戏社群为联结点，彼此结识，发展出丰富的社会关系，在各个城市中参加群体活动……这些复杂、多元的实践、行为、关系体现出的正是他们能动性的空间化表达。

在当前的时代背景下，虚拟与现实空间的交融生成了新的知识和象征秩序，为游戏社群的研究提供了一个新的框架。本研究借助地方理论，对虚拟与现实空间中狼人杀游戏社群的互动与认同进行了实证研究。研究发现，狼人杀游戏玩家在《狼人杀官方》、微信群、QQ 群、论坛等网络社群及狼人杀游戏俱乐部、高校狼人杀游戏社群、狼人杀游

---

① MACKENZIE A F. Place and the Art of Belonging ［J］. Cultural Geographies，2004，11：115—137.

戏战队等现实社群中，借助集体游戏、比赛、社交等实践而展开的社会互动，构建了一个个存在于虚拟与现实空间中，以社会关系为内涵，以城市为核心的狼人杀游戏社群。通过以集体游戏、社交活动、竞技实践为主要形式展开的社会互动，狼人杀游戏社群在虚拟与现实空间中构建了一种以城市为代表的地方文化、符号、价值为核心的多元社群认同，形塑了以城市为核心的新的社群边界。同时，在互动过程中建构的以"狼人杀氛围"为意义框架的地方性实践，进一步重塑和强化了这种以城市认同为核心的社群认同。狼人杀游戏社群在虚拟与现实空间中的群体认同实践，一方面改变和形塑着游戏社群的城市象征和符号，赋予了城市新的文化意义，将城市纳入狼人杀游戏文化和价值体系之中，并以自发的群体实践、与政府及游戏官方等代表着主流文化的机构相结合的方式，积极地参与到塑造城市社会意义的过程之中；另一方面也为长期处于流动状态中的城市青年群体提供了一个发展现实社交关系网络，建立良好人际关系的渠道，在融入群体的过程中形成对城市的情感归属。可以看出，狼人杀游戏玩家在虚拟与现实空间中的群体实践和行动，使狼人杀游戏社群日益呈现出明显的地方化特征。为了进一步说明城市与狼人杀游戏社群互动、认同实践之间的关系，基于本研究的主要发现，本章尝试从理论上回答：虚拟与现实空间交融，为狼人杀游戏社群认同的表达、形塑创造了什么样的机会与可能？"游戏+"模式在对城市经济产业发展、本土文化资源的开发带来潜力的同时，也为游戏产业的持续发展及游戏社群的治理带来了哪些挑战，又该如何应对？此外，本章还将结合本研究的局限、不足进行回顾和讨论，并对未来的社群与城市研究提出进一步的展望。

一、城市地方意义下的游戏社群认同

从现有的研究范式来看，一些研究从媒介使用的角度出发，将游戏社群视为一个具有一定社会互动强度、情感联结，存在于网络空间中的脱域共同体。在这样的观点下，社群在现实空间中的群体实践也往往被视为游戏社群向线下的延伸，认为游戏社群中形成的人际关系可以通过面对面的形式得到进一步的发展。这种将虚拟与现实空间分离开的视角，虽然有助于分析人们在不同空间中利用媒介展开社会交往、互动及实践的方式，但这种视角通常将游戏社群中的线下实践视为线上社群的延伸。由于人们的认同受到社会情境、生活经历等因素的影响，是一个复杂的、发展的、延续性的建构过程，而这种空间二元论的视角实际上不利于分析游戏社群认同的塑造过程。同时，这种视角往往将游戏社群的线下实践空间视为虚拟社群实践的补充，一方面不利于反映社群在跨空间互动中的机制，另一方面也未能体现出城市在游戏社群认同建构中起到的作用。随着移动通信技术的进步、4G 技术的发展和移动终端的普及，一些热门游戏也开始从社交、游戏、运营等方面引入 LBS 技术，将城市地理位置、地标、真实生活空间融入游戏的玩法、关卡设计、社群组织等功能之中，而这种 LBS 与游戏的结合不仅将玩家与现实空间联系在一起，发展出一系列全新的社交、游戏模式，城市也成为游戏乐趣空间的一部分。斯科特·麦奎尔认为，媒介与城市之间出现了新的结构性耦合，不仅提高了媒介设备和各种服务改变人们空间体验的能力，媒介与城市也在经由日常生活实践的融合中不断创造出新的交往时空，带来了全新的个体与自我、多元他者及外在世界的共存。[1]

不可否认的是，媒介与城市的深度融合能够开发人们与城市之间的关系，影响着人们日常生活、交往的复杂动态，不仅增强了人们的主体性，也为城市增添了新的力量、节奏和情感体验。[2] 而这种媒介与城市的融合也进一步消解了虚拟与现实的边界，使人们有机会将自身的城市体验融入认同的建构之中。本研究认为，狼人杀游戏社群是一个在虚拟

---

① 潘霁. 地理媒介，生活实验艺术与市民对城市的权利——评《地理媒介：网络化城市与公共空间的未来》[J]. 新闻记者，2017（11）：76—81.

② 斯科特·麦奎尔. 地理媒介：网络化城市与公共空间的未来 [M]. 潘霁译. 上海：复旦大学出版社，2019：002.

与现实空间中有着多元互动形式的综合型游戏社群，其内部的互动形式、认同的构建都可以反映出人们与媒介和城市复杂、深入的勾连。其中，作为一种物质性的物理空间和非物质性的价值观念，城市在狼人杀游戏社群的互动中起到了至关重要的作用。将城市视为狼人杀游戏社群在现实空间中组织群体活动的载体，以及在虚拟空间中聚集、定位的符号，是狼人杀游戏社群开展群体、群际互动的前提之一。在这样的背景下，城市自然会对狼人杀游戏社群的意义定位和实践产生影响。在访谈中，一些受访者会将加入、创办同城狼人杀游戏社群视为自己的首选，并在城市的基础上开展一系列的群体游戏、社交、竞技等互动。由于城市不只是社会行动的空间，而是一个生产实践的分类架构体系，不仅是社会意义的象征符号的载体，也具有区分自身、接受分类的社会类别化效果。因此，狼人杀游戏社群与城市的实践和互动，并不是单一地将城市视为一个静态的、物理的活动空间，作为一个丰富的意义中心，城市的地方意义会通过一系列的群体实践对狼人杀游戏社群的互动及社会关系产生相应的影响，成为组织群体活动、划定群体边界、凝聚群体价值的重要依据。正如吉登斯所说，将"时空观融入社会理论的核心，就意味着重新思考隔断社会学与历史学、地理学的某些学科视野"[①]。从这个角度来看，在狼人杀游戏社群的实践下，虚拟空间与现实空间之间的界限逐渐消弭，城市地方意义的凸显也为重建社群边界、强化甚至重塑群体认同提供了全新的机会与可能。

(一) 游戏社群建构认同的新机制

在虚拟与现实空间交融的背景下，游戏社群呈现出了新的认同建构机制，即通过地方化互动和地方性实践来建构认同的社会机制。Relph指出，地方是人们对世界直接经验的中心，主观性的日常实践和情感体验是建构地方最为重要的特征。[②] 由于认同的建构是一个与社会、他人

① A·吉登斯. 社会的构成：结构化理论大纲 [M]. 李康等译. 北京：生活·读书·新知三联书店，1998：40.

② RELPH E. Place and Placelessness [M]. London：Pion，1976：2—46.

不断相互作用的动态过程，包括历史、地理、文化等在内的力量都可以根据"扎根于人们社会结构和时空框架中的社会要素和文化规划"来建立认同。① 对于个体来说，与地方有关的实践、社会互动和人际关系是人们"存在"以及主体性构建的组成部分，个体对于"我是谁"的理解，离不开地方维度的参照和指征，② 地方也会随着人们意识的发展、社会变迁和人生经历等因素成为个体认同的一部分。作为人们日常生活与交往的空间，城市是个体、群体认同建构的重要组成部分。在人文地理学的视角下，城市的意义已经实现了从物理空间向富有人文意涵的地方转向，超越了空间实体单纯的物质性，成为人类主观性与日常生活体验共同建构的文化实体。③ 本研究认为，城市不仅是狼人杀游戏群体开展群体实践的空间，也是社群对特定城市的想象、建构与体验。一方面，城市是群体实践、互动的空间，社群围绕城市而展开的社会互动，不仅赋予了城市独特的文化意义，而且在客观上强化了狼人杀游戏玩家之间的社会互动，是凝聚狼人杀游戏社群的纽带；另一方面，狼人杀游戏社群内部通过"先进"与"后进"、"核心"与"边缘"的话语层面的表达，以及驱动成员实际参与各地狼人杀游戏，甚至长期迁居的空间实践，表现出了一种基于地方之间差异而形成的一整套与地方有关的话语、想象与行为，涉及一系列符号化的情感、价值、意识形态。而狼人杀游戏社群成员也会在实践中通过发展社会关系、寻找工作机会等方式来实际体验不同城市的地方性，并通过重塑、强化自身城市认同的方式与城市建立情感联结，表达对不同城市地方性的理解。可以看出，城市是狼人杀游戏社群的社会情境，群体可以通过城市所具有的地方意义来构建群体意义，而这种地方意义可以转化为社群个体化的情感体

---

① 曼纽尔·卡斯特尔. 认同的力量 [M]. 曹荣湘译. 北京：社会科学文献出版社，2006：6.

② 钱俊希. 地方性研究的理论视角及其对旅游研究的启示 [J]. 旅游学刊，2013，28 (3)：5—7.

③ 朱竑，钱俊希，陈晓亮. 地方与认同：欧美人文地理学对地方的再认识 [J]. 人文地理，2010，25 (06)：1—6.

验，成为社群群体认同的一部分。

（二）构筑游戏社群边界的新方式

在虚拟与现实空间的交融下，城市为游戏社群边界的建构提供了新的可能。从认同的形成来看，"我们"总是相对于"他们"所界定并建构的。狼人杀游戏社群会在群体互动的过程中以自身所属的群体来定义自己的身份，而作为社群参与实践、与其他人及群体产生互动的空间，社群成员也会通过对城市的体验和意义诠释来理解自身的身份与存在。对于个体来说，这种"存在于世（being-in-the-world）"的状态是长期生活和人地互动的经验，[①] 这种经验是一种结构性理论的负载活动，体验者先验的社会知识决定了他对某一事物的观察。[②] 在狼人杀游戏社群中，城市所代表的人文意义是一种情感"共性"，在参与群体互动之前，社群成员已经在长期的生活经验中产生了与地方有关的情感共鸣，当他们带着这种先验的经验进入群体之中时，这种经验会成为一种认识世界的方式，从而在群体互动中形成基于城市产生的"我们"与"他们"的群际边界。此外，狼人杀游戏社群对城市的意义并不是被动地接受，而是通过对城市地标、符号的挪用、创造，以及对城市象征的界定来明确不同城市社群之间的差异，自发地将城市与社群文化联结在一起，体现出了社群的能动性。例如，狼人杀游戏社群中"南、北城市打法差异""城市狼人杀氛围"等概念的提出，以及围绕这些概念对不同城市狼人杀游戏社群认同边界的重新界定，均体现了这种与城市有关的群体价值对社群边界建构的作用。研究发现，在狼人杀游戏社群中，共同的城市归属感、荣誉感和责任感已经成为最主要的社群符号边界。与以往的社群边界相比，这种通过城市划定的边界也呈现出了充满变动和弹性的群际关系，体现出了狼人杀游戏社群以城市的人文价值为基础，

---

① MALPAS J E. Heidegger's Topology: Being, Place, World [M]. Cambridge: MIT Press, 2008: 1—38.

② HEFT H. Environment, Cognition, and Culture: Reconsidering the Cognitive Map [J]. Journal of Environmental Psychology, 2013, 33 (3): 14—25.

在丰富、多元的群体实践中构筑了"我们"与"他们"的边界的动态过程。

(三) 线下聚集、融入城市的新路径

在城市现代化的进程中，流动化城市生活体验使得以地缘为核心的传统社群受到了挑战，城市青年群体正面临着原子化的生存状态，这也进一步造成了社会关系的断裂。而狼人杀游戏社群跨越虚拟空间、现实空间的互动和实践突破了物理"地点"与社会"地点"的分离，为重新在现实空间中聚集、融入城市生活，甚至产生城市归属提供了可能。在狼人杀游戏社群中，成员可以超越虚拟与现实空间的界限，结识与自己有着相同游戏爱好、共同诉求的伙伴，并通过同城化的游戏、社交、竞技等互动形式建构起一种与现实空间、生活场景紧密相关的社会关系网络。与以往游戏社群不同的是，狼人杀游戏社群成员的互动不再局限于虚拟空间之中，现实空间中的互动开始在社群实践中占据重要地位。狼人杀游戏社群成员之间的社会关系，也逐渐从游戏中的路人玩家、虚拟游戏社群中的弱关系，转变为围绕同城构建的强社会关系。这种转变也使得以城市为纽带，以同城为核心的社群认同被凸显出来，并成为一种与以往脱域游戏社群认同有所不同的地方化游戏社群认同。对于成员来说，狼人杀游戏社群是一个在陌生城市环境中寻找、发展当地社会关系，获得心理、情感陪伴和支持的重要途径。狼人杀游戏社群中丰富的线上、线下交往和互动能够帮助他们寻找有着共同价值观念的朋友，加深彼此的了解，形成深厚的情感联结，发展出稳定的人际关系。同时，这种人际关系也能够为成员提供现实的信息、物质帮助，是他们在全新生活环境中获得社会资源和社会资本的重要方式，当他们在实际生活中遇到困难时会向狼人杀游戏社群中的成员寻求建议和帮助，而成员之间相互扶持、帮助的互助氛围也会打破城市生活中原子化的生存方式，这种来自社群的情感、物质支持既可以帮助成员适应全新的城市生活，扩展社会关系网络，也可以有效地提升成员的生活满意度和城市融入意愿，进一步拉近他们与城市空间的心理距离，对城市的感受也会从一个生活的空间升格为与自我有关的一部分，这种情感上的归属也会使他们将自己视为城市中的一员。而这种在群体实践中形成的城市归属感也成为凝聚狼人杀游戏社群，在更广泛的群体实践中追求城市荣誉的驱动力，是一种形成于狼人杀游戏社群，与城市相关联的群体认同。

从总体上来看，狼人杀游戏社群有助于人们融入城市生活环境，让一般意义的城市生存空间升格为有归属感、认同感的栖居地的作用。狼人杀游戏社群的群体实践背后反映的既是城市青年群体对都市生活中积极、向上的休闲娱乐活动的需求，也体现了处在流动中的城市青年群体想要在现代城市生活中克服孤独感、渴望建立社会关系，对群体生活的向往和对集体意义的追求。从功能上来看，狼人杀游戏社群可以通过群体互动和实践衍生出一系列新的社会关系、人际关系，而这些关系也可以拉近人与城市的距离，建构出新的人—地依恋关系。事实上，这种人—地依恋关系的形成既是狼人杀游戏社群从最初的游戏、社交等功能向社会与文化功能的递进，也是群体社会资本的衍生与再造、群体生活体验的回归以及认同的建构等一系列过程综合作用下的结果。对于流动中的城市青年群体来说，狼人杀游戏社群成为他们在异地生成社会网络、重塑生活方式的社会组织，某种程度上弥补了家庭、社区及传统单位的意义，再造并修复了因不断迁徙带来的社会关系的断裂。与此同时，狼人杀游戏社群对社会关系的再造功能在一定程度上增进了成员对新城市的容留意愿，使其进一步融入城市生活之中。因此，狼人杀游戏社群不仅可以丰富城市的休闲、娱乐活动，也有利于改善人—地关系，增加群体互动机会，提升城市青年群体对城市的认同感与归属感。

总之，城市是一个构建认同、情感及归属的领域，也是一个构建"自我"与"他者"边界的领域。人们借由在城市中展开的社会实践，强化群体边界，培育群体、城市意识及认同。狼人杀游戏社群与城市之间存在一种互动关系，社群既可以通过强化城市之间的差异来凸显社群的优势、凝聚群体成员、强化群际边界，在丰富、多元的互动中形成充满变动和弹性的群际关系，形成以城市的地方意义为核心的群体认同；

也可以在群体的话语、表征与社会空间实践中建构地方性，成员在地方性的体验中不断明确自身与地方的关系，并在社群的地方实践中不断重塑、强化城市认同。本研究认为，通过对狼人杀游戏社群认同建构过程的分析，不仅可以明确地方作为一种根植于人类生活场景的意义形式并没有在数字媒介时代的浪潮下消失，而是在丰富、多元的社群与空间的互动中呈现出了新的特征；也可以说明地方之间的差异性并不会被现代化的同一性而取代，而是会在当前时代背景下体现出新的文化意义。

二、城市视角下的游戏产业发展及社群治理

城市是人们聚集、栖居的地理空间，也是人们进行身体、空间实践的文化场所。作为一种重要的媒介形式，网络游戏通过传统文化、艺术、体育、旅游、教育等多个领域与城市深层次耦合，以"游戏+"的形式给当前的城市经济产业、文化带来了一系列变革。在当前时代背景下，网络游戏已成为城市经济产业发展、转型的助力之一。近年来，在相关政策的支持下，中国游戏产业呈现出区域化的发展趋势，其中，部分国内一、二线城市凭借良好的信息产业基础和政策发展环境迅速发展网络游戏相关产业。据统计，2015 年上海已有 560 家具有网络游戏运营资质的企业，网络游戏产业总产值 360 亿元，[①] 广州市聚集了网易游戏、三七互娱等一大批出海游戏公司，并通过与经典传统 IP 联动打造出具有传统文化及"广府文化"特色的手机游戏，起到了传播中国文化，推动本土游戏出海的积极作用，[②] 杭州市 2020 年动漫游戏产业总产值达 237.36 亿元，总体呈现上扬趋势。在政策、企业、人才的共同支

---

① 上海市文化广播影视管理局.2015 年上海网络游戏总产值同比增长 18.4% 产业发展模式创新亮点纷呈 [EB/OL].2016－03－15.https：//www.mct.gov.cn/whzx/qgwhxxlb/sh/201603/t20160315_ 781719.htm.

② 新华社.传统文化，转化发展 [EB/OL].2022－12－08.https：//igz.gzwxb.gov.cn/context/contextId/207534.

撑下，杭州在举办第 19 届亚运会的基础上，建立了具有国际一流定位的全国首座亚运赛事标准的杭州电竞中心，并吸引了 11 支电竞战队，多家游戏开发和运营企业。① 在游戏企业的高速发展和资源聚集下，这些城市正在成为网络游戏相关产业的核心地标，是青年群体实现游戏创业、就业梦想的热点城市。

网络游戏对城市本土文化资源的开发能够起到提升科技赋能，增强社会效益的作用，游戏也成为建构、传播城市形象及文化景观的一部分。其中，以狼人杀为代表的游戏结合 LBS 等技术，为游戏用户的化身提供了依托现实空间再现和重构的栖息地。首先，狼人杀游戏将真实的城市地标运用到游戏中，通过定位用户位置来设定用户的游戏、社交区域，激发用户产生对真实城市地标的好奇与兴趣；其次，狼人杀游戏依托 LBS 技术，充分发掘城市线下社交潜力，并通过举办城市赛、高校赛，推广城市桌游吧和城市战队等方式培育线下社群，引导用户从线上走到线下，这种对线上、线下社交资源的开发使得传统的虚拟空间与现实空间的边界逐渐消弭，形成了一个以城市为核心的用户、社群互动体系；最后，一些大型游戏比赛（如 WPL）的举办，也会吸引大量游戏爱好者在线下聚集，前往特定城市参与活动。有研究指出，游戏会使用户对城市产生兴趣，促进城市旅游业的发展，城市与游戏联动也成为当前城市旅游目的地营销的新方式之一。②

"游戏+"模式在对城市经济产业发展、本土文化资源的开发带来潜力的同时，也为游戏产业的持续发展及游戏社群的治理带来了挑战。《中国互联网发展报告》（2021）中指出，保护游戏用户，尤其是青少

---

① 《杭州日报》 精彩开局"十四五"杭州是动漫游戏产业发展亮眼［EB/OL］. 2022-01-25. https：//baijiahao. baidu. com/s？ id = 1722917786953118058&wfr=spider&for=pc.

② DUBOIS L-E. & GIBBS C. Video Game-Induced Tourism：A New Frontier for Destination Marketers ［J］ Tourism Review，2018，73（2）：186—198.

年的身心健康已成为网络游戏产业必须面对的重要课题。① 在当前游戏与城市深度耦合的背景下，网络游戏对青少年的影响不再局限于线上游戏，同样会对现实生活、学习、社交等方面产生影响：移动通信设备对用户真实地理位置的采集、对线下社交资源的开发使得青少年群体的交往扩展至线下，对同城、周边城市社交和社群体系的建构也使得线下的聚集更加便捷，而这种向现实生活领域的延伸在开发游戏潜力、城市文旅资源的同时，也势必会带来一系列负面问题，如青少年人身安全、社交霸凌、不良群体行为等。作为当前主要的休闲、娱乐、社交的渠道之一，网络游戏的质量内容、主题导向、交互模式等都会对青少年的世界观、人生观、价值观产生潜移默化的影响。因此，在当前城市、游戏及社群相互勾连，多元融合的背景下，进一步细化、完善相关法规，增强游戏企业的社会责任感及强化游戏社群的治理对"游戏+"相关产业的未来可持续发展有着重要的现实意义。

（一）完善相关法规，制定本地行业标准

截至 2021 年 6 月，我国 6—19 岁网民规模已达 1.58 亿人，占我国网民整体的 15.7%。② 由共青团中央维护青少年权益部、中国互联网络信息中心发布的《2021 年全国未成年人互联网使用情况研究报告》中显示，62.3% 的未成年人会将玩游戏作为自己主要的网上休闲娱乐活动。③ 随着《未成年人保护法》中对网络游戏、网络社交等网络服务提出未成年人保护相关的明确要求，国家新闻出版总署发布《关于进一步严格管理 切实防止未成年人沉迷网络游戏》的通知，一系列"清朗"网络环境专项整治行动的开展，以及学校、家庭对未成年人网络安全教

① 中国互联网协会.2021 中国互联网大会｜《中国互联网发展报告（2021）》在京发布 [EB/OL]. 2021－07－13. https：//www.isc.org.cn/article/40203.html.

② 中国互联网络信息中心.第 48 次中国互联网络发展状况统计报告 [R]. 2021：29.

③ 共青团中央维护青少年权益部，中国互联网络信息中心.2021 年全国未成年人互联网使用情况研究报告 [R]. 2022：33.

育管理的重视，网络游戏企业推出了相应的青少年模式，在帮助未成年人减少游戏成瘾，过滤不良信息发挥了积极作用。然而，仍有31.9%的未成年网民表示使用家长的游戏账号玩过游戏。① 此外，在当前虚拟与现实空间交融的背景下，游戏中的网络安全隐患也呈现出多样化的发展趋势，青少年在游戏中所遇到的风险不再局限于游戏账号及财产被盗、个人信息泄露、网络暴力等传统问题，也会在通过游戏扩展线下交往时出现遭受诈骗、个人隐私曝光、参与不良群体活动、情感及身体暴力等新问题，这些新问题和新风险的出现也意味着互联网监管虽初见成效，但仍有待进一步推广及完善。因此，为了应对当前"游戏+"模式下出现的新风险，一方面，城市宣传单位、教学机构应当学习、了解当前互联网的传播特征和规律，充分发挥网络媒介的传播优势，贯彻落实各种形式的网络安全知识宣传教育活动，加强对《未成年人保护法》中"网络保护"专章内容的宣传和普及工作，并结合本地游戏行业发展状况和特点出台相应的政策，有针对性地应对和处理可能出现的风险。同时，城市相关政府部门也应加强对游戏企业、"游戏+"产业进行执法检查，严厉整治网络游戏及"游戏+"产业中的诱导性消费、社交陷阱以及非法线下活动等，防止由"游戏+"衍生出的欺凌、暴力、诈骗、伤害等现象的发生。另一方面，城市相关政府部门应当加快制定、推进当地网络游戏及"游戏+"行业的安全行业标准，对涉及真实位置采集、线下社群活动、用户个人信息等功能进行规范性管理和要求，细化、明确游戏企业及相关"游戏+"行业的法律责任和营业范围，进一步在当地各层级、各相关单位及企业落实相关政策，为青少年的健康成长和游戏行业的持续发展提供法制保障。

（二）增强企业社会责任感，传播正能量

近年来，网络信息、移动通信技术的高速发展进一步促进网络游戏

---

① 共青团中央维护青少年权益部，中国互联网络信息中心. 2021年全国未成年人互联网使用情况研究报告［R］. 2022：6.

与相关产业相互融合，发展基于多项数字技术的"游戏+"产业。同时，在杭州亚运会的带动下，上海、杭州等多个城市政府部门相继公布了多项政策和指导意见，将游戏产业纳入产业发展格局之中，为游戏、电竞产业领域的集成应用和创新给予扶持，旨在深度发掘游戏产业的价值，加强对游戏、电竞产业发展的正向引导。在良好的城市政策和发展环境下，游戏企业在迅速发展的同时，也应当承担起相应的社会责任，为引导青少年树立正确的人生观、价值观、世界观起到积极的作用。作为当前青少年群体的主要休闲娱乐形式，游戏企业应结合游戏沉浸体验、交互性强、趣味性高、形式多样等特点，积极推动与安全、国防、党史等领域相结合的应用教育类游戏产品的开发与发展，通过生动、直观的游戏形式吸引广大青少年群体学习、了解中国优秀传统文化、红色知识。2020年8月，由新华书店总出品，《狼人杀官方》团队与多家桌游公司共同打造的《强国梦》桌游正式上线，该游戏一经发布便获得了大量好评。这款桌游将党政知识答题等元素融入游戏之中，不仅可以在拟定发展策略、不断提升现代化、文化、幸福指数的过程中满足玩家的游戏体验，也能在游戏答题过程中学习党政知识，提升文化素养。这种寓教于乐的游戏形式打破了用户对以往枯燥党政学习的印象，从最初的"以为会为了融入中国特色而强行设计游戏"转变为"玩了几局发现设计很有意思，是真正融入了红色概念又不失有趣的游戏"，认为该游戏是一款即使题目很红，但"不说教，很欢乐"①的益智型桌游产品。同时，一些游戏企业结合5G、LBS、AR、VR等数字技术再现和还原红色文化圣地，如《复兴之路》通过AR技术在游戏中建成了中共一大会址纪念馆等3D实景展示平台，用户可以在游戏中以更加真实、沉浸、临场的感受参观、学习党史。这种将娱乐、知识相结合的新型游戏形式不仅可以拓展游戏企业的业务类型，吸引更多游戏玩家参与游戏，

---

① 叭叭乐. 如何看待新华书店总店推出的文创桌游《强国梦》？[EB/OL].
2020-09-27. https：//www.zhihu.com/question/411220702.

发展"游戏+"产业消费的新场景和线上线下一体化、在线在场相结合的数字化文化体验，也可以起到利用游戏平台展示我国优秀文化，创新推动文化交流，传承与弘扬社会主义核心价值观、传播正能量的作用，具有良好的社会影响力和文化传播效果。

（三）强化社群治理，增强主流文化引导

近年来，"饭圈"乱象、不良网络文化传播扩散等现象层出不穷，严重影响了青少年网络环境的安全和健康。2022年"清朗"系列专项行动针对青少年常用的应用程序、智能设备，以及网络群组、网站论坛进行整改，取得了一定成效。作为当前青少年主要的休闲娱乐方式之一，游戏社群跨越线上、线下边界的互动方式也为城市亚文化社群治理带来了一定考验。本研究发现，游戏社群能够帮助成员发展现实社会关系，融入城市生活并建立情感归属，建构城市认同，但作为一种异质性文化形式，游戏社群仍需要在主流文化的引导下建立起与主流文化之间相互借鉴、沟通的关系，才能更好地承担起促进城市融入、构建城市认同的社会功能。一方面，城市政府部门应当认识到当前青少年群体的社交诉求，通过游戏这一媒介形式倡导青少年积极参与到现实空间的人际交往和互动之中，充分开发"游戏+"产业的潜力，结合不同游戏产品特色发展线下社群、举办特定主题的官方同城活动，形成游戏与主流文化有机结合、线上线下共存的群体实践路径。另一方面，城市相关部门应当对现有游戏社群给予关注，提供融入主流文化的途径。本研究发现，狼人杀游戏社群会通过取得城市官方桌游吧、申请当地体育局电子竞技运动员资格证等方式主动获取主流文化对游戏社群的接纳，体现游戏社群希望通过与主流文化相融合，获得更广泛社会层面认可的意愿。因此，城市相关政府部门可以通过官方指导、培训、认证等方式规范游戏社群的组织及运营，也可以联合相关游戏、电竞企业，对游戏社群进行统一经营及管理。通过官方力量对游戏群体的接纳、收编有助于建构一条跨越主流文化与游戏文化的桥梁，游戏社群也能更好地起到宣传城市文化、弘扬主流文化价值观的社会作用。

三、研究局限与展望

（一）研究局限

由于狼人杀游戏社群是一个相对活跃且有着丰富群体实践的群体，在一些重大群体事件发生时，社群的互动、实践及关系都会呈现出相应的变化。本研究从 2017 年开始关注该群体，通过两年的时间融入该社群，切身体会到社群的动态发展脉络，而这种复杂性也为访谈资料、虚拟民族志、实地田野调查材料的收集和整理带来了一定的挑战。在多次梳理、补充、调整这些跨越不同地区和时间的材料时，受限于笔者自身的精力和对研究材料的把控能力，一些材料没有办法以更加生动、全面的方式呈现在论文之中。这对于笔者和那些存在于笔者记忆、资料中的一个个鲜活的个体、群体来说都是很大的遗憾，需要笔者在后续的研究中不断提升自己的研究能力，以便选取更为恰当的分析视角，更好地再现、诠释这部分内容。

同时，虽然笔者在本次研究中通过走访多个城市，对多个狼人杀游戏社群进行实地考察和关键成员的深度访谈的方式发现了在狼人杀游戏社群内部存在着一种依据城市狼人杀游戏发展状况进行分布的"狼人杀地图"，并对这种层级关系进行了论述。但是由于在资料收集阶段本研究未能针对这种层级关系对不同层级的城市展开对比研究，这也导致对于这部分内容的论述较为薄弱。事实上，在社群内部，这种由社会资本带来的权力等级分布，以及在这种权力关系下生成的一系列社会关系、实践和认知都是社群研究的一个重要面向。造成这一缺陷的原因反映出笔者研究经验的不足，以及对于理论与田野调查材料的把握能力不够，需要在后期的学习和实践中不断提升自己对于理论、材料的应用能力和在调研中对新问题、新现象的捕捉能力。在未来的研究中，可以针对不同城市的狼人杀游戏爱好者组织焦点小组访谈，通过"你认为狼人杀游戏圈中是否存在城市间的差异""你认为在狼人杀游戏圈中，不同城市间是否有阶层之分""在你看来，是哪些因素造成了这些阶层""你认为你所在的城市处在哪一阶层""不同阶层的代表城市有哪些，如何评价这些城市"等问题来详细梳理造成城市层级关系的因素，以及受访者对这些阶层的看法等，进一步明确"狼人杀城市地图"背后的城市层级关系，进一步丰富这种权力关系下生成的一系列社会关系和实践等问题，发展出更为丰富、有价值的研究。通过这次研究，笔者意识到社群研究是一个复杂的研究领域，涉及个体的内心感知、体验与内群、群际的互动与实践，同时也与群体所处的社会与时空情境紧密相关，要想更好地呈现社群的全貌，完成一个有深度、有价值的社群研究，还需要笔者在今后的学习、工作中不断积累和努力。

（二）研究展望

通过对 9 个狼人杀游戏社群的非参与式观察、36 名受访者的深度访谈、多个狼人杀俱乐部的实地田野调查和各大线下赛事、活动的参与，本研究对狼人杀游戏社群的社会与空间互动、实践进行了梳理，结合地方理论分析了社群组织的形成、认同形成的机制，探讨了当前时代背景下城市与社群之间的互动关系。虽然地方、社群研究已经具有丰富的研究成果，但是地方与社群的交互关系、社群的地方性实践和地方认同建构研究还有着较大的研究空间。事实上，地方研究强调社会情境与生活脉络对个体和社会群体的影响，强调人对地方的感知与意义联结，这也意味着个体和社会群体所生存、实践的空间有着重要的意义，需要在特定的社会情境下考察研究所关注的问题。因此，在探讨社群中的社会关系时，本研究结合了社群的社会空间属性，将其放置在受访者所特定的文化空间之中，从我国所特有的人际关系形式和生活场景对社群的互动、社会关系的形成进行分析。在本研究中，由于研究内容的需要，这部分内容只是作为狼人杀游戏社群形成、发展路径被提及，没有对其进行深入的分析，如果在后续的研究中进一步完善采访提纲，补充深度访谈资料，从受访者的生命历程出发梳理出规律和共性，也可以对符合我国特色的社群理论进行一定的补充、深化和展开。

本研究以狼人杀游戏社群为研究对象,结合民族志、深度访谈等方法,探讨了当前城市青年群体在高度个体化、"内卷化"的社交困境中,通过狼人杀游戏社群这一趣缘群体跨越线上、线下的边界,发展社会关系、获得现实支持、逐步融入城市生活并建立情感归属的动态过程,为当前城市多元化社群形成、发展对城市群体自治提供了一个研究视角。由于本研究将研究的重点放在该群体通过群体互动消解虚拟与现实空间之间的边界,以及城市地方意义的凸显为重塑社群边界,强化、重塑群体认同提供了新的机会与可能之上,未对狼人杀游戏社群所代表的亚文化与主流文化的关系,以及二者未来发展的可能性进行深入探讨。事实上,虽然在当前"后亚文化"特性下,青年亚文化群体与主流文化呈现出更为和谐、友善的关系,但青年亚文化群体中所拥有的异质性带来的与主流文化之间的差异,以及这种由差异带来的高度群体凝聚力所形成的社会群体是否可以有效地协调亚文化与地方文化、主流文化之间的关系,也成为未来亚文化群体、地方认同研究的视角。从本次研究来看,以狼人杀游戏社群为代表的城市亚文化群体,会将城市所代表的地方意义融入青年群体的日常生活空间,通过吸收地方文化来塑造群体风格,而这种融合了地方文化的亚文化实践会进一步催生青年群体的地方认同。可以看出,这种具有地方特质的亚文化与主流文化,以及相关的文化产业之间存在着相互建构、相互关联的可能性,在未来的研究中,可以通过对多个同类型亚文化群体进行观察与比较,深层次地明确社群、地方认同与主流文化之间的关系。同时,虽然全球化、网络化及消费文化的发展弱化了青年亚文化群体的抵抗性,但这并不意味着亚文化中的"仪式抵抗"已经消失,在未来的研究中,可以从城市文化的角度切入,探讨亚文化群体如何通过地方文化来探寻对主流文化抵抗的可能性,以及主流文化如何借助地方文化共性来实现对当地亚文化的收编等问题。

从理论构建的角度来看,本研究探讨了社群与城市之间的交互关系,在虚拟与现实交融的视角下分析了群体认同及城市认同的建构机制。其中，本研究从社群对城市地方性的想象与表征，以及通过日常实践对地方性文化进行感知、体验，并通过对特定地方主观层面的建构来重塑、强化地方认同的路径对社群地方认同的建构机制进行了梳理。然而，由于研究方法的局限，本研究没有尽可能深入地探讨社群中地方、地方性与地方认同之间的相互影响、相互作用的关系。通过对现有访谈内容和材料的梳理发现，对于一些迁徙的受访者来说，地方性的形成往往来源于直播平台、社交媒体等网络媒介，将一个陌生城市的地方性转化为地方认同，需要主体切身参与到当地社群的实践之中，并融入群体和日常生活之中，将这种对地方性的感知转化为地方认同。目前，关于原住民与外来群体的对比研究中论证了外来群体地方性的转化过程，这种主体对于地方的情感联结虽然有着一定的共性，但二者也因主体角色不同而存在先后顺序上的差异，原住民的地方认同是一种深层的"我者"地方性，而外来群体通常需要经过地方性、地方性认同到地方认同的转化，即主体需要在目的地感受到地方特色，验证内心关于地方的想象和了解，在强化内心对地方性的认同之后才能将这种地方性认同转化为地方认同。因此，这种对比的视角也为后续的社群与地方关系研究提供了思路。在后续的研究中，为了进一步明确各个概念之间的关系和地方认同形成机制，可以通过扎根理论和调查问卷进行系统的分析和论证，考察群体在所在城市的想法、信念、偏好以及群体在社群实践中对目的地的满意度、停留的时间等因素，梳理不同概念之间的关系，详细论证群体中地方认同的形成过程。

在对社群的地方互动和群体、城市认同建构机制的梳理过程中，本研究发现狼人杀游戏社群对电竞本地化、区域化有着重要的作用。其中，狼人杀游戏社群不仅是当地组织玩家参与活动、选拔当地电竞选手、举办当地比赛等实践的关键力量，也可以满足狼人杀游戏玩家电竞体验、推动当地电竞行业的发展，是狼人杀电竞相关价值体系的重要部分。在我国，电竞化、区域化已经成为当前网络游戏的发展趋势，作为电竞参与者、观看者、游戏公司和电竞赛事中心的中介，处于电竞体系基层、分布在各个城市中的游戏社群也会在电竞价值网络中发挥更大的力量，在提升电竞市场价值的同时也能够将线上与线下实践联系在一起，起到创造、推动本土电竞价值和电竞市场发展的作用。因此，在未来的电竞相关研究中，研究者可以从当地的社群出发考察当前电竞区域化、本地化的发展状况，深化、明确社群与相关价值体系之间的互动机制，从而进一步完善电竞价值体系及丰富玩家电竞体验。

本次研究是对当前时代背景下社群与地方关系研究的一次尝试。本研究认为，在数字媒介时代，社群并不会脱离地方而存在，社群中的地方意义和价值不会消失，反而会在复杂、多元的空间互动中碰撞出新的意义，根植于地方的文化特质也会在当前的时代背景下呈现出新的特征，社群与地方之间存在着丰富的研究内容等待着更多研究者的关注。同时，社群与地方之间的互动关系也再一次强调了不同社会情境、空间对分析具体问题时所具有的意义，只有深入社会生活的细枝末节，研究者才有可能更为深入地理解时代背景，进一步了解这个我们生活的世界，更新对这个世界的认识，也能够更好地理解他人、理解自我。作为一个研究者，也作为一名游戏爱好者，本研究将引用一段受访者的采访内容作为全文的结尾：

你在采访前说会问我一些门派和城市的问题，我还在想它们之间能有什么关系呢？但是和你聊过之后我才发现，其实我们这群人不知不觉做了很多事，而且还挺有意义的，可能只是以前没有意识到而已。狼人杀毕竟是个小众游戏，现在很多人就算是提到游戏，也不会提到狼人杀，而且现在社会面上很多人都不知道狼人杀有比赛，有门派，还有这么多喜欢玩狼人杀的人。我相信你对狼人杀是有理解的，所以我们才会说这么多，如果能让更多人了解狼人杀，知道我们这群人做的事，不管是你写论文，还是我做这个门派，我觉得都是很有价值的事情。（M8）

参考文献

中文参考文献

［1］ A·吉登斯．社会的构成：结构化理论大纲［M］．李康等译．北京：生活·读书·新知三联书店，1998：161—162，40.

［2］ M·卡斯特尔．网络社会的崛起［M］．北京：社会科学文献出版社，2003：569.

［3］ Tim Cresswell．地方：记忆 想象与认同［M］．徐苔玲，王志弘译．台北：群学出版有限公司，2006：14.

［4］ 常进锋．"空巢青年"缘何"空巢"——一个时空社会学的解读［J］．中国青年研究，2017（05）：79—83.

［5］ 陈福平，黎熙元．当代社区的两种空间：地域与社会网络［J］．社会，2008，｛4｝（05）：41—57+224—225.

［6］ 陈力丹．人际传播研究的特点与主要理论［J］．东南传播，2015（10）：48—50.

［7］ 陈力丹．试论人际关系与人际传播［J］．国际新闻界，2005（03）：42—48.

［8］ 陈卫星．传播的观念［M］．北京：人民出版社，2008：8.

［9］ 大卫·哈维．时空之间——关于地理学想象的省思［M］．夏铸九，王志弘编译，空间的文化形式与社会理论读本．台北：明文书局，1990：42.

［10］德维托·A·约瑟夫 . 人际传播教程［M］. 余瑞祥等译 . 北京：北京大学出版社，2007：7.

［11］邓惟佳 . 能动的"迷"：媒介使用中的身份认同建构——以"伊甸园美剧论坛"为例的中国美剧网上迷群研究［D］. 上海：复旦大学，2009.

［12］丁昭福 . 西方心理学关于人际关系研究的若干问题［J］. 贵阳师院学报（社会科学版），1981（04）：58—64.

［13］费孝通 . 乡土中国［M］. 北京：北京出版社，2004：30—36.

［14］关萍萍 . 游戏公会的社会网络关系与意见领袖研究——以《大话西游 Online Ⅱ》为例［J］. 北京邮电大学学报（社会科学版），2017，19（06）：1—10.

［15］何明升 . 网络文化的工具性因缘及其多样化共享问题——兼论中国特色网络文化的学理依据［J］. 哲学研究，2010（12）：114—120.

［16］胡宪洋，白凯 . 拉萨八廓街地方性的游客认同建构［J］. 地理学报，2015，70（10）：1632—1649.

［17］黄骏 . 影像武汉：青年亚文化群体的地方认同［J］. 当代青年研究，2017（02）：37—43.

［18］黄少华，杨岚，梁梅明 . 网络游戏中的角色扮演与人际互动——以《魔兽世界》为例［J］. 兰州大学学报（社会科学版），2015，43（2）：93—103.

［19］黄少华 . 论网络空间的社会特性［J］. 兰州大学学报（社会科学版），2003（03）：62—69.

［20］黄少华 . 青少年网民的网络交往结构［J］. 兰州大学学报（社会科学版），2009，37（01）：70—78.

［21］黄少华 . 网络空间的族群认同——以中穆 BBS 虚拟社区的族群认同实践为例［D］. 兰州：兰州大学 2008.

［22］克利福德·格尔茨 . 文化的解释［M］. 韩莉译 . 南京：译林出版

社，2008：24.

[23] 库尔特·勒温. 拓扑心理学原理 [M]. 高觉敷译. 北京：商务印书馆，2013：14，25.

[24] 乐国安，赖凯声，姚琦，薛婷，陈浩. 理性行动——社会认同整合性集体行动模型 [J]. 心理学探新，2014，34（02）：158—165.

[25] 李小敏. 国外空间社会理论的互动与论争——社区空间理论的流变 [J]. 城市问题，2006（09）：89—93.

[26] 林立. 网络游戏 UI 界面设计的相关问题探讨 [J]. 信息与电脑（理论版），2020，32（07）：89—91.

[27] 刘海龙. 中国语境下"传播"概念的演变及意义 [J]. 新闻与传播研究，2014，21（08）：113—119.

[28] 刘宏. 信息传播的周围人效应 [J]. 现代传播（中国传媒大学学报），2021，43（06）：83—86.

[29] 刘玉东. 社区概念在中国语境下的实质内涵——兼论中西方释义差异之根源 [J]. 江西师范大学学报（哲学社会科学版），2011，44（03）：114—120.

[30] 罗伯特·V·库兹奈特. 如何研究网络人群和社区：虚拟民族志方法实践指导 [M]. 叶韦明译. 重庆：重庆大学出版社，2016：72.

[31] 罗伯特·普特南. 独自打保龄球：美国社会资本的衰落与复兴 [M]. 北京：北京大学出版社，2011：115.

[32] 罗长青. 体验经济时代的文学认知、接受与生产——以剧本杀热点现象为案例的考察 [J]. 浙江大学学报（人文社会科学版），2022，52（09）：133—143.

[33] 迈克尔·A·豪格，多米尼克·阿布拉姆斯. 社会认同过程 [M]. 高明华译. 北京：中国人民大学出版社，2011：42.

[34] 曼纽尔·卡斯特尔. 认同的力量 [M]. 曹荣湘译. 北京：社会科

学文献出版社，2006：6.

[35] 聂伟，风笑天.空巢又空心？——"空巢青年"的生存状态分析与对策 [J].中国青年研究，2017（08）：57—63.

[36] 潘霁.地理媒介，生活实验艺术与市民对城市的权利——评《地理媒介：网络化城市与公共空间的未来》[J].新闻记者，2017（11）：76—81.

[37] 彭涛，杨勉.网络游戏与现实互动中的人际关系 [J].四川师范大学学报（社会科学版），2007（2）：43—48.

[38] 彭兆荣，吴兴帜.作为认知图式的"地方" [J].北方民族大学学报（哲学社会科学版），2009（02）：71—75.

[39] 钱俊希，杨槿，朱竑.现代性语境下地方性与身份认同的建构——以拉萨"藏漂"群体为例 [J].地理学报，2015，70（08）：1281—1295.

[40] 钱俊希.地方性研究的理论视角及其对旅游研究的启示 [J].旅游学刊，2013，28（3）：5—7.

[41] 邵培仁，杨丽萍.媒介地理学 [M].北京：中国传媒大学出版社，2010：105.

[42] 斯科特·麦奎尔.地理媒介：网络化城市与公共空间的未来 [M].潘霁译.上海：复旦大学出版社，2019：002.

[43] 汪明磊.互动仪式链视角下电竞用户文化研究——以英雄联盟粉丝为例 [J].当代青年研究，2021（04）：18—24.

[44] 王俊秀.虚拟与现实——网络虚拟社区的构成 [J].青年研究，2008（01）：35—43.

[45] 王怡红.论"人际传播"的定名与定义问题 [J].新闻与传播研究，2015，22（07）：112—125.

[46] 韦意.线上应用到线下服务——App 与 O2O 模式结合研究 [J].科技传播，2013，5（22）：240+228.

[47] 吴玮，周孟杰."抖音"里的家乡：网红城市青年地方感研究

［J］．中国青年研究，2019（12）：70—79.

［48］夏建中．现代西方城市社区研究的主要理论与方法［J］．燕山大学学报（哲学社会科学版），2000（02）：1—6.

［49］徐明宏．城市休闲的社会整合与管理创新研究——以杭州趣缘群体为例［J］．浙江社会科学，2015（12）：82—88+157—158.

［50］徐翔．回到地方：网络文化时代的地方感［J］．文艺理论研究，2011（04）：128—132.

［51］徐翔．网络文化的地方逻辑［J］．宁波大学学报（人文科学版），2012，25（01）：114—118.

［52］杨丽娜，王家民．网络棋牌游戏界面设计中的符号传达［J］．包装工程，2010，31（24）：78—82.

［53］杨善华，孙飞宇．作为意义探究的深度访谈［J］．社会学研究，2005（05）：53—68+244.

［54］杨宜音．试析人际关系及其分类——兼与黄光国先生商榷［J］．社会学研究，1995（05）：18—23.

［55］喻国明．谁掌握圈层，谁就掌握传播驱动的主控权——兼论破圈能力是主流媒介实现价值传播的关键［J］．现代视听，2021（03）：26—29.

［56］约书亚·梅罗维茨．消失的地域：电子媒介对社会的影响［M］．肖志军译．北京：清华大学出版社，2002：3—54.

［57］詹姆斯·W·凯瑞．作为文化的传播："媒介与社会"论文集（修订版）［M］．丁未译．北京：中国人民大学出版社，2019：11—12.

［58］张莹瑞，佐斌．社会认同理论及其发展［J］．心理科学进展，2006（03）：475—480.

［59］长尾．狼人杀：从入门到封神［M］．杭州：浙江科学技术出版社，2018：引言.

［60］钟智锦．网络游戏玩家的基本特征及游戏中的社会化行为［J］.

现代传播（中国传媒大学学报），2011（01）：111—115.

［61］周晓虹. 认同理论：社会学与心理学的分析路径［J］. 社会科学，2008（04）：46—53+187.

［62］朱竑，刘博. 地方感、地方依恋与地方认同等概念的辨析及研究启示［J］. 华南师范大学学报（自然科学版），2011，1：1—8.

［63］朱竑，钱俊希，陈晓亮. 地方与认同：欧美人文地理学对地方的再认识［J］. 人文地理，2010，25（06）：1—6.

［64］朱力. 社会学原理［M］. 北京：社会科学文献出版社，2003：31.

［65］庄春萍，张建新. 地方认同：环境心理学视角下的分析［J］. 心理科学进展，2011，19（9）：1387—1396.

外文参考文献

［1］ALAVESA P，PAKANEN M，OJALA T，ASARE K O，OJALA K，LEHTO M & KUKKA H. Ludic Markers for Player-Player Observation in Location-Based Mobile Games［J］. Simulation & Gaming，2018，49（6）：700—717.

［2］ARNOID M. On the Phenomenology of Technology：The'Janus-Faces'of Mobile Phones［J］. Information and Organization，2003，13（4）：231—256.

［3］ASHFORTH B & MAEL F. Social Identity Theory and the Organization［J］. Academy of Management Review，1989，14（1）：20—39.

［4］AXELSSON A-S & REGAN T. Playing Online. In P·Vorderer & J·Bryant（Eds.），Playing Video Games：Motives，Responses，and Consequences［M］. London，England：Lawrence Erlbaum，2006：291—306.

［5］BENNETT A & KAHN-HARRIS K. After Subcultures［M］. London：Ashgate，2004：54.

238

[6] BERND W, CHARLES M J & BERNADETTE P. Spontaneous Prejudice in Context: Variability in Automatically Activated Attitudes[J]. Journal of Personality & Social Psychology, 2001, 81(5):815—827.

[7] BREAKWELL G M. Coping with Threatened Identities[J]. Psychology Press, 2015(5): 151—181.

[8] BRIAN M, KIERAN T & DINARA T. Shaping a Regional Offline Esports Market: Understanding How Jönköping, the 'City of DreamHack', Takes URL to IRL[J]. International Journal on Media Management, 2020, 22(1):30—48.

[9] CASEY E S. Between Geography and Philosophy: What Does It Mean to be in a Place—World? [J]. Annals of the Association of American Geographers, 1997, 87(3): 509—531.

[10] CASEY E S. Getting Back to Place: Towards a Renewed Understanding of the Place—world[M]. Bloomington: Indiana University Press, 1993: 41—182.

[11] CASTELLS M. The Rise of the Network Society[M]. Oxford: Brasil Blackwell, 1996:407—460.

[12] CHAN D. Convergence, Connectivity, and the Case of Japanese Mobile Gaming[J]. Games & Culture, 2008, 3(1):13—25.

[13] CHEE F. The Games We Play Online and Offline: Making Wang—Tta in Korea[J]. Popular Communication, 2006, 4(3):225—239.

[14] CHEN C H, SUN C T & HSIEH J. Player Guild Dynamics and Evolution in Massively Multiplayer Online Games[J]. CyberPsychology & Behavior, 2008, 11(3):293—301.

[15] CLIFFORD J & MARCUS G E. Writing Culture: The Poetics and Politics of Ethnography[M]. Berkeley, CA: University of California Press, 1986:56—72.

[16] CLIFFORD J. The Predicament of Culture: Twentieth—Century Ethnog-

raphy, Literature, and Art [M]. Cambridge, MA: Harvard University Press,1998:67—90.

[17] COLE H & GRIFFITHS M D. Social Interactions in Massively Multi-player Online Role-Playing Gamers[J]. Cyberpsychology & Behavior, 2007, 10(4):575.

[18] CRAWFORD G & GOSLING V. More Than a Game: Sports-Themed Video Games and Player Narratives [J]. Sociology of Sport Journal, 2009,26(1):50—66.

[19] CSIKSZENTMIHALYI M. Flow: The Psychology of Optimal Experience [M]. New York, NY:Harper and Row. 1990:4.

[20] CUNNINGHAM S. Emergent Innovation Through the Coevolution of In-formal and Formal Media Economies [J]. Television & New Media, 2012, 13(5):415—430.

[21] De Souza e Silva A & HJORTH L. Playful Urban Spaces: A Historical Approach to Mobile Games[J]. Simulation & Gaming,2009,40(5): 602—625.

[22] De Souza e Silva A. From Cyber to Hybrid: Mobile Technologies as In-terfaces of Hybrid Spaces [J]. Space & Culture, 2006, 9 (3): 261—278.

[23] De Souza e Silva A. Hybrid Reality and Location-Based Gaming:Rede-fining Mobility and Game Spaces in Urban Environments[J]. Simula-tion & Gaming, 2009,40(3):404—424.

[24] DIXON J & DURRHEIM K. Dislocating Identity: Desegregation and the Transformation of Place[J]. Journal of Environmental Psychology, 2004,24:455—473.

[25] DUBOIS L-E & GIBBS C. Video Game-Induced Tourism: A New Frontier for Destination Marketers[J] Tourism Review,2018,73(2): 186—198.

[26] EVANS L & SAKER M. The Player and Pokémon Go:Examining the Effects of Locative Play on Spatiality and Sociability[J]. Mobile Media & Communication, 2019, 7(2): 232—247.

[27] FARQUHAR J & ROWLEY J. Relationships and Online Consumer Communities [J]. Business Process Management, 2006, 12 (2): 162—177.

[28] FISCHER C. Toward a Subculture Theory of Urbanism[J]. American Journal of Sociology,1975,80.

[29] FRITH J. Turning Life into a Game:Foursquare, Gamification, and Personal Mobility[J]. Mobile Media & Communication,2013,1(2): 248—262.

[30] GORDON E & De Souza e Silva. A Net Locality:Why Location Matters in a Networked World[M]. Boston, MA:Blackwell – Wiley, 2011: 13—21.

[31] HAMARI J & SJOBLOM M. What is Esports and Why do People Watch It? [J]. Internet Research, 2017, 27(2): 211—232.

[32] HARDT M & NEGRI A. Empire[M]. Cambridge, MA: Harvard University Press. 2000:290—292.

[33] HEFT H. Environment, Cognition, and Culture: Reconsidering the Cognitive Map [J]. Journal of Environmental Psychology, 2013,33 (3):14—25.

[34] HERNANDEZ B, HIDALGO M C, SALAZAR–LAPLACE M E, et al. Place Attachment and Place Identity in Natives and Non–Natives [J]. Journal of Environmental Psychology, 2007,27(4):310—319.

[35] HIDALGO M C & HERNANDEZ B. Place Attachment:Conceptual and Empirical Questions[J]. Journal of Environmental Psychology,2001, 21:273—281.

[36] HJORTH L. Games@ Neo–Regionalism: Locating Gaming in the Asia-

Pacific[J]. Games and Culture: A Journal of Interactive Media. 2008, 3(1):3—12.

[37] HOFFMAN D L & NOVAK T P. Marketing in Hypermedia Computer—Mediated Environments: Conceptual Foundations[J]. The Journal of Marketing,1996,60:50—68.

[38] HUHH J—S. Culture and Business of PC Bangs in Korea[J]. Games & Culture, 2008,3(1):26—37.

[39] KORPELA K M. Place—Identity as a Product of Environmental Self—Regulation [J]. Journal of Environmental Psychology, 1989, 9: 241—256.

[40] KOWERT R, DOMAHIDI E & QUANDT T. The Relationship Between Online Video Game Involvement and Gaming—Related Friendships A-mong Emotionally Sensitive Individuals[J]. Cyberpsychology Behavior & Social Networking, 2014, 17(7):447.

[41] KOZINETS R V, SHERRY JR J F, STORM D, DUHACHEK A, NUT-TAVUTHISIT K & DEBERRY—SPENCE B. Ludic Agency and Retail Spectacle[J]. Journal of Consumer Research,2004,31(3):658—672.

[42] LEFEBVRE H. The Production of Space[M]. Oxford:Blackwell,1991: 141—145.

[43] LESSIG L. Code and Other Laws of Cyberspace[M]. New York, NY: Basic Books, 1999:117.

[44] LUSCH R, VARGO S & TANNIRU M. Service, Value Networks and Learning[J]. Journal of Academy of Marketing Science, 2010, 38: 19—31.

[45] MACKENZIE A F. Place and the Art of Belonging[J]. Cultural Geog-raphies, 2004, 11:115—137.

[46] MALPAS J E. Heidegger's Topology: Being, Place, World[M]. Cam-bridge: MIT Press, 2008:1—38.

［47］ MASSEY D. Space,Place and Gender［M］. Minneapolis,MN:University of Minnesota Press,1994:146—156.

［48］ MERRIFIELD A. Place and Space: A Lefebvrian Reconciliation［J］. Transaction of the Institute of British Geographers, NS, 1993, 18 (4):516—531.

［49］ MILES M & HUBERMAN M. Qualitative Data Analysis: An Expanded Sourcebook (2nd ed.)［M］. Thousand Oaks, CA:SAGE,1994:429.

［50］ MOLESWORTH M. Adults' Consumption of Video Games as Imaginative Escape from Routine［J］. Advances in Consumer Research,2009, 36:378—383.

［51］ MONTERIRO H. Esports Opportunities for Casino Revenue［J］. Hospitality Upgrade, 2017,Fall:135.

［52］ MUNN N J. The Reality of Friendship within Immersive Virtual Worlds ［J］. Ethics & Information Technology, 2012, 14(1):1—10.

［53］ PAPANGELIS K,METZGER M,SHENG Y,et al. Conquering the City: Understanding Perceptions of Mobility and Human Territoriality in Location-Based Mobile Games［J］. Proceedings of the ACM on Interactive, Mobile, Wearable and Ubiquitous Technologies, 2017,1(3):90.

［54］ PENA J & HANCOCK J T. An Analysis of Socioemotional and Task Communication in Online Multiplayer Video Games［J］. Communication Research, 2006, 33(1):92—109.

［55］ PINE B J & GILMORE J H. Welcome to the Experience Economy［J］. Harvard Business Review, 1998, 76(4):97—105.

［56］ POOR N & SKORIC M M. Death of a Guild, Birth of a Network: Online Community Ties within and Beyond Code［J］. Games and Culture: A Journal of Interactive Media, 2014,9(3):182—202.

［57］ PROSHANSKY H M, FABIAN A K & KAMINOFF R. Place-Identity: Physical World Socialization of the Self［J］. Journal of Environmental

Psychology,1983,3(1):57—83.

[58] PROSHANSKY H M. The Self and the City[J]. Environment and Behavior,1978:10, 147—169.

[59] RELPH E. Place and Placelessness[M]. London:Pion,1976:2—46.

[60] RELPH E. Placelessness[M]. London:Pion Limited,1976:10—20.

[61] REN Y, KRAUT R & KIESLER S. Applying Common Identity and Bond Theory to Design of Online Communities[J]. Organization Studies, 2007,28:377—408.

[62] S · J · Barnes Developments in the M-Commerce Value Chain[J]. Geography, 2003, 88(4):277—288.

[63] SARBIN T R. If These Walls Could Talk:Places as Stages for Human Drama[J]. Journal of Constructivist Psychology,2005:19,203—214.

[64] SCHOLZ T M & STEIN V. Going Beyond Ambidexterity in the Media Industry: Esports as Pioneer of Ultradexterity[J]. International Journal of Gaming and Computer-Mediated Simulations (IJGCMS),2017, 9 (2):47—62.

[65] SCHRAMM W & W · E · Porter. Men, Women, Messages and Media: Understanding Human Communication[M]. Peking University Press. 2007:20.

[66] SCHREYER R, JACOB G, & WHITE R. Environmental Meaning as A Determinant of Spatial Behavior in Recreation[C]. Frazier J, Epstein B. Proceedings of the Applied Geography Conferences. NY: State University of New York,1981:294—300.

[67] SEO Y & JUNG S U. Beyond Solitary Play in Computer Games: The Social Practices of Esports[J]. Journal of Consumer Culture,2016, 16 (3):635—655.

[68] SEO Y, BUCHANAN-OLIVER M & FAM K S. Advancing Research on Computer Game Consumption: A Future Research Agenda[J]. Jour-

nal of Consumer Behaviour,2015,14(6):353—356.

[69] SNODGRASS J G, BATCHELDER G, EISENHAUER S, HOWARD
L, DENGAH H F & THOMPSON R S, et al. A Guild Culture of Casu-
al Raiding Enhances its' Members Online Gaming Experiences: A
Cognitive Anthropological and Ethnographic Approach to World of War-
craft[J]. New Media & Society, 2016,19(12):101—117.

[70] STEDMAN R C. Toward a Social Psychology of Place: Predicting Be-
havior from Place-Based Cognitions, Attitude,and Identity[M]. Envi-
ronment and Behavior, 2002,34:561—581.

[71] STOKOLS D, MISRA S, RUNNERSTROM M G & HIPP J A. Psychology
in an Age of Ecological Crisis from Personal Angst to Collective Action
[J]. American Psychologist,2009,64:181—193.

[72] TAJFEL H & TURNER J C. The Social Identity of Intergroup Behavior
[C]. In: Worchel S, Austin W (eds). Psychology of Intergroup Rela-
tions,Chicago: Nelson Hall, 1986:16—17.

[73] TAYLOR P J. Places, Spaces and Macy's Place-Space Tension in the
Political Geography of Modernities[J]. Progress in Human Geography,
1999,23(1):7—26.

[74] TUAN Y F. In Place, Out of Place[J]. Geosience and Man, 1984,
24:3.

[75] TUAN Y F. Place: An Experimental Perspective[J]. The Geographical
Review, 1975. 65(2):151—165.

[76] TUAN Y F. Space and Place: Humanistic Perspective in Philosophy in
Geography[M]. Springer, Dordrecht, 1979:54—58.

[77] TUAN Y F. Space and Place. The Perspective of Experience[M]. Lon-
don: Edward Arnold,1977:161.

[78] TUAN Y F. Topophilia: A Study of Environmental Perception, Atti-
tudes,and Values[M]. New York: Columbia University Press,1990:

161—175.

[79] TWIGGER - ROSS C & UZZELL D L. Place and Identity Processes [J]. Journal of Environmental Psychology, 1996,16:205—220.

[80] TYNAN C & MCKECHNIE S. Experience Marketing: A Review and Reassessment[J]. Journal of Marketing Management,2009,25(5—6): 501—517.

[81] VARGO S L & LUSCH R F. Service-Dominant Logic 2025[J]. International Journal of Research in Marketing, 2017,34(1):46—67.

[82] VESA M, HAMARI J, HARVIAINEN J T & WARMELINK H. Computer Games and Organization Studies [J]. Organization Studies, 2016, 38 (2):273—284.

[83] WAGNER M. Competing in Metagame Space - Esports as the First Professionalized Computer Metagame[C]. In F · Von Borries, S · Walz, U · Brinkmann, & M · Böttger (Eds.), Space Time Play - Games, Architecture, and Urbanism Basel: Birkhäuser, 2007:182—185.

[84] WANG S & CHEN J S. The Influence of Place Identity on Perceived Tourism Impacts[J]. Annals of Tourism Research,2015,52:16—28.

[85] WILLIAMS D R, PATTERSON M E & ROGGENBUCK J W. Beyond the Commodity Metaphor: Examining Emotional and Symbolic Attachment to Place[J]. Leisure Sciences,1992,14:29—46.

[86] WILLIAMS D. Groups and Goblins: The Social and Civic Impact of an Online Game[J]. Journal of Broadcasting & Electronic Media, 2006, 50(4):651—670.

[87] WILLIAMS D R & ROGGENBUCK J W. Measuring Place Attachment: Some Preliminary Results [C]. In L · H · McAvoy & D · Howard (Eds.), Abstracts of the 1989 Leisure Research Symposium. Arlington, VA: National Recreation and Park Association,1989:32.

[88] WINKLER T & BUCKNER K. Receptiveness of Gamers to Embedded

Brand Messages in Advergames: Attitudes towards Product Placement [J]. Journal of Interactive Advertising,2006,7(1):37—46.

[89] WITKOWSKI E. On the Digital Playing Field: How We 'Do Sport' with Networked Computer Games[J]. Games & Culture,2012,7(5): 349—374.

[90] YANG M, ROSKOS-EWOIDSEN D R, DINU L & ARPAN L M. The Effectiveness of 'In-Game' Advertising: Comparing College Students' Explicit and Implicit Memory for Brand Names [J]. Journal of Advertising, 2006, 35(4):143—152.

[91] YURI S. Electronic Sports: A New Marketing Landscape of the Experience Economy[J]. Journal of Marketing Management,2013,29(11): 13—14,1542—1560.

[92] Zeng Guojun, Liu Mei, Liu Bo, et al. Research on Process to Translocal Restaurants' Culture Production: Based on the Perspective of Symbolization of Authenticity[J]. Geographical Research, 2013, 32(12): 2366—2376.

[93] ZHONG Z J. Third-Person Perceptions and Online Games: A Comparison of Perceived Antisocial and Prosocial Game Effects[J]. Journal of Computer-Mediated Communication,2009,14(2):286—306.

电子参考文献/资料

[1] Hong Kong Federation of Youth Groups. E-Sports in Hong Kong[EB/ OL]. 2018-01-30. https://yrc. hkfyg. org. hk/en/2018/01/30/esports -in-hong-kong-2/.

[2] MURRAY T. Katowice City Council Intends to Continue Supporting Intel Extreme Master Through 2023 [EB/OL]. 2018-10-01. https://esport-sobserver. com/iem-katowicecity-council/.

［3］ 滚动新闻 腾讯游戏. 狼人杀爱好者福利 顶尖 JY CLUB 正式落户杭州［EB/OL］. 2018-02-06. https：//games. qq. com/a/20180206/016560. html.

［4］ 华山论剑职业联赛. 2019 华山论剑职业联赛夏季赛武林盟主终于诞生！［EB/OL］. 2019-09-28. https：//m. weibo. cn/7012612544/4421664710100577.

［5］ 久居傲寒. 狼人杀起源［EB/OL］. 2019-11-12. https：//zhidao. baidu. com/question/942791765603069652. html.

［6］《杭州日报》. 精彩开局"十四五"杭州是动漫游戏产业发展亮眼［EB/OL］. 2022-01-25. https：//baijiahao. baidu. com/s？id＝1722917786953118058&wfr＝spider&for＝pc.

［7］ 叩叩乐. 如何看待新华书店总店推出的文创桌游《强国梦》？［EB/OL］. 2020-09-27. https：//www. zhihu. com/question/411220702.

［8］ 辣是富德瓦解. 我来给大家科普一下狼人杀五大门派［EB/OL］. 2017-03-14. pandakill https：//tieba. baidu. com/p/5021587801.

［9］ 狼人杀. 杭州最强 第一届 Rokid 若琪·杭州萌狼杀大赛报名开启［EB/OL］. 2018-04-18. https：//weibo. com/ttarticle/p/show？id＝2309404230266230020271.

［10］ 狼人杀官方. 狼人杀英雄联赛 2021WPL［EB/OL］. 2021-12-01. https：//langrensha. 163. com/2021/wpl/.

［11］ 狼人杀官方."逍遥派"勇夺冠军！狼人杀 WPL2020 圆满落幕！［EB/OL］. 2020-12-14. https：//langrensha. 163. com/news/zjs/20201214/33693_921594. html.

［12］ 狼人杀赛事官方平台. 狼人杀广东省线下联赛［EB/OL］. 2022-06-08. https：//langrensha. 163. com/20220608/31015_1022966. html.

［13］ 狼人杀赛事官方平台. 心动嘉宾巡回赛［EB/OL］. 2022-06-08. https：//langrensha. 163. com/20220608/31015_1022971. html.

［14］ 狼人杀赛事官方平台. 星月杯成语接龙［EB/OL］. 2022-06-

08. https：//langrensha. 163. com/20220608/31015_1022972. html.

［15］狼人杀赛事官方平台. 云端之恋云上挽歌积分赛［EB/OL］. 2022-
06-08. https：//langrensha. 163. com/20220608/31015_1022974. html.

［16］狼人杀英雄榜. 群狼聚首,年终狂欢! 2022 狼人杀官方社群年终
盛典圆满结束 ［EB/OL］. 2022 - 12 - 29. https：//baijiahao.
baidu. com/s? id=1753563630813044380&wfr=spider&for=pc.

［17］人民网. 狼人杀官方获千万融资下一步会走向何方［EB/OL］.
2017-05-03. https：//www. sohu. com/a/138008550_114731.

［18］上海市文化广播影视管理局. 2015 年上海网络游戏总产值同比增
长 18.4% 产业发展模式创新亮点纷呈 ［EB/OL］. 2016 - 03 -
15. https：//www. mct. gov. cn/whzx/qgwhxxlb/sh/201603/t20160315_
781719. htm.

［19］网易游戏. 网易宣布代理《狼人杀官方》官方开启预约［EB/OL］.
2017-09-26. https：//ent. 163. com/game/17/0926/11/CV8NLOD10
0318P2J. html.

［20］新华社. 传统文化, 转化发展［EB/OL］. 2022-12-08. https：//igz.
gzwxb. gov. cn/context/contextId/207534.

［21］熊猫直播. WCL 狼人杀高校联赛全国报名开始! ［EB/OL］. 2017-
10-11. https：//www. sohu. com/a/197357485_400758.

［22］游戏哲学研究. 桌游的种类、发展历史及现状［EB/OL］. 2022-11-
22. https：//zhuanlan. zhihu. com/p/585529935.

［23］中国互联网协会. 2021 中国互联网大会|《中国互联网发展报告
（2021）》在京发布［EB/OL］. 2021-07-13. https：//www. isc. org. cn/
article/40203. html.

［24］桌游爱好者丘比酱 狼人杀英雄榜. 新华好物|小丘推荐:桌游推新
出圈之《强国梦》文创桌游［EB/OL］. 2020 - 08 - 01. https：//mp.
weixin. qq. com/s/Gj6_KU9YraSYydEadsUhiw.

报　告

［1］艾瑞咨询研究院．中国电竞行业研究报告——2021 年［R］. 2021:4.

［2］共青团中央维护青少年权益部,中国互联网络信息中心．2021 年全国未成年人互联网使用情况研究报告［R］.2022:33,6.

［3］腾讯电竞．世界与中国:2019 全球电竞运动行业发展报告［R］. 2019:3.

［4］中国互联网络信息中心．第 45 次中国互联网络发展状况统计报告［R］.2020:51.

［5］中国互联网络信息中心．第 48 次中国互联网络发展状况统计报告［R］.2021:29.

附　　录

访谈提纲

第一轮访谈：

游戏 ID、是否参赛、所在城市、年龄、身份信息、所在门派，同时记录下访谈的时间段、访谈方式、访谈地点、访谈情境。

第二轮访谈：

你是通过何种方式了解到狼人杀游戏的？

你大概是在什么时候开始玩狼人杀游戏的？

你有过其他网游的经历吗？与狼人杀游戏有什么区别？

狼人杀游戏最吸引你的地方是什么？

你有过狼人杀面杀/网杀的经历吗？如果有，你更喜欢哪种游戏方式？

你是否加入过其他游戏的公会？在你看来，狼人杀游戏门派和其他网络游戏的公会有什么区别？请详细谈谈。

你是否加入了狼人杀游戏门派？如果有，你会根据哪些原因选择狼人杀游戏门派？如果没有，什么原因使你不想加入狼人杀游戏门派？请详细谈谈。

你是如何了解到你所在的门派的？你喜欢现在所在的狼人杀游戏门派吗？你所在的门派有哪些因素吸引你，让你想要成为其中的一员？

你觉得门派中有鲜明的等级之分吗？如果有，你认为这种等级是如何形成的？你在门派中处于什么样的等级，平时都承担哪些工作？

你会根据哪些原因选择线下的狼人杀俱乐部并选择长期在其中参与活动？在你满意的狼人杀俱乐部中，你获得了哪些独特的体验？请详细谈谈。

你会与你所在的社群（包括线上门派、线下俱乐部）的其他成员经常交流吗？你们会开展哪些线上、线下活动？请详细谈谈。

你会和其他门派成员成为存在于现实生活中的朋友、情侣等更加亲近的关系吗？你身边是否有人在门派中成为上述关系？请详细谈谈。

如果有一天你退游、退门派，你觉得会是什么原因？

你是否关注了你目前经常参与游戏的社群的微博、微信群、公众号、QQ 群？

你会通过社交媒介经常阅读、关注游戏社群所发布的信息吗？你会主动转发与这些组织有关的信息吗？为什么？

你所在的门派是否举办、参加过狼人杀电竞比赛？

你会在线上、线下观看门派的比赛，并为成员应援吗？

你是否有参加狼人杀电竞比赛的经历？如果有，是什么样的原因使你想要参加比赛？请详细谈谈。

你认为参加狼人杀电竞比赛，是为自己、门派还是为城市而战？请详细谈谈。

你认为狼人杀游戏圈中是否有地域之分？不同城市之间是否有等级之分？如果有，请详细谈谈。

在你看来，不同城市之间的玩家、门派是否有区别？如果有，这些区别是什么？为什么会产生这些区别？

在你眼中，同城门派和其他城市的门派之间有哪些区别？门派之间是否会有一些竞争、合作？如果有，请详细谈谈。

第三轮访谈：

能谈谈与狼人杀有关的让你印象深刻的事情吗？

你认为狼人杀游戏为你带来了哪些影响和改变？请具体说说。

你觉得你在狼人杀游戏圈中的表现和形象与现实生活中的你有没有区别？如果有，区别在哪？你觉得是什么原因造成了这些区别？

你认为狼人杀游戏门派对你来说意义是什么？它对你的生活有什么意义？

图书在版编目（CIP）数据

虚拟与现实交融下的游戏社群认同：以狼人杀游戏社群为例／康宁著. -- 北京：中国文史出版社，2024.8

ISBN 978-7-5205-4679-9

Ⅰ. ①虚… Ⅱ. ①康… Ⅲ. ①互联网络-群体社会学-研究 Ⅳ. ①C912.22

中国国家版本馆 CIP 数据核字（2024）第 095455 号

责任编辑：薛未未

出版发行：**中国文史出版社**

社　　址：北京市海淀区西八里庄路 69 号院　　邮编：100142

电　　话：010-81136606　81136602　81136603（发行部）

传　　真：010-81136655

印　　装：廊坊市海涛印刷有限公司

经　　销：全国新华书店

开　　本：720×1020　1/16

印　　张：16.75　　　字数：233 千字

版　　次：2024 年 8 月第 1 版

印　　次：2024 年 11 月第 1 次印刷

定　　价：63.00 元

文史版图书，版权所有，侵权必究。

文史版图书，印装错误可与发行部联系退换。